村镇银行经营管理与风险控制研究

CUNZHEN YINHANG JINGYING GUANLI
YU FENGXIAN KONGZHI YANJIU

◆ 张传良◎著

吉林大学出版社

图书在版编目(CIP)数据

村镇银行经营管理与风险控制研究 / 张传良著. —
长春：吉林大学出版社，2019.5
　ISBN 978-7-5692-4732-9

　Ⅰ. ①村… Ⅱ. ①张… Ⅲ. ①村镇银行－银行经营－
经营管理－研究－中国②村镇银行－银行风险－风险管理
－研究－中国 Ⅳ. ① F832.35

中国版本图书馆 CIP 数据核字 (2019) 第 084246 号

书　　名	村镇银行经营管理与风险控制研究
	CUNZHEN YINHANG JINGYING GUANLI YU FENGXIAN KONGZHI YANJIU
作　　者	张传良 著
策划编辑	黄国彬
责任编辑	许海生
责任校对	李潇潇
装帧设计	繁华教育
出版发行	吉林大学出版社
社　　址	长春市人民大街 4059 号
邮政编码	130021
发行电话	0431-89580028/29/21
网　　址	http://www.jlup.com.cn
电子邮箱	jdcbs@jlu.edu.cn
印　　刷	三河市华晨印务有限公司
开　　本	787mm×1092mm　　1/16
印　　张	15.5
字　　数	240 千字
版　　次	2019 年 8 月　第 1 版
印　　次	2019 年 8 月　第 1 次
书　　号	ISBN 978-7-5692-4732-9
定　　价	78.00 元

版权所有　翻印必究

目录 contents

导　论 1

第一章　我国村镇银行的产生与发展 6
 第一节　村镇银行相关概念的界定 7
 第二节　我国村镇银行的管理模式 11
 第三节　村镇银行试点实践及其发展成效 14
 第四节　村镇银行 SWOT 分析 17
 第五节　我国村镇银行的发展现状 23

第二章　村镇银行的业务经营 32
 第一节　村镇银行的负债业务 33
 第二节　村镇银行的资产业务 38
 第三节　村镇银行中间业务 51
 第四节　村镇银行业务经营存在的问题与对策 55

第三章　村镇银行的贷款定价 59
 第一节　贷款定价的理论与方法 60
 第二节　村镇银行贷款定价原则与影响因素分析 64
 第三节　村镇银行贷款定价的实证分析 67
 第四节　完善村镇银行贷款定价的建议 70

第四章　村镇银行的绩效考核 72
 第一节　商业银行绩效考核概述 72
 第二节　村镇银行的绩效考核 74
 第三节　村镇银行的绩效考核存在的问题及对策 77

第五章　村镇银行金融风险的原因与对策 80
 第一节　村镇银行金融风险防范的理论基础 80
 第二节　村镇银行面临的金融风险 82

第三节　村镇银行金融风险的主要特征及生成原因……85
　　第四节　村镇银行防范金融风险的对策……91

第六章　"农村基金会"教训与"格莱珉银行"借鉴……100
　　第一节　"农村合作基金会"的兴衰及原因……100
　　第二节　孟加拉国格莱珉银行的风险管理措施……109

第七章　村镇银行信用风险与控制……119
　　第一节　关于信用风险的界定与度量模型……119
　　第二节　村镇银行信用风险特征与表现……127
　　第三节　引发村镇银行信用风险的主要原因……129
　　第四节　村镇银行农户信用等级评定……132
　　第五节　村镇银行公司客户信用等级评定……136
　　第六节　村镇银行信用风险的控制措施……141

第八章　村镇银行市场风险与控制……145
　　第一节　关于市场风险的界定与特点……145
　　第二节　市场风险的计量……150
　　第三节　村镇银行市场风险产生的原因……158
　　第四节　控制村镇银行市场风险的建议……160

第九章　村镇银行操作风险与控制……164
　　第一节　关于操作风险的界定与特点……164
　　第二节　操作风险度量模型……166
　　第三节　村镇银行操作风险表现及主要原因……171
　　第四节　村镇银行与中外金融机构在操作风险管理的比较……174
　　第五节　村镇银行操作风险的控制措施……176

第十章　村镇银行流动性风险与控制……182
　　第一节　关于流动性风险的界定与巴塞尔协议（Ⅲ）……182
　　第二节　村镇银行流动性风险的表现、特点与原因……188
　　第三节　村镇银行流动性风险预警信号的设计与预警……190
　　第四节　村镇银行流动性风险的控制措施……194

第十一章　村镇银行存款保险制度与道德风险 ……………197

- 第一节　关于存款保险制度及其道德风险问题理论分析 ………198
- 第二节　东亚存款保险制度发展及其防范道德风险经验 ………200
- 第三节　村镇银行存款保险道德风险的原因分析 ………………204
- 第四节　村镇银行存款保险道德风险的防范 ……………………206
- 第五节　福建省村镇银行存款保险评级及存在的问题 …………208

第十二章　村镇银行公司治理结构与内部控制 ……………213

- 第一节　村镇银行公司治理的主要缺陷与对策 …………………214
- 第二节　村镇银行内部控制存在的问题与对策 …………………217

第十三章　村镇银行的金融监管 ……………………………221

- 第一节　村镇银行金融监管原则与方法 …………………………221
- 第二节　村镇银行金融监管的主要内容 …………………………226
- 第三节　村镇银行监管评级及问题的村镇银行处置 ……………230
- 第四节　村镇银行金融监管存在的问题与对策 …………………235

导 论

一、研究背景与意义

建设社会主义新农村，需要金融的配套与支持。2006年12月22日，原银监会出台《关于调整放宽农村地区银行业金融机构准入政策，更好支持社会主义新农村建设的若干意见》，提出要积极支持和引导境内外的银行资本、产业资本和民间资本到农村地区投资、收购、新设各类银行业金融机构，鼓励各类资本到农村地区新设主要为当地农户提供金融服务的村镇银行。该《意见》确定四川、青海、甘肃、内蒙古、吉林、湖北6个省（区）的36个县、市、乡、镇作为首批调整放宽农村地区银行业金融机构准入政策的试点地区。2007年1月22日，原银监会发布《村镇银行管理暂行规定》。2007年5月29日，原银监会发布《关于加强村镇银行监管的意见》。党的十七大报告指出：解决好"三农"问题，事关全面建设小康社会大局，必须始终作为全党工作的重中之重。深化农村综合改革，推进农村金融体制改革和创新。2008年中央"一号文件"主题是切实加强农业基础建设，进一步促进农业发展、农民增收，同时强调加快推进调整放宽农村地区银行业金融机构准入政策试点工作。2008年10月12日发布的《中共中央关于推进农村改革发展若干重大问题的决定》中指出：农村金融是现代农村经济的核心。放宽农村金融市场准入，加快建立健全农村金融体系。

自2007年试点设立村镇银行以来，原银监会将"立足县域、立足支农支小"作为村镇银行培育发展的基本目标和工作要求，持续强化市场定位监管，积极引导主发起人有效履职。村镇银行落实监管要求，坚持扎根县域、坚守定位、专注农小、做精做优，在完善农村金融组织体系、激活农村金融供给市场、优化城乡金融资源配置等方面做出了积极贡献，已成为服务乡村振兴战略、助力普惠金融发展的金融生力军。

目前，中国银行保险监督管理委员会将继续认真贯彻党中央、国务院实施乡村振兴战略的决策部署，切实推动村镇银行更好服务乡村振兴战略、服务精准脱贫攻坚战。一方面，牢牢抓住主发起人制度这一村镇银行公司治理的"牛鼻子"，进一步改革优化投资管理模式，推动主发起人"优进劣出"，探索建立主发起人履职评价机制，督促主发起人主动、规范、有效履职，积极引导主发起人把培育发展好村镇银行作为落实党中央乡村振兴战略的重要举措。另一方面，紧紧围绕服务乡村振兴战略和脱贫攻坚任务，持续强化定位监管，进一步完善村镇银行支农支小监测考核体系，引导村镇银行的设立重点向中西部地区、农村金融服务薄弱地区，特别是向贫困地区倾斜，注重延伸服务网点，下沉服务重心，深耕县域金融市场，专注基础金融服务，切实坚守支农支小的战略定位。①

自创建以来，村镇银行实现自身发展的同时，在带动县域银行业金融机构转变作风，提升所在地区金融服务水平方面起到了积极作用。农村信贷市场上的相对垄断初步打破，县域适度竞争的农村商业银行和村镇银行"双法人"格局已初步形成，让老百姓享受到了服务质量改善的竞争红利。

经过十年来的发展，村镇银行从不为人知到覆盖大部分县域，从蹒跚起步到成为支农支小的生力军，有效填补了农村地区金融服务的空白，承载了很多金融机构未能承载的社会责任。村镇银行支持服务广大农户和小微企业，促进了我国农村地区形成投资多元、种类多样、覆盖全面、服务高效的金融服务体系，有效解决了农村地区银行业金融机构网点覆盖率低、金融供给不足、竞争不充分的问题，从而更好地改进和加强农村金融服务，支持构建和谐社会和社会主义新农村建设。但是，不容忽视的是，当前经济下行抑制村镇银行发展速度、行业竞争挤压村镇银行发展空间、公司法人治理不够完善、发起行制度欠缺、内控管理能力不足、经营定位偏离、外部环境不确定性导致风险增加等问题制约村镇银行的发展。

全面而深入地总结前十年的经验教训，研究和探讨村镇银行经营管理与风险控制，保护存款人的合法权益，稳定农村金融秩序，并把村镇银行真正办成以服务"三农"为宗旨，具有可持续发展能力的农村社区性银行，具有重要的理论意义和实际价值。

二、框架设计与主要内容

全书共十三章，由导论与正文两部分构成。

第一章：我国村镇银行的产生发展。对村镇银行相关概念的界定；明确村镇银行的内涵与市场定位、村镇银行的特征；村镇银行与商业银行、小额贷款公司、典当行、农村资金互助社等金融机构的区别；论述我国村镇银行管理模式及优缺点比较；对村镇银行进行 SWOT 分析，提出村镇银行发展策略；以建瓯瑞狮村镇银行为例，概述村镇银行发展及其成效。

第二章：村镇银行的业务经营。概述村镇银行负债业务、资产业务和中间业务的主要内容；分析当前村镇银行业务经营存在的主要问题，并相应提出对策建议。

---

① http://中国银保监会官网 www.cbrc.gov.cn/chinese/newIndex.html 充分发挥主发起人制度优势，更好推进村镇银行服务乡村振兴战略，2018-07-02.

第三章：村镇银行贷款定价。介绍贷款定价的理论；对贷款定价基本方法与优缺点进行比较；阐述村镇银行贷款定价原则；影响村镇银行贷款定价的因素分析；以福建某村镇银行为例，对村镇银行贷款定价的进行实证分析；提出完善村镇银行贷款定价的建议。

第四章：村镇银行的绩效考核。概述商业银行绩效考核内涵、原则与考核指标；阐述国内外商业银行绩效考核发展历程；从财务绩效考核、行长或高管人员绩效考核和员工绩效考核三个方面进行村镇银行的绩效评价；分析村镇银行的绩效考核存在问题，并提出完善村镇银行绩效考核的对策建议。

第五章：村镇银行面临金融风险、特征与生成原因。论述村镇银行金融风险防范的理论基础；阐述村镇银行面临的金融风险；指出村镇银行金融风险的主要特征；分析村镇银行金融风险村非系统性风险产生原因；提出控制村镇银行非系统性风险的相关措施；分析了村镇银行系统性风险的形成原因；提出降低村镇银行系统性风险的具体对策。

第六章："农村基金会"的教训与"格莱珉银行"的借鉴。村镇银行与农村合作基金会的区别；介绍了"农村合作基金会"的兴衰及原因，吸取"农村合作基金会"的教训；我国的村镇银行与孟加拉国格莱珉银行模式的对比；概述了孟加拉"格莱珉银行"风险管理措施，并总结其成功经验。

第七章：村镇银行信用风险与控制。关于信用风险的定义、国外信用风险的理论与模型、特点；村镇银行信用风险的表现；阐述公司客户与农户信用等级评估；引发村镇银行信用风险的内部原因、外部原因；提出村镇银行信用风险的控制措施。

第八章：村镇银行市场风险与控制。关于市场风险的定义、西方市场风险的理论与模型、特点；村镇银行市场风险表现；引发村镇银行市场风险的内部原因、外部原因；提出控制村镇银行市场风险的建议。

第九章：村镇银行操作风险与控制。关于操作风险的定义、国外操作风险的理论与模型、特点；村镇银行操作风险类型；引发村镇银行操作风险的内部原因、外部原因；对村镇银行与中外金融机构在操作风险管理的比较，提出村镇银行操作风险的控制措施。

第十章：村镇银行流动性风险与控制。关于流动性风险的定义、国外流动性风险的理论与模型、特点；村镇银行流动性风险的表现；引发村镇银行流动性风险的内部原因、外部原因；较详细论述村镇银行流动性风险预警信号的设计与预警，提出村镇银行流动性风险的控制措施。

第十一章：村镇银行存款保险制度与道德风险。阐述我国存款保险制度的建立的过程；对存款保险制度下道德风险的理论分析；介绍东亚存款保险制度发展现状；总结东亚防范存款保险道德风险的经验；对我国村镇银行存款保险道德风险的原因进行分析；提出村镇银行存款保险道德风险的防范措施；介绍存款保险评级指标、内容、存款保险评级得分与结果；以福建省村镇银行为例，分析存款保险评级存在主要问题。

第十二章：村镇银行的公司治理结构与内部控制。村镇银行法人治理结构现状；分析村镇银行公司治理主要缺陷；提出完善村镇银行法人治理结构措施；分析当前村镇银行内控机制存在的问题；提出完善村镇银行内控机制的对策建议。

第十三章：村镇银行的金融监管。阐述村镇银行金融监管一般原则与方法；介绍村镇银行金融监管主要内容；论述村镇银行监管评级及问题的村镇银行处置；分析村镇银行金融监管存在问题；提出加强村镇银行金融监管的对策建议。

三、研究方法与研究创新

（一）研究方法

1. 理论分析与实证分析相结合

本书除了对村镇银行理论分析外，通过实地调研进行分析研究，探讨村镇银行经营管理与风险控制存在的问题，并提出相应对策建议。

2. 典型分析与比较分析相结合

我国村镇银行作为农村金融发展的一个新生事物，在支持构建和谐社会和社会主义新农村建设等方面取得了积极成效。通过调研福鼎恒兴村镇银行、武夷山本富村镇银行、南安汇通村镇银行、长汀汀州红村镇银行，收集资料和数据，探讨村镇银行与商业银行、农村信用社的联系与区别、村镇银行经营管理与风险控制。

3. 定性分析与定量分析相结合

本书从定性角度分析了我国村镇银行金融风险的现状及特征，分析我国村镇银行产生系统性金融风险与非系统性金融风险的原因，运用统计数据、图表等量化工具，提高论据的说服力和充分性。

（二）研究创新

（1）我国村镇银行发展尚处在发展阶段，选择我国村镇银行经营管理与风险控制作为研究对象，具有一定的前瞻性。理论联系实际地研究和探讨我国村镇银行经营管理与风险控制和可持续健康发展的问题，具有较高的理论性和现实意义。

（2）比较系统、完整地研究村镇银行经营管理及所面临的各种风险，较深入研究村镇银行经营管理，如贷款定价等问题，详细剖析村镇银行各种风险产生的原因，提出的建议具有一定的现实指导意义。

（3）在防范我国村镇银行金融风险的具体对策建议方面，提出村镇银行完善公司治理结构、建立健全内部控制机制、加强金融监管、提高从业人员素质对防范风险的重要性，对村镇银行纳入我国存款保险存在道德风险的分析与建议，具有一定的参考价值。

第一章　我国村镇银行的产生与发展

2006年12月，原银监会出台《关于调整放宽农村地区银行业金融机构准入政策，更好支持社会主义新农村建设的若干意见》，本着"先试点、后推开、分期分批、有序推进"原则，组建村镇银行。2007年初，选择在内蒙古、吉林、湖北、四川、甘肃、青海6个省（区）的农村地区开展首批试点工作。2007年10月，在总结6省（区）试点工作的基础上，将试点范围由6省（区）扩大至31个省（区、市）。设立村镇银行实行挂钩政策，在地点上实习省份与省份挂钩；在次序上按照先西部地区、后东部地区，先欠发达县城、后发达县城。村镇银行设立实行主发起行制度。黄之慧（2016）认为，村镇银行社会影响力不够，吸收公众存款能力差；服务"三农"经济风险大；从业人员素质有待提高；农村地区信用意识淡薄；市场竞争激烈，制约村镇银行的发展。需采取增长型战略（SO战略）、扭转型战略（WO战略）、错位经营战略（ST战略）和防御型战略（WT战略）；需要解决银行与农民间的信任问题；完善农村产权制度；创新多元化农业抵押担保制度；不断改善服务水平。龙世清（2017）指出，村镇银行面临互联网金融对传统银行业的渗透与冲击，民营银行的竞争威胁等挑战。村镇银行要实现可持续发展的路径，应采取最优战略即SO战略。村镇银行要主动下沉网点或建立服务站点；采取差异化、特色化经营策略；完善公司治理结构；加强金融监管、防控金融风险。张洋峰（2016）指出村镇银行存在融资渠道狭窄；经营理念落后，产品缺乏创新；运营风险较高；互联网金融的竞争；农村金融生态环境破损等劣势和挑战。提出坚持"三农"定位，提升品牌认知度；转变经营理念，创新金融产品；加强人员建设，提升风险管理能力；改善金融生态环境，完善信用体系；积极争取政策支持，加强银政合作。刘芝榕（2018）认为村镇银行要创新融资渠道，吸引农村客户投资储蓄；高效灵活放贷服务，实现收入加速增长；笼络金融专业人才，实现优势资源配置；优化政府政策导向，提高农村信贷风控能力。

本章通过对村镇银行相关概念的界定，明确村镇银行的内涵与市场定位、村镇银行的特征，以及村镇银行与商业银行、小额贷款公司、典当行、农村资金互助社等金融机构的区别；论述了我国村镇银行管理模式及优缺点比较，并对村镇银行进行SWOT分析，提出村镇银行发展策略；以建瓯瑞狮村镇银行为例，概述村镇银行发展及其成效。

第一节 村镇银行相关概念的界定

一、村镇银行的内涵与特征

村镇银行是一个经监管部门依据有关法律法规批准的，主要为县（市、区）域内"三农"、小微企业和社区居民提供金融服务的银行业金融机构。村镇银行被称为"草根银行""穷人的银行"。

村镇银行的产生，是深化我国农村金融机构改革的一项创新之举，是针对当前我国农村金融创新能力不足，业务品种缺乏，服务方式单一，结算手段落后，难以满足多元化的农村金融服务需求的现状而设立。

村镇银行特点表现在：

（一）地域性和市场准入门槛低

按照规定要求，村镇银行设置在县域及乡镇，主要为小微企业和"三农"服务。村镇银行市场准入门槛低，如在县（市）设立村镇银行，其注册资本不低于300万元人民币；在乡（镇）设立村镇银行，其注册资本不低于100万元人民币。

（二）资本多元化，产权结构明晰

境内外银行资本、产业资本和民间资本等都可以到农村地区投资、收购、新设立村镇银行。

（三）实行主发起人制度

主发起人是指依据有关法律法规，发起设立或投资入股村镇银行、持股比例不低于最低标准且为村镇银行唯一或最大股东的银行业金融机构。

村镇银行必须由境内外金融机构企业法人发起成立。主发起人作为村镇银行的主要股东，在公司治理、风险管理、科技支撑、流动性救助等方面发挥了核心作用。

（四）经营机制比较灵活，法人治理结构简洁

村镇银行通常规模都比较小，"船小好掉头"，所以其能够根据市场的竞争状况及时调整策略，完善其自身的各项功能。村镇银行的决策机构可以根据实际情况设立。有的村镇银行可只设立董事会，行使决策权和监督权；有的村镇银行可不设董事会，由执行董事行使董事会相关职责。

（五）操作机制灵活

村镇银行的员工通常十分熟悉本地市场，与贷款客户有着直接或间接的接触，

贷款手续简化，决策链条短，操作机制灵活，大大降低了运营成本。村镇银行是地区性金融机构，不能跨地区经营。把从本地区吸收的存款继续投入到本地区，从而推动当地经济的发展，容易得到地方政府和农民的支持。

（六）差异化金融服务

村镇银行可以根据农民和农村小微企业的特点，因地制宜地设计贷款方案，提供多样化的金融产品，实行差异化的金融服务。

二、村镇银行的市场定位

村镇银行的市场定位为：主要是在欠发达地区针对农户、小微企业和社区居民发放小额信贷。具体表现在：

（一）服务对象——农村小微企业、农户和社区居民

村镇银行坚持立足"支农支小"、立足基础金融服务、立足普惠金融。农民和农村小微企业融资难已成为建设社会主义新农村的潜在障碍，因此，村镇银行必须以农户和农村小微企业作为服务对象，以有效支持新农村建设。另外，社区居民的一些金融需求在一定程度上也需要得到满足。积极开拓银行"支农支小"特色服务，持股5%以上的股东应该对支持村镇银行"支农支小"定位做出书面承诺。

（二）营运方式——基础性金融服务和小额信贷

村镇银行以提供基础性金融服务为主，不能超越业务经营范围。信贷投放立足县（市、区）域内农村经济发展需要。村镇银行贷款额度小，单笔借款一般在2～10万元，其中2万元以下的小额贷款是信用贷款，根据申请人年收入、上两年节余、家庭财产、品德、社会反映等五项指标来综合评定信用等级，决定是否贷款。贷款期限较灵活，利率参考农村地区利率水平，适当下浮。

（三）设置地域——农村为主的经济欠发达地区

村镇银行坚持立足县域。村镇银行设立地点主要在中西部、东北和海南省县（市）及县（市）以下地区，以及其他省（区、市）的国定贫困县和省定贫困县及县以下地区，其设置地域是以农村为主的经济欠发达地区。

三、村镇银行与商业银行的比较

村镇银行是农村经济欠发达地区的小型商业银行，与其他商业银行一样，以安全性、流动性、效益性为经营原则，实行自主经营、自负盈亏、自担风险和自我约束的经营机制。但也存在一定的区别，村镇银行与商业银行的区别具体表现在以下方面：

（一）业务对象不同

村镇银行业务对象主要是农村小微企业和农户等低端小客户。商业银行业务对象主要是行业垄断性企业、城镇高收入群体等优质大客户。

（二）服务的区域不同

村镇银行服务的区域是县域及乡镇。商业银行服务的区域一般在大中城市。

（三）法人资格不同

村镇银行是独立的企业法人，享有由股东投资形成的全部法人财产权，依法享有民事权利，并以全部法人财产独立承担民事责任。商业银行的分支机构不具有法人资格。

（四）注册资本要求不同

在县（市）设立的村镇银行，其注册资本不得低于300万元人民币；在乡（镇）设立的村镇银行，其注册资本不得低于100万元人民币。设立全国性商业银行的注册资本最低限额为10亿元人民币，设立城市商业银行的注册资本最低限额为1亿元人民币，设立农村商业银行的注册资本最低限额为5000万元人民币。

四、村镇银行与小额贷款公司、典当行的比较

村镇银行与小额贷款公司、典当行的区别表现在以下方面：

（一）设立程序不同

小额贷款公司是由省级政府主管部门批准设立；典当行是由商务部门批准设立；村镇银行是由银监部门批准设立。

（二）注册资金不同

设立小额贷款公司的注册资金各省要求不同，但最低限额不能少于500万元人民币；典当行注册资金最低限额不能少于300万元人民币；在县（市）设立的村镇银行，其注册资本不得低于300万元人民币；在乡（镇）设立的村镇银行，其注册资本不得低于100万元人民币。

（三）业务范围不同

小额贷款公司与典当行都只能发放贷款，不能吸收存款；村镇银行可以吸收存款和发放贷款。

（四）监管方式不同

小额贷款公司与典当行实行非审慎性监管；对村镇银行实行审慎性监管。

（五）服务区域不同

小额贷款公司禁止跨区经营业务；典当行没有限制去跨区经营业务；村镇银行可以跨区经营业务。

（六）服务对象不同

小额贷款公司主要服务对象为中小企业、个体工商户、农户等；村镇银行主要服务对象为"三农"和小微企业。

五、村镇银行与农村资金互助社

农村资金互助社是指经银行业监督管理机构批准，由乡（镇）、行政村农民和农村小企业自愿入股组成，为社员提供存款、贷款、结算等业务的社区互助性银行业金融机构。村镇银行与农村资金互助社的区别表现在以下方面：

（一）经营目的不同

村镇银行是盈利性的商业银行，商业投资的性质决定了其首要目标是创造利润。资金互助社是农民互助性的资金合作组织，以吸收社员存款、接受社会捐赠资金和向其他银行业金融机构融入资金作为资金来源。以入社成员为服务对象为其提供存贷款等业务服务，不以营利为目的，其首要目标在于成员间的互助和服务，解决农民发展中的困难和信用问题，其次才是经济效益。

（二）产权结构不同

村镇银行是股份制银行，其明晰、多元化的产权结构决定了村镇银行能基本上按照商业银行的经营模式开展许可范围内的经营业务，具有现代企业制度，运行科学、治理有效的原则，建立和设置公司组织架构，科学设置业务流程和管理流程，确保机构安全、稳健与高效运行。农村资金互助社是具有类似或关联生产的农民共同发起、拥有和管理，为了获取便利的融资服务或经济利益，按照资本入股、民主管理、互助互利的原则建立的互助金融组织。在社员范围内开展借贷业务。它以入股参加的农民为主要社员，都是一人一票，合作社设立理事会和监事会，都是从社员中选举产生的。定期召开社员大会，研究决定合作社的重大事项。其成员多为居住于一定区域（通常以村为基础）或是一定区域内具有一定经济联系的农户。农村资金互助社具有较明显的社区特征，参加的社员之间知根知底，具有相互信任的原始制度基础，通过资金互助组织的建立，形成了一定的信任共同体，并形成了以信任为载体的社会资本，这种形式的组织具有较强的稳定性和抗风险能力。

（三）业务管理制度不同

村镇银行实行董事会领导下的行长负责制，机构较为精简、岗位设置灵活、人员综合素质较高，保障了各项业务的顺利开展，也提高了决策效率，能够按照市场化原则有针对性地创新产品品种和业务流程。

很多村镇银行根据当地农民的需求，建立村镇银行贷款服务中心（乡镇）、金融服务站（村）、农民贷款小组的四级市场营销网络，开发了农户小额信用贷款、农民养殖业贷款、农村小微企业贷款等贷款品种。农村资金互助社是一种内生于农村经济、有真正合作性质的新型金融机构，它与生俱来就有制度上的优势，社员之间信息对称，建立在互助互利原则上的互助金融无须抵押和担保，成员获取资金手续快捷，规模小，互助社本身经营成本也相对较小。村镇银行贷款一般在没有抵押的情况下只能满足生产性贷款，而农村资金互助社的贷款还可以进行非生产性贷款。如疾病所带来的经济困难时期的农民可以在互助社得到帮助。

（四）利率管理不同

村镇银行基本能够综合考虑客户风险状况、贷款方式、贷款期限等因素，简单对客户进行信用评级，灵活确定贷款利率。虽然资金互助社的实际利率较高，但因其独特的还款保障机制，不仅降低了还款风险，而且增强了农民勤劳致富、自我发展的能力。如村镇银行的贷款一般是到期时连本带息归还，而农村资金互助社一般要求农民半个月还1次。这样的还款方式，一方面使农民把平时零散的钱存起来；另一方面由于还款的次数多，也迫使农民自己想办法去挣钱，提高了农民劳动致富的能力，在一定程度上降低了贷款风险。

第二节　我国村镇银行的管理模式

目前我国村镇管理模式归纳起来主要有以下几种。

一、我国村镇银行管理模式及比较

（一）管理总部模式

所谓管理总部模式是指发起行在其内部设立管理总部，对其所有的村镇银行负有管理职能，包括业务指导、产品开发、风险控制、资源调配等。管理总部并不具有法人资格，其法律主体关系归属于发起行。村镇银行管理总部是代表出资人（发起行）对所投资村镇银行进行集约化、集权式管理。采用管理总部的管理模式的主要是外资行、城商行，如汇丰村镇银行、包商惠农村镇银行等。管理总部不受地域限制，履行管理和后台服务职能，不从事金融业务。

村镇银行管理总部设置的地域选择有四种模式：一是设在发起行总行所在地；二是设在发起村镇银行较多的地区；三是可以设在上海、北京等发达城市；四是"地区总部+管理总部"模式。

1. 管理总部模式的优点

责任明确，管理具有针对性，避免出现谁都管、谁都不管的现象，有利于政策的统一性；便于发起行跨区域筹建村镇银行机构，有利于发展战略的实现；有利于发起行对其发起设立的村镇银行在经营管理与营销等方面进行统一运作。

2. 管理总部模式的不足或条件限制

跨部门协调难度比较大，管理成本比较高；具备条件较严格，如要求主发起行设立或计划设立10家以上新型农村金融机构；发起行作为村镇银行第一大股东（最低比例为20%，其他股东不得高于10%，且董事长均由发起行委派）；对专业人员和管理人员素质要求较高；可能削弱其他发起人或股东参与管理的积极性。

（二）投资管理模式

所谓投资管理模式是指具备一定条件的发起行，新设或者选择1家已设立的村镇银行作为村镇银行的投资管理行，由其受让主发起人已持有的全部村镇银行股权，对所投资的村镇银行履行主发起人职责的管理模式。

1. 投资管理模式的优点

投资管理型村镇银行具有法人资格；有利于统筹优势资源，提高管理服务效率；具有中后台服务职能，有利于解决中后台服务短板问题；有利于带动社会资本投资入股；提升村镇银行整体抗风险能力。

2. 投资管理模式的不足或条件限制

商业银行投资入股投资管理行持股比例不低于15%；投资管理行优先引进优质涉农企业投资入股，从而扩大民间资本投资入股村镇银行的渠道。

影响投资管理行模式效率的主要因素：一是村镇银行区域集中度；二是所投资的村镇银行的数量；三是主发起行的集约化管理能力以及技术和业务支撑能力。

（三）控股（集团）公司模式

所谓控股（集团）公司模式是指主发起人村镇银行进行集团化管理。即是以母公司为基础，以产权关系为纽带，通过合资、合作或股权投资等方式把三个及三个以上的独立企业法人联系在一起形成了集团。集团成员企业之间在研发、采购、制造、销售、管理等环节紧密联系在一起，是一种协同运作的管理方式，如中国银行、建设银行、民生银行、浦发银行等大中型银行作为主发起人对其发起成立的村镇银行有意实行控股（集团）公司模式。

1. 控股（集团）公司模式优点

有利于集约化经营与管理，实现规模效益；实现资源共享和优势互补；提高了创新能力和综合竞争能力；便于提升村镇银行的认同度和知名度；保证了发起行全国性布局村镇银行；最大限度保证村镇银行与发起行分支机构之间的独立性。

2. 控股（集团）公司模式的不足或条件限制

采用控股（集团）公司模式必须设立30家以上的新型农村金融机构；有可能制约村镇银行的灵活性；村镇银行运行可能完全照搬发起行，难以形成自身的企业文化。

（四）分支机构管理模式

所谓分支机构管理模式是指发起行将村镇银行作为分支机构进行管理，分支机构是发起行下属的直接从事业务经营活动的机构。如独资发起成立村镇银行，可采取分支机构管理模式。

1. 分支机构管理模式的优点

有利于扁平化经营与管理；便于在村镇银行推行发起行的企业文化。

2. 分支机构管理模式的不足或条件限制

可能出现管理空白、管理不到位的情况；制约发起行发起设立村镇银行的进程、数量；影响村镇银行的灵活性、高效性。

（五）股东共同管理模式

所谓股东共同管理模式是指发起行与各股东共同投资、共同经营、分享利润、共担风险的管理模式。采用股东共同管理模式的村镇银行股权较为分散，发起行占股在30%～40%，民营企业总体占股达30%以上。

1. 股东共同管理模式的优点

体现现代公司治理结构的优越性；有利于调动股东积极性和有利于民主决策。

2. 股东共同管理模式的不足或条件限制

股权分散；可能降低经营管理和决策的效率；可能难以推行发起行的良好经营、管理、风险理念。

（六）"多县一行"模式

所谓"多县一行"模式，是指在中西部和老少边穷地区特别是国定贫困县相对集中的区域，可在同一省份内相邻的多个县（市、旗）中选择1个县（市、旗）设立1家村镇银行，并在其邻近的县（市、旗）设立支行的管理模式。

1. "多县一行"模式的优点

有利于平衡金融服务覆盖；保持机构商业可持续发展。

2. "多县一行"模式的不足或条件限制

注册资本要求高，对"多县一行"制村镇银行要求注册资本不低于1亿元；法人机构要在开业一年后才可以在邻近县市设立支行。

二、发起行选择管理模式遵循的基本原则

目前，管理部模式、投资管理模式、控股（集团）公司模式、分支机构管理模式和股东共同管理模式都有一定的生存空间。发起行选择管理模式应该遵循的基本原则有：

（一）实事求是，因地制宜

发起行可以根据实际情况，选择适合自己的管理模式。发起人对村镇银行的管理既要保证其灵活性、高效性、独立性，又要监管不能缺位。

（二）自身利益与社会效益相结合

村镇银行的建立主要是解决当地的县域经济、小微企业、"三农"融资难的问题，发起行要避免短期行为，要考虑自身利益，更要考虑社会效益，促进新农村发展。

（三）遵守国家的法律法规

发起行不能违反国家相关的法律法规，超范围干预村镇银行正常经营活动，确保村镇银行经营一定自主权。

第三节 村镇银行试点实践及其发展成效

一、村镇银行试点实践

当前我国村级金融服务成为空白点，乡镇以下金融业务几乎由农村信用社独家垄断，县域金融竞争很不充分，城乡金融服务的覆盖率差距拉大。中国人民银行天津分行郭庆平2006年对河北、山西、内蒙古三省（区）36个县（市、旗）调查的情况显示，与1998年相比，36个样本县金融机构网点减少1832个，缩减量达44.7%。[①]农村金融机构网点开始向县城和城市集中。村镇银行成立以前，农村金融市场主要由农村信用社经营，但是农村信用社渐渐地已经不能满足农民群众的需求。据相关调查表明，在2007年有借款需求的农户约占60%，得到借款的农户约占50%。在得到借款的农户中从非正规渠道借款的占47.4%，其中，亲友借款

---

① 高改芳. 村镇银行起步艰难[N]. 中国证券报，2008年5月14日.

是最重要的渠道，占 45.9%，向正规农村金融机构借款占到 52.6%，其中的 41.9% 是从农村信用社借款得到。[①]

从这个基本状况可以看出非正规渠道借款是农民借款的一个主要渠道。农民生活性的借款更多的是向亲戚朋友借；生产性的借款比较多的是依赖正规渠道，即使是生产性的借款也有一半是从非正规渠道取得。可见，对农户生产性的借贷需求，正规金融机构很难予以满足。这主要是因为多数商业金融机构基于控制风险的考虑，对抵押、担保等条件要求很高，而农民恰恰缺少传统意义上的抵押品。因此，农户很难从这些金融机构中取得小额贷款。

据有关部门统计，截至 2006 年底，我国"零金融机构乡镇"有 2868 个；有 2 个县（市）、8901 个乡镇仅有 1 家金融机构。其中，西部地区情况尤为严重，共有"零金融机构乡镇"，占全国"零金融机构乡镇"数的 80%。[②]

造成农村金融机构空白和覆盖率低的客观原因，主要是农业具有天然弱质性，农村金融业务成本高，农民很难提供抵押品，风险大而收益低，农村金融机构难以实现商业可持续发展。随着我国农村经济发展，农村金融有效需求的增加，客观需要建立能够满足农村金融有效需求的新型农村金融机构。

2006 年 12 月 20 日，原银监会发布《关于调整放宽农村地区银行业金融机构准入政策，更好支持社会主义新农村建设的若干意见》，以"低门槛、严监管"为特点，开放农村金融市场。2007 年 1 月的全国金融工作会议之后，中央确定由原银监会牵头 16 部委制定农村金融体制改革方案。农村金融改革遵循"先试点、后推开；先中西部、后内地；先努力解决服务空白问题、后解决竞争不充分问题"的原则，在总结经验的基础上，分步骤稳步推开。首批试点选择在湖北、吉林、四川、内蒙古、甘肃、青海等 6 省（区）的农村地区开展，后扩大到全国 31 个省（区、市）。31 个试点省（区、市）原则上先选择具备条件的 1 至 2 家机构进行试点，取得经验后再逐步推开。2007 年 3 月 1 日，在四川省仪陇县金城镇，一个只有两个营业柜台、营业面积仅有 30 多平方米的惠民村镇银行挂牌成立。原银监会副主席唐双宁、南充市商业银行负责人以及当地农民一起见证了这一历史时刻，由此揭开了我国农村金融机构改革的重要一页。

二、村镇银行取得的成效

经过十年来的发展，村镇银行取得的成效如下：

---

① 张新会，岳萍娜. 对村镇银行如何满足农村金融需求的几点思考 [J]. 华商，2007（24）：43-45.

② 唐双宁. 关于农村金融问题. 银监会监管工作信息，2007（108 期）.

(一)村镇银行机构数量稳步增长,县域覆盖面和服务充分性明显提升

在区域布局上,原银监会通过实施"东西挂钩、城乡挂钩、发达地区与欠发达地区挂钩"政策和集约化规模化培育模式,引导村镇银行重点布局产粮大县、中西部省份和小微企业集中地区。放宽村镇银行设立分支机构年限,激励下沉服务重心,加快向乡镇延伸服务网络。截至2016年末,全国组建村镇银行1519家,其中64.5%的村镇银行设在中西部地区,已覆盖全国31个省份的1247个县(市、旗),县域覆盖率达68%,并向乡镇延伸出4716家分支机构。而且,在全国758个(不含西藏自治区)国家扶贫开发工作重点县和集中连片特殊困难地区县中,村镇银行已覆盖401个。村镇银行县域覆盖面和服务充分性明显提升,为填补农村地区金融服务空白做出了积极贡献。

(二)服务能力显著增强,增加了农村地区信贷供给

在市场定位上,原银监会将"立足县域、支农支小"作为村镇银行培育发展的根本目标和要求,持续引导督促村镇银行将主要金融资源运用于当地,提升县域有效信贷投入。十年来,村镇银行各项贷款中涉农贷款占比、500万元以下贷款占比、农户和小微企业贷款合计占比均长期保持在80%以上。此外,村镇银行吸收的资金绝大部分用于当地,存贷比长期保持在70%以上,在县域银行业金融机构中居于首位,初步建立了城市资本回流农村的渠道,达到了"筑渠引水"的目的。截至2016年末,资产总额12376.90亿元、存款总额9492.90亿元、贷款总额7020.56亿元,其中农户及小微企业的贷款合计是6526亿元,占各项贷款余额的93%,500万元以下贷款占比达到了80%,户均贷款41万元。

(三)初步形成了有效竞争的农村金融市场,民间投资渠道畅通

自村镇银行试点伊始,原银监会就要求村镇银行秉承社区性银行的经营理念,恪守经营定位,结合自身禀赋条件,通过实施"小额分散、特色经营、拾遗补漏、错位竞争"的经营策略,致力于为"三农"和小微企业提供差异化、特色化和精细化的金融服务。村镇银行的存在和发展,对农村原有农村金融机构形成了竞争压力,直接或间接地促进了原有农村金融机构主动去改善服务、创新业务、简化流程,坚持"服务农村"的方向,更好地适应社会主义新农村建设的需要,从而更好促进农业增产、农民增收和农村经济的发展。截至2016年末,民间资本投资十分踊跃,引进民间资本815亿元,目前民间资本占村镇银行资本总额的比例已高达72%。村镇银行已成为民间资本投资银行业的重要渠道。

(四)将农村金融服务指标加入监管评级体系,监管有效性明显提升

原银监会还将股东"支农支小"承诺作为市场准入要件,将农村金融服务指

标加入监管评级体系,将农户和小微企业贷款合计占比、户均贷款余额、500万元以下贷款占比等纳入特色指标监测,以监管引领村镇银行切实加大涉农和小微企业贷款的投放力度。截至2016年末,村镇银行主要监管指标总体达标,加权平均资本充足率21.7%、流动性比例77.1%、不良贷款率1.8%、拨备覆盖率218.2%、拨贷比3.9%,总体风险可控。①

第四节 村镇银行SWOT分析

SWOT分析又称态势分析法,是美国旧金山大学管理学教授韦里克于20世纪80年代初提出的,它是一种能够客观而准确地分析和研究一个单位现实情况的方法。SWOT四个英文字母分别代表:优势(Strength)、劣势(Weakness)、机会(Opportunity)、威胁(Threat)。

SWOT环境分析法基于对组织目前面临的优势、劣势、机会、威胁,分析该组织是否具备采取变革的条件。优势:相对于其他组织所拥有的某些明显竞争或发展条件,如反映在技术装备、股东实力、领导者才能、员工素质、业务和品种、网络资源上等。劣势:指给组织带来不利影响、阻碍目标实现的各种消极因素,如缺乏活力、缺乏凝聚力、缺乏创新精神、缺乏主导产品、管理体制不顺、法人治理结构不完善、内部摩擦大、机构臃肿、政令不畅、技术落后等。机会:有利于发展和目标实现的外部因素和条件,如新市场机会、宏观政策利好、行业复苏、技术进步、竞争对手发生不利事件等。威胁:明显不利,阻碍其目标实现的外部因素和条件,如政策、市场、行业、环境、竞争形势等发生对己不利的情形。

正确认识自己,认识生存的环境,是村镇银行战略发展定位的前提和基础。通过SWOT分析法来分析村镇银行的优势、劣势,找出自身缺点,抓住机遇,进而为村镇银行的发展找到合适的对策。

一、我国村镇银行的优势分析

(一)制度保障

自村镇银行设立以来,我国有关国家部门相继推出相关政策保障村镇银行的可持续发展。2006年,银监会制定和公布了关于调整和放宽农村地区的农村金融机构市场准入政策,推动农村地区金融机构的进展。2007年,中国银行业监督管理委员会在实践小额信贷业务的基础上,制定和发布了《村镇银行管理暂行规定》,

---

① http://中国银保监会官网www.cbrc.gov.cn/chinese/newIndex.html 充分发挥主发起人制度优势,更好推进村镇银行服务乡村振兴战略,2018-07-02。

从根本上规定了村镇银行的设立条件及业务范围。从制度设计上看，村镇银行的起点高，比起当年的农村合作基金会和储金会，其规范化程度要高得多。如要求村镇银行的最大股东或唯一股东必须是银行业金融机构，且其持股比例不得低于村镇银行股本总额的20%，单个自然人股东、非银行金融机构及关联方持股比例不得超过村镇银行股本总额的10%，既保证了村镇银行股东的相对集中又保持了一定的分散比例，同时还具有很强的专业性，一开始就采用现代化的经营模式，使得村镇银行可以不断地获得来自大股东金融机构的各方面支持。村镇银行具有管理上的民主性，这是因为村镇银行的自有资金（股本）是通过民主化程序融资而形成的，其出资人同时又是管理者和风险承担者，这就决定了原始股东在成立之初便达成了经济契约关系，具有完全意义上的劳资结合色彩，利益共享、风险同担。经营者要竭力保护自身投资者的权益，包括他们作为股东的知情权、表决权、分配权以及获取真实、准确、及时信息的权利，容易建立起贷前民主决策和贷后民主监督的管理体系，有效杜绝以权放贷和权钱交易现象的发生。

2008年，第十七届三中全会通过了旨在推动农村经济改革、完善农村经济发展体制的《中共中央关于推进农村改革发展若干重大问题的决定》，明确提出要在适应农村发展方向和农户及其农村企业需求的基础上鼓励和发展各种类型的金融服务机构。法律法规的制定和发布为我国村镇银行在农村地区的规模扩大和业务拓展提供了制度保障。

（二）"本地化"的"草根"服务

银行监督管理部门根据在农村地区设立金融服务机构的规模大小及其业务范围来确定村镇银行的注册资本。其注册资本相对其他金融机构低，扩大了村镇银行在农村地区的网点覆盖面，满足了农村地区的资金需求。村镇银行因地制宜，根据农民和农村企业的需求，设计出更加符合农户和农村企业进行发展生产经营活动需要的金融产品。村镇银行的优势还在于产权清晰，管理层次较少，与地方经济联系密切，具有信息优势，金融交易成本低，因而更适合以乡镇中小企业和种植大户为服务对象，便于从事零售业务，发挥国有大银行不可替代的作用。村镇银行既可以吸收存款，又可以发放贷款，这使得它与原先的只存不贷的小额信贷机构相比，又有很强的竞争优势：与农村信用社相比，村镇银行的贷款简便、高效、低利率；与大型商业银行相比，村镇银行的优势在于没有不良贷款和退休人员负担等历史包袱。

二、我国村镇银行的劣势分析

（一）资金来源单一

在最初的发展阶段，村镇银行获取资金的渠道主要是投资者的资本投入，后期主要是向不特定的社会公众吸收的存款，单一的资金来源，不利于村镇银行经营规模的扩大，持续性得不到保障。①市场需求旺盛，与单一的资金来源形成矛盾，资金不足使得村镇银行的发展受到限制。

（二）信用贷款存在安全隐患

由于农业容易受到自然条件的影响，使得村镇银行的业务发展具有特殊性，当贷款对象因为受到自然灾害或其他自然条件的影响而不能按期取得农产品的销售收入时，村镇银行即面临着极大的信贷风险。同一地区的农业发展受到自然环境的制约，使得产品具有趋同性。当某一因素造成农产品的收成增多或减少时，农户为了扩大生产或者补差不足而急需大量资金向银行取款或贷款时，将增加对资金的需求，减少村镇银行的流动资金，从而产生流动性风险。

（三）业务竞争力低

对居民而言，村镇银行的信誉、网点等，都无法与其他商业银行、农村信用社相比。从目前经营状况看，村镇银行与农村信用社、邮储银行开展的业务有趋同的迹象，但村镇银行的实力明显弱于信用社及邮储，很难在竞争中胜出。村镇银行作为农村金融机构的新生力量，在短时间内，村镇银行在吸引存款和业务拓展过程中必然会遇到一些困难，没有设计出自身特有的创新产品，没有比较优势。②

（四）难于吸收优秀金融人才

人才问题也是影响村镇银行发展的瓶颈之一。在吸引人才的硬性条件方面，村镇银行显然无法与大型商业银行和股份制银行相媲美，更难以与外资银行竞争。

三、我国村镇银行面临的机会

（一）国家给予的政策支持力度大

党中央和国务院高度重视"三农"经济的发展，村镇银行是农村金融机构的新生代表，为农村经济的发展注入新鲜血液。只有加大力度发展村镇银行，才能有效地带动农村经济建设的发展活力。为支持和引导村镇银行的可持续发展，国

---

① 黄之慧. 村镇银行 SWOT 分析及其可持续发展策略研究[J]. 学术论坛，2016（07）：60-65.

② 王俊帆. 福建地区村镇银行发展现状、存在问题及策略分析[J]. 农村经济与科技，2015，26（10），133-135.

家有关部门出台了相关政策措施,并降低了村镇银行的设立门槛。

(二)其他农村金融机构的资金供给不足

我国推动社会主义新农村建设的发展进程需要大量的资金,主要是农村教育、医疗、道路、服务等公共设施的建设,用以筹建和完善农村基础设施建设、发展农村经济繁荣以及美化农民生活环境。大量的资金需求与农村金融机构的资金短缺和农业、农村企业的经营发展滞后相矛盾,村镇银行因此有了广阔的市场需求。农村金融机构网点覆盖率低、竞争不充分、农民贷款难、农村中小企业资金短缺得不到解决等因素都是村镇银行出现的关键因素。"三农"兴,则村镇银行兴;村镇银行兴,则"三农"兴,两者相辅相承,互相促进。

(三)得到的参与支持率高

各类商业银行鼓励和支持村镇银行的发展,并积极参与村镇银行的设立、规模扩大及其业务拓展。《村镇银行管理暂行规定》中强调了银行业金融机构占村镇银行的所有股东股份中必须是最大的。商业银行一直积极主张发起在农村贫困地区设立村镇银行,支持扩大村镇银行网点覆盖面。村镇银行当地的农民和农村企业的代表积极响应,并从中获得贷款以缓解资金短缺,提高了经济效益。

四、我国村镇银行面临的威胁

(一)其他农村金融机构的威胁

农村信用社在农村驻足已久,农民对其认知度比较高,且在长期的发展过程中,农信社拥有了一定的客户和信用,对村镇银行构成了威胁。[①]小额信贷公司的贷款资本灵活,业务额度相对较小,且速度快;村镇银行的资金周转慢、经营效益低,成为限制村镇银行规模扩大的主要因素。

(二)产品被对手复制的威胁

仔细分析就会发现,村镇银行所具有的优势并不是其他银行学不会的核心竞争优势,农村信用社照样可以通过简化手续、提高效率、缩小利率浮动范围、加大对优质客户的利率优惠水平等方法予以复制。况且,在我国,特别是现行金融管制情况下,村镇银行很难通过价格(利率)和服务竞争来进行运作。大中型商业银行的信誉高,村镇银行不可能企及。村镇银行若想抢占到理想的存款市场份额,必须考虑提高利率。然而,由于长期的利率管制,利率难以反映资金的供求情况,村镇银行很难发挥自身优势,从而失去好的盈利机会。另外,村镇银行的风险控制技术缺乏创新。从现有村镇银行的经营模式看,虽然注重无抵押小额贷款,但风险控制手段与农村信用社无本质区别。如融丰村镇银行要求五户联保,就是农

---

① 蔡峰.浅析黑龙江省村镇银行的发展现状[J].黑河学刊,2017(05):4-6.

村信用社实施已久的联保贷款的翻版。

(三)农业这一"弱质产业"的威胁

农业受自然条件的影响大,被称为弱质产业,服务农业的金融组织也因此成为金融业中的弱质产业。市场经济条件下,资本的逐利性决定了资本必然向边际收益更高的领域转移。在城乡差距大、农业收入偏低的情况下,村镇银行要将资金留在农村支持"三农"发展,考验着各方智慧。①

(四)信用环境不佳

有的借款户信用意识较差,对村镇银行信贷资金安全构成威胁;有的借款户还存在把村镇银行的贷款当作扶贫的意识,带来欠贷不还的威胁。因此,农民的还款信用好坏直接影响村镇银行的资金安全和可持续发展。

五、村镇银行的发展策略

(一)SO策略:发挥优势,利用机会

利用村镇银行灵活经营的特点,发挥地域优势,及时提供惠民优质的金融服务,积极创新金融工具、金融技术、金融产品来满足新农村建设的资金需求;参与县市、乡镇政府的新农村建设和城乡一体建设规划,形成政府、市场、金融机构和农民多方配合的系统化、良性循环的融资渠道;依托当地政府平台,在成本可算、风险可控的前提下,逐步推出与自身管理相适应、与"三农"和小微企业融资需求相匹配的金融产品和服务,实现经济效益和社会效益的双赢;加强对信贷专员的业务培训,鼓励其深入社区普及金融知识、宣传理财业务,提高村民对村镇银行经营理念的认知和对金融产品的了解,激发农户投资需求;建立健全客户信用档案,优化客户选择,加强客户沟通,大力发展有效益、有信用的优质客户群体,提高客户的忠诚度;优化抵押担保品设计方案,稳步发展信贷业务,扩大村镇银行的业务范围,调整经营理念,在完善服务的同时扩展盈利空间。

(二)ST策略:利用优势,回避威胁

利用信息和运行机制灵活的优势,积极寻找金融市场空间,与农业银行、农村信用社等传统金融机构实现错位竞争,创新涉农信贷担保、抵押方式。建立联保制度,借鉴孟加拉格莱珉银行的"小组+中心+银行工作人员"的放贷方式,探索有效的抵押品替代机制,扩大对农民贷款的覆盖面,延伸小额贷款的对象、

---

① 黄之慧.村镇银行SWOT分析及其可持续发展策略研究[J].学术论坛,2016(07):60-65.

额度和期限，以小额信贷为主、发展多元化的零售业务。发挥"短、平、快"的优点，效仿尤努斯模式，将工作的重点放在农村中低收入人群上。利用联动机制将村镇银行、当地政府和支农服务中介机构联系起来，控制金融风险，解决信息不对称问题，降低营运成本，提高工作效率。扩展融资渠道，提高吸储能力，推广新的存款种类、理财产品，如捆绑发行金融债券、吸收大额的协议存款等，积极营销并重点支持资信俱佳、特色产业、高产高效的中小企业。通过媒体宣传设立村镇银行、服务三农的战略性意义，多角度推介理财业务，引导信用投资，增强公众存款的信心，提高社会知名度。扩大村镇银行规模，设立分支机构，扩大股东人数，争取和其他正规或社会金融组织合作，实现资本构成多元化，壮大资本金。利用自身在人缘地缘上的优势，深入"三农"的各个方面，全面及时掌握农民、农村中小企业的生产经营状况和金融需求，引导闲置资金流入村镇银行，扩大服务半径。完善用人机制，引进高素质管理人才，聘用业务精英，规范人员管理制度，加强村镇银行内部管理，提高竞争意识，改善服务水平，提高化解风险的能力。

（三）WO 策略：利用机会，克服劣势

目前农村地区金融服务供给不足，农村金融需求旺盛，农村金融竞争并不充分，村镇银行必须利用这一宽松的竞争环境，尽快提高自身的竞争力，在农村金融领域占领有利地位，把村镇银行建设成为农民自己的银行。要融合现代商业银行的经营思想、风险管理理念、内部管理标准、职业道德标准，培育内部控制文化。要规范经营管理体制，加强自身建设，注重体制创新，完善法人治理结构，明确股东的权利与义务。建立内部评级系统和信用风险管理机制，加强内控建设。保证制度的执行力，建立责任明晰的用人机制，实行绩效管理，消除在经营中因人为因素引发的信用风险和操作风险。特色经营，树立品牌形象，建设优秀企业文化。借鉴和引入其他银行优质服务的经验和大中型商业银行先进的网络设施，提高自身业务运作能力，把村镇银行打造成具有"农"字特色、机制灵活、竞争力强、可持续发展的高品质银行。

（四）WT 策略：减少弱点，回避威胁

完善经营机构布局，增设营业网点。村镇银行应在县域范围内的城区和乡镇加快网点建设，有效扩大业务辐射范围，方便客户办理存取款等业务，将惠民服务落到实处。加快村镇银行基础设施建设，以现代化的手段和优质的服务吸引客户的加盟。进一步加快支付系统建设，畅通支付结算渠道。积极依托主发起行强大的网络资源优势，可采取先间接接入大小额支付系统，征信管理、外汇管理等网络系统，提高服务能力，待时机成熟后再加入大小额支付结算系统。要加快中间业务发展步伐，满足客户多样化需求。开展人才引进培训工作，支持村镇银行从业人员到国有大型银行实习。移植主发起行的小企业信贷核心技术或引入第三方加强风险管理，形成良好信用和信贷支持的互动循环。建立存款保险制度，纳入存款保险体系。

综上所述，目前我国村镇银行发展面临的环境从最主要的方面来说，属于SWOT矩阵中的WO型（见表1-1），目前应该实行WO策略，即利用机会、克服劣势。具体而言，要抓住当前经济发展尤其是"三农"发展的内在需要这个机会，鼓励发展村镇银行，通过产品和服务创新来克服后发劣势。

表1-1 村镇银行SWOT分析矩阵表

	优势——S	劣势——W
机会——O 当前农村资金需求得不到满足	SO策略 发挥优势，利用机会	WO策略 利用机会，克服劣势
威胁——T 产品缺乏竞争力、农业弱质性	ST策略 利用优势，回避威胁	WT策略 减少弱点，回避威胁

第五节 我国村镇银行的发展现状

一、我国村镇银行的发展现状

截至2017年末，村镇银行机构组建数量已达1601家，其中中西部地区机构占比65%，已覆盖全国31个省份的1247个县（市、旗），县域覆盖率达68%，全国758个国定贫困县和连片特困地区所辖县市中，有416个县市（占比55%）已设立或已备案规划拟设村镇银行。村镇银行坚持专注"存贷汇"等基础金融服务，近六成资产为贷款，近九成负债为存款，吸收资金主要用于当地；持续加大涉农和小微企业贷款的投放力度，农户和小微企业贷款合计占比92%，连续四年保持在90%以上；坚持按照小额分散原则开展信贷业务，户均贷款余额37万元，连续五年下降。[①]

截至2017年末，资产规模约1.4万亿元，负债总额1.23万亿元，年末贷款余额8279.8亿元，比年初增长17.9%。[②]

---

① http://中国银保监会官网 www.cbrc.gov.cn/chinese/newIndex.html 充分发挥主发起人制度优势，更好推进村镇银行服务乡村振兴战略，2018-07-02。

② http://中国银行业协会官网 www.china-cba.net/do/bencandy.php?fid=357&id=172692，2018-05-07。

我国为推动村镇银行健康可持续发展，在村镇银行培育中设计了一项创新性的制度安排，即主发起人制度。实践证明，主发起人制度是村镇银行助力乡村振兴战略的有力保障。主发起人作为村镇银行的主要股东，在公司治理、风险管理、科技支撑、流动性救助等方面发挥了核心作用。特别是在近年来的村镇银行培育中，注重引导主发起人，牢固树立将培育发展村镇银行作为贯彻落实乡村振兴战略和精准扶贫、精准脱贫基本方略，积极推动普惠金融发展重要举措的理念；注重引导各类型主发起人结合自身实际、发挥比较优势，为村镇银行服务乡村振兴战略保驾护航。一批商业银行看好县域农村金融市场发展潜力和村镇银行的长期投资价值，积极参与村镇银行培育组建工作。

截至2017年末，全国共有5大类型、294家银行机构作为主发起人发起设立村镇银行。不同类型主发起人发起的村镇银行带有浓厚的"母行基因"，在经营发展中呈现出百花齐放、风格各异的特点。具体表现在以下几方面。

（1）5家大型银行共发起村镇银行139家。大型银行作为主发起人，资本实力较强，能够为村镇银行提供较好的中后台支持，自身战略与村镇银行定位能够实现优势互补，形成协同效应。其发起的村镇银行普遍呈现出单体规模较小、整体规模效应明显、总体经营稳健的特征。其中，中国银行一枝独秀，积极探索国有大型银行支持"三农"和小微企业的普惠金融道路，在全国批量化发起设立了100家村镇银行，占所有大型银行发起村镇银行数量的72%；建设银行在安徽、陕西、河北等12个省市发起设立村镇银行27家。

（2）6家股份制银行共发起村镇银行70家。股份制银行作为主发起人，能够积极履行大股东责任，帮扶手段较丰富。其发起的村镇银行依托主发起人资源优势，经营发展起步较快、单体资产规模较大。其中，浦发银行和民生银行分别发起村镇银行30家、29家，发起数量在所有股份制银行中位居前列。浦发银行成立专门部门负责村镇银行投资管理工作，将村镇银行培育作为自身服务乡村振兴战略的重要抓手。但股份制银行发起设立的村镇银行，也存在支农支小的服务特色不够突出、服务深度还有待进一步加强的问题。

（3）97家城市商业银行共发起村镇银行459家。城市商业银行主发起人，多数能够将自身的小额信贷理念和技术复制到村镇银行，目标客户精确瞄准农户和小微企业，实现较高的利润回报水平。如台州银行、泰隆商业银行、九江银行等具有小微金融服务特色的城市商业银行，自身市场定位与村镇银行具有相似性，通过复制主发起人的管理体系、信贷技术和产品创新，带动村镇银行发展。但城市商业银行发起设立的村镇银行，也存在经营表现分化较明显、部分机构风险抵补能力有待进一步提升的问题。

（4）184家农村合作金融机构共发起村镇银行920家，主发起人数量和发起村镇银行数量均超"半壁江山"，是近年来村镇银行培育发展的主要力量。农村合作金融机构作为主发起人，自身具有服务农村市场的良好基础和贴近农村农民的人缘地缘优势，发起的村镇银行较好地传承了主发起人的支农服务基因。如武汉农商行、常熟农商行、广州农商行、马鞍山农商行等11家主发起人发起村镇银行数量超过20家，探索将自身农村金融服务理念输出到村镇银行，支持当地县域农村经济发展。但农村合作金融机构发起设立的村镇银行，也存在部分主发起人持股比例相对较低、公司治理有效性有待进一步增强的问题。

（5）汇丰银行等两家外资银行共发起村镇银行13家，所发起的村镇银行沿袭了主发起人较为成熟的内控合规理念和风险管理机制，资本较为充足，信贷投放小额分散特点突出，但盈利水平还有待进一步提升。

从服务乡村振兴的效果来看，各类型主发起人发起的村镇银行差异也较为明显。其中，外资银行发起的村镇银行虽然总体规模较小，但信贷服务深度表现较好，户均贷款仅为19.8万元；城市商业银行、农村合作金融机构作为地方性银行，其发起的村镇银行能够很好地瞄准农户和小微企业的目标客户，分别有92.9%、92.4%的贷款投向农户和小微企业；大型银行发起的村镇银行信贷投放充分，吸收资金用于当地的比例高达95.6%。[①]

目前，中国银行保险监督管理委员会将继续认真贯彻党中央、国务院实施乡村振兴战略的决策部署，切实推动村镇银行更好地服务乡村振兴战略、服务精准脱贫攻坚战。一方面，牢牢抓住主发起人制度这一村镇银行公司治理的"牛鼻子"，进一步改革优化投资管理模式，推动主发起人"优进劣出"，探索建立主发起人履职评价机制，督促主发起人主动、规范、有效履职，积极引导主发起人把培育发展好村镇银行作为落实党中央乡村振兴战略的重要举措。另一方面，紧紧围绕服务乡村振兴战略和脱贫攻坚任务，持续强化定位监管，进一步完善村镇银行支农支小监测考核体系，引导村镇银行的设立重点向中西部地区、农村金融服务薄弱地区，特别是向贫困地区倾斜，注重延伸服务网点，下沉服务重心，深耕县域金融市场，专注基础金融服务，切实坚守支农支小的战略定位。[②]

---

① http://中国银保监会官网www.cbrc.gov.cn/chinese/newIndex.html 充分发挥主发起人制度优势，更好推进村镇银行服务乡村振兴战略，2018-07-02.

② 同上。

二、福建省村镇银行的发展——以建瓯瑞狮村镇银行为例

2013年7月初，在国务院下发《关于金融支持经济结构调整和转型升级的指导意见》的背景下，福建省政府出台《关于加快村镇银行组建和发展的指导意见》（下称《意见》），推出多项配套优惠政策，推动符合条件的产业资本、民间资本参与发起设立村镇银行。

根据《意见》，福建省将对新设立的村镇银行，在注册资本、税收等方面给予一揽子政策优惠。

在税收方面，《意见》提出，至2015年12月31日，对村镇银行的营业收入按3%的税率征收营业税，对村镇银行办理的无息、贴息贷款合同免征印花税；至2014年10月31日，对村镇银行与农户和小微企业签订的贷款合同免征印花税。此外，还有所得税、房产税等相应优惠政策。除了税收优惠，《意见》还提供了一系列补助办法：对新设立的村镇银行，给予直接补助10万元、租房补助和实际到位注册资本金1%～3%的开办补助（不超过1000万元）。对上年贷款平均余额同比增长、年末存贷比高于50%且达到银监会监管指标要求的村镇银行，按其上年贷款平均余额的2%给予定向费用补贴。

在吸引人才方面，《意见》提出，对经认定的村镇银行高层管理和技术领军人才，可按其当年在本地缴纳的个人所得税地方留成部分的50%给予住房和生活补助；对其5年内工资收入中的住房补贴、伙食补贴、搬迁费、探亲费、子女教育费等，按国家税收法律法规有关规定，予以税前扣除；其子女就学享受与当地居民子女同等待遇。

同时，人民银行福州中心支行也在信贷规模上给予村镇银行必要的倾斜，积极争取放开对村镇银行信贷规模"总量控制、按月下达"的限制，在规模过剩与规模不足的村镇银行之间互相调剂。对信贷规模不足且经营稳健、效益较好的村镇银行，按不少于上一年度涉农贷款增量的20%给予支农再贷款。此外，还将推动村镇银行开办借记卡、网上银行等业务。

依据《意见》，村镇银行的信贷方将重点倾向农户和小微企业，确保涉农、小微企业贷款增速不低于各项贷款平均增速，贷款增量不低于上年同期水平。村镇银行开业满两年后，涉农、小微企业贷款合计余额和增量占比不得低于80%，100万元以下贷款客户数比例不得低于70%。同时，对村镇银行农户农林牧渔业贷款、农户消费和其他生产经营贷款季均余额同比增长超过15%的部分，按2%的比例给予奖励。

《意见》还鼓励村镇银行采取"龙头企业＋农户""龙头企业＋生产基地＋

农户""合作社+农户"等上下游产业链贷款方式支持农户开展生产,创新整贷零还、延期支付等还款方式。同时,鼓励村镇银行扩大林权抵押贷款,探索开展大中型农机具、农村土地承包经营权和宅基地使用权抵押贷款试点。

《意见》提出至 2015 年末福建省每个县设立 1 家村镇银行的目标,福建省村镇银行组建工作进入快车道。"村镇银行县(市)全覆盖工程"取得阶段性成效。

截至 2016 年末,福建辖内共 59 个县获批规划设立村镇银行,覆盖全省 96.43% 的县域,已开业村镇银行 49 家。全辖村镇银行共设营业网点 71 个,共有员工 1512 名,且绝大部分为本地员工。引进民营资本投资入股 37.65 亿元,拓宽了民间资本投资银行业的渠道,增加了县域地区金融供给。福建辖内村镇银行贷款余额 130.96 亿元,其中农户和小微企业贷款余额 119.34 亿元,占比 90.44%。村镇银行成立以来累计发放贷款 15.58 万笔、435.60 亿元,惠及 11.01 万户。[①]

下面以福建首家村镇银行——建瓯瑞狮村镇银行为例,阐述福建省村镇银行发展历程。

建瓯市位于福建省北部,闽江上游,武夷山脉东南面、鹫峰山脉西北侧。疆域总面积 4233 平方千米,其中山地 519 万亩、耕地 49.2 万亩,辖 10 个镇、4 个乡、4 个街道,217 个村、27 个居民委员会,总人口 53.89 万,其中农业人口 42.5 万,民族以汉族为主,还有畲、苗等 10 个少数民族,是福建省陆地面积最大、闽北人口最多的县级市。建瓯山川秀美,古迹繁多,旅游资源较为丰富。并且土地肥沃,物产丰富,素有"金瓯宝地""绿色金库""竹海粮仓""酒城笋都"之称。建瓯是农业大县,农产品极为丰富,农产品流通十分活跃,但由于农产品季节性很强,上市时间集中,资金需求量大,从事流通的农户们常因一时周转资金缺乏而发愁。建瓯农业发展迅速,但农村金融机构网点覆盖率较低。近年来,建瓯市的资金供求矛盾也开始突出。另外,农村金融市场竞争不充分,在农村金融市场中,农村信用社和邮政储蓄银行是服务"三农"的主体力量,其他金融机构则涉农较少,但目前建瓯市农村信用社市场份额不高,支持"三农"的力量相对较弱,品种也较为单一,相对于城市金融资源而言,建瓯农村金融虽不至于"贫血",但还需加强。

为解决建瓯金融服务不足的现状以及农民贷款难的问题,促进农民增收、农业增产和农村经济发展,促进地方经济快速协调发展,建瓯市瑞狮村镇银行于 2008 年 4 月份开始筹建,6 月 28 日获得银监部门的金融许可证和开业批复,2008

---

① http://和讯网 bank.hexun.com/2017-03-29/188680275 稳妥培育 创新发展——福建村镇银行组建发展十周年回顾 2017-03-29.

年7月12日正式挂牌营业,这是福建省设立的首家村镇银行。福建建瓯瑞狮村镇银行是由石狮农村合作银行出资2000万元,作为独资发起人组建的。其业务范围包括吸收公众存款,发放短期、中期和长期贷款及办理国内结算等。该行的经营目标是办成涉农领域具有特色的精品银行,成为农村金融的有益补充。在市委、市政府、各级监管部门以及石狮农商银行的大力支持下,坚持合规经营、防范风险的前提下,始终坚持服务三农、支持地方三农经济发展,紧紧围绕科学发展为主题,致力于助推当地农村金融发展,极大改善当地农村金融服务水平。

村镇银行的设立,一方面对金融市场起互补的作用,因为一般金融机构都是年初放贷,年底清收,村镇银行随贷随取,没有季节性,可弥补这个金融市场空档,赢得发展空间;另一方面,村镇银行创新信贷产品。开业以来,建瓯瑞狮村镇银行各项业务平稳增长。

建瓯瑞狮村镇银行以"抵押+担保+保险"的方式,2010年开办农机具抵押贷款,解决了农民购买大中型农机具资金不足的问题,当地人民银行还专门制定出台了《建瓯市农机具抵押贷款试行办法》,向涉农金融机构推广该项信贷品种;2012年在当地率先开办商标专用权质押贷款,为黄华山酿酒有限公司提供信贷资金200万元;率先在全省村镇银行中推出移动保管箱业务,为客户提供一个存放贵重物品的场所;发行全省村镇银行首张自主品牌银联卡——玉竹卡。

(一)准确市场定位,跨越发展卓有成效

自开业之初,建瓯瑞狮村镇银行便明确了市场定位:重点服务"三农"、小微企业、服务社区、服务城乡居民,支持县域经济发展,以改进农村金融服务为己任。建瓯瑞狮村镇银行逐渐在努力实现自身发展与支持农村金融薄弱领域中实现互利共赢。截至2016年12月末,村镇银行各项存款余额7.19亿元,贷款余额5.05亿元,贷款户数2149户;累计发放贷款6078笔,共计余额24.45亿元。①有效兑现"小额分散"的服务承诺,增户扩面工作卓有成效,服务辐射范围显著扩张,支农扶小工作持续推向纵深。

1. 强化市场选择

建瓯瑞狮村镇银行主动实行客户细分,制定市场策略,研究客户集群特点、经营特点和风险特征,着力调整信贷存量结构。瞄准优质资产市场,实施信贷有效投放,对信用记录较差、发展前景较弱的客户实行退出机制,确保将信贷资金引向实体经济;面对信贷规模剧增,业务部门在努力克服时间短、任务重的困难

---

① http://和讯网bank.hexun.com/2017-03-29/188680275稳妥培育 创新发展——福建村镇银行组建发展十周年回顾2017-03-29.

的同时，深化对原有基础客户群体的信贷需求的调研工作，在短时间内合理安排信贷规模分解、人员调配，确保用足用好信贷规模，切实抓好信贷资金投放工作。

2. 提升资产质量

严格执行"真正了解你的客户"业务要求，坚持调查、审查岗位分离原则，确保诚信申贷、尽职调查、贷审分控；严格执行贷款"三查"，强化客户经理责任认定，完善绩效考核体制，建立有效岗位制衡机制，分离调查与审查职责，严审贷款条件，落实客户跟踪制，有效增强了建瓯瑞狮村镇银行抵御经济周期波动风险的经营能力。

3. 做强电子业务

电子银行业务作为银行业务发展的新型分销方式和渠道，已成为银行业务经营的重要组成部分，成为在激烈的金融竞争中立于不败的重要手段。建瓯瑞狮村镇银行深刻领会石狮农商银行"易收银"工作会议精神，全力加强在全辖范围内"易收银"业务开展的组织动员工作，积极转变营销观念，实现营销手段多样化，以网上银行、"易收银"等电子银行为抓手，加快资金归集效率，有效稳定资金来源。在全力加大对现有客户资源二次营销力度的同时，主动进行行业细分以及市场选择，以走街巡访、团队营销等方式，强化"易收银"以及网上银行的组合营销，加大了业务宣传、发展的覆盖面以及基层群体的影响力，进一步加快业务拓展进度。截至2016年12月末，玉竹借记卡总发卡量达18939张，较年初增加4406户，增幅30.32%；网上银行用户数5559户，比年初增加727户，增幅15.04%；手机银行用户数8016户，比年初增加2241户，增幅38.81%；发展微信支付商户799户。[①]

（二）做优"三农"服务，推进支农工作向前发展

1. 强化形势分析，紧跟市场动向

为扎实做好农民增收、农业产业升级、服务"三农"发展大局工作，建瓯瑞狮村镇银行加大对业务发展情况的研究力度，充分结合建瓯瑞狮村镇银行未来发展规划、当地"三农"市场需求，及时向石狮农商银行上报"三农"金融服务工作计划，迅速调整业务拓展策略、方案，将重点锁定县域农村经济主导行业，审慎开展小微企业联保贷款、合理调整利率定价，为切实提升服务"三农"水平，增强建瓯瑞狮村镇银行行业竞争力提供有力保证。截至2016年12月末，支农贷款余额45878.30万元，占比93.11%，全辖户均贷款23.51万元，贷款金额在50万元（含）以下客户800户，占总客户数的74.91%。[②]

---

① http://和迅网 bank.hexun.com/2017-03-29/188680275 稳妥培育 创新发展——福建村镇银行组建发展十周年回顾 2017-03-29.

② 同上。

2. 深入基层调研，搭建信息平台

为积极稳妥地做好支小金融服务工作，加大支持小微企业发展力度，有效丰富小微企业融资手段，深入了解小微企业金融服务需求，深入建瓯市小松镇、东游镇及东峰镇莲花坪等工业园区相关"三农"企业进行走访、座谈，提供金融服务。与企业主们开展互动交流，进行面对面的沟通、咨询，主动了解小微企业面临的经营困境与融资难题，充分掌握小微企业的经营现状及困难原因，详细介绍建瓯瑞狮村镇银行企业商标权质押、股权质押、企业联保等适应企业发展实际的特色信贷产品，以及建瓯瑞狮村镇银行小微金融服务亮点、服务质效、服务质价等特色流程与扶持举措，有效加深银企互信，为进一步的深入合作打开广阔的发展新局面。

3. 适应"三农"需求，加快金融创新

为有效破解小微企业可供抵押、担保的财产不多、金融生态环境普遍欠佳的经营困局，进一步拓宽小微企业融资渠道，根据石狮农商银行批复，建瓯瑞狮村镇银行业务管理部立足本地市场需求、动态，了解"三农"小微企业融资情况，强化信息分析，紧紧围绕"服务到位，风险可控，发展可持续"经营主线，加快金融产品创新步伐。在传统信贷品种的基础上，针对小微企业发展特点，推出小微企业联保贷款，由3家以上且成立在3年以上的互相熟悉、产业关联、实力相近、具有产业集群特性的小微企业自愿组成联保小组，互相提供共同连带责任担保，联合申请贷款。通过组成小微企业联保体，破解小微企业因缺乏有效抵质押物的融资难题。

4. 完善网点架构，健全服务体系

2011年和2016年先后在建瓯市新城区和建瓯市东游镇布设网点——新区支行和东游支行，进一步践行支农支小，推进农村金融市场的业务发展。同时，2015年在当地金融机构中创新推出"银行流动服务车"，深入偏远乡镇、村组和集贸市场为农村客户提供金融服务和金融知识宣传，开通了农村金融服务的"最后一公里"。建瓯瑞狮村镇银行也是当地唯一一家提供"保管箱"服务的金融机构，为客户提供一个存放贵重物品的放心场所。

（三）强化内部管理，全面落实从严治行

由于业务方面依托农信社系统优势资源，为达到良好的风险把控水平打下了坚实基础。与此同时，多措并举力促风险管理水平不断提升。

1. 加大案防工作力度

为进一步防范内部经营风险，促进建瓯瑞狮村镇银行经营活动安全稳健，建瓯瑞

狮村镇银行强化对案件防控工作新形势研究，制定、修改和完善各项内控制度，深入开展员工参加民间借贷风险排查、银行业从业人员违反职业操守问题专项排查等专项排查工作，深度排查风险疑点；按照上级管理部门案防会议精神以及外部形势变化，不断加强形势预判，召开案件防控、严控"返利"风险等专题会议，进一步明确案防目的、开展警示教育、重申奖惩机制，主动开展内部员工案件防控工作承诺，有力增强基层员工自我管理、自我约束、自我提升、主动合规意识。

2. 严格防范信贷风险

根据业务发展内控先行的原则，始终坚持合法合规经营，提高各项政策法规执行力，坚定执行"三个办法，一个指引"的贷款新规，落实贷款五级分类制度，有效识别贷款业务风险。

（四）提升企业文化，突出队伍建设、服务质效

1. 以雷锋精神、先进典型为模范

以雷锋精神为行动指引，在全辖范围内开展"青年文明号优质服务示范月"活动，通过强化业务技能、公示服务承诺、改善服务形象等多种手段，牢固树立员工服务意识，做好微笑服务，加强金融知识宣传工作，以更加积极、主动的态度投入基层服务工作，努力培育建瓯瑞狮村镇银行支持"三农"支持小微企业、助力当地经济发展的新名片。

2. 以规范服务质价为手段

为规范建瓯瑞狮村镇银行各项经营业务行为，切实为建瓯瑞狮村镇银行客户提供更加优惠的金融服务。在全辖范围内开展整治不规范经营专项工作，对建瓯瑞狮村镇银行服务定价进行重新梳理、整合。严肃工作纪律，大力推广"阳光信贷"，公开办贷条件、贷款利率和办理流程，切实解决"贷款难、贷款贵"等问题。严格按照合规收费、以质定价、公开透明、减费让利的原则，规范、改善建瓯瑞狮村镇银行金融服务质价，全力创造更加和谐的经营环境，促进建瓯瑞狮村镇银行金融服务行为持续规范和服务质量持续提升，积极、稳妥地做好造福民生的各项工作。

第二章　村镇银行的业务经营

按照《村镇银行管理暂行规定》：村镇银行可以吸收公众存款；发放短期、中期和长期贷款；办理国内结算；办理票据承兑与贴现；从事同业拆借；从事银行卡业务；代理发行、代理兑付、承销政府债券；代理收付款项及代理保险业务；经银行业监督管理机构批准的其他业务。村镇银行按照国家有关规定，可代理政策性银行、商业银行和保险公司、证券公司等金融机构的业务。有条件的村镇银行要在农村地区设置ATM机，并根据农户、农村经济组织的信用状况向其发行银行卡。对部分地域面积大、居住人口少的村、镇，村镇银行可通过采取流动服务等形式提供服务。村镇银行作为新型银行机构，其业务主要有负债业务、资产业务和中间业务三大类。王柏林、罗然然（2015）认为：强化服务小微企业的经营机制包括提升"三农"和小微企业投入占比；创新服务模式，优化业务流程，完善管理制度；加快发展机构网点，特别是小型社区化的机构；创新契合新型农业经营主体、小微企业、社区居民需要的金融产品。武文超（2015）认为：村镇银行资金有限，业务开展受到限制；吸存能力不强；存在一定的信用风险。村镇银行业务的风险控制对策包括扩大资本规模、健全农业保险制度、建立风险管理机制、加强村镇银行的法制化建设。陈聪（2015）认为村镇银行主要客户群体便是当地中小企业及农户，通过"关系型贷款"来为当地农户及中小企业提供发展资金。潘晓博（2016）认为只有以客户价值为导向来制定并实施差异化的营销策略才是提高自身利润的有效手段，这同时也是使村镇银行得以长足发展的有效方式。李冰雪（2016）指出村镇银行代发工资业务不仅使中间业务发展呈现出快速增长，更是对整个银行净利息收入的转亏为盈起到了不可忽视的重要作用。在操作方式执行不统一、代理协议签订不规范、初始密码设置过于简单、业务办理排队现象严重以及增值业务开展滞后等方面存在问题，完善代发工资业务制度保障、整合优势资源与完善内部控制、加强流程再造与手段创新等。

本章概述村镇银行负债业务、资产业务和中间业务的主要内容，并分析当前村镇银行业务经营存在的主要问题，相应提出对策建议。

第二章 村镇银行的业务经营

第一节 村镇银行的负债业务

一、村镇银行的负债业务概述

村镇银行的负债业务是指村镇银行获取资金来源的业务，是村镇银行开展业务的基础。村镇银行负债业务主要包括资本金和各项存款两大部分。

2017 年，福建某村镇银行负债总额 25475.02 万元，其中各项存款余额 23694.34 万元，比年初增长 737.94 万元，增幅 3.21%；活期储蓄存款余额 1554.39 万元，定期储蓄存款 8884.89 万元，储蓄存款合计 10439.28 万元。单位活期存款余额 11528.06 万元，单位定期存款余额 1727 万元，单位存款合计 13255.06 万元。[①]

二、资本金

国际上通常把银行资本金定义为银行股东为赚取利润而投入银行的货币和保留在银行中的收益。按照《村镇银行管理暂行规定》：在县（市）设立村镇银行，其注册资本不低于 300 万元人民币；在乡（镇）设立村镇银行，其注册资本不低于 100 万元人民币。

资本金除以上项目外，还有村镇银行在开业以后提取的公积金以及未分配的利润。村镇银行应该注重资本积累，开业 3 年内原则上不得现金分红；资本充足率低于监管要求、拨备计提不足的不得分红。当村镇银行资本不能满足监管要求时，股东不得阻碍主发起人或其他股东对村镇银行补充资本或合格的新股东进入。

村镇银行存款按照期限长短可以划分为活期存款、定期存款；按照对象不同可以划分为个人存款（储蓄存款）、单位存款（对公存款）。村镇银行一般只能办理人民币存款业务。

三、个人存款（储蓄存款）

（一）基本规定

实行个人存款账户实名制，开立个人储蓄存款账户必须出示身份证件，存款自愿，取款自由，存款有息，为储户保密。

（二）具体品种

根据存款期限不同，可分为活期储蓄、定期储蓄、通知存款等种类。

[①] 文中有关福建某村镇银行数据与资料都是作者实地调研所得。

1. 活期储蓄

活期储蓄见表2-1。

表2-1　活期储蓄

概念	指开户时不约定存取日期，可随时存取，存取金额不限
开户起存金额	1元
计息	采用积数计息法。按季结息，每季末月20日按结息日挂牌活期利率计息。不到结息日清户时，按清户日挂牌公告的活期利率计算到清户前一日止
办理流程	（1）开户：持本人有效身份证件填写《开立个人银行结算账户申请书》《个人银行结算账户管理协议书》及《个人客户开户申请书》，领取活期存折或银行卡。如为代办，代办人需持有存款人及代办人有效身份证件并填写相关申请书开户 （2）存款：存款人或代办人持活期存折或银行卡办理；若存款人或代办人未持有活期存折、银行卡，需提供账号和户名，并且必须出示身份证件办理 （3）取款：取款人必须凭活期存折或银行卡支取现金；若单笔取现金额大于5万元（含），需提供本人有效身份证件，若为代办，还需出示代办人身份证件 （4）销户：办理销户时，利随本清；若现金本息合计大于5万元（含），需提供本人有效身份证件，若为代办，还需出示代办人身份证件 （5）其他：办理挂失、解挂、修改密码、换卡/折、大额取款时请携带有效身份证件办理

2. 定期储蓄

定期储蓄是客户在存款开户时约定存期，一次或按期分次（在约定存期内）存入本金，整笔或分期、分次支取本金或利息的一种储蓄方式。主要有整存整取、零存整取两种方式。

（1）整存整取（见表2-2）

表2-2　整存整取

概念	是由客户与银行约定存期，本金一次存入，到期一次支取本息的储蓄存款方式，是以存单或一本通存折形式存在的，在村镇银行营业网点可实现通存通兑和到期自动转存（定期一本通是指在一个存折上办理多种存期的储蓄存款方式，无论开立多少个定期存款一个存折就可打理，清晰明了，便于保管）
适用对象	凭实名制认可的有效身份证件存款人均可在村镇银行开立定期存款账户

续表

提交证件	居民身份证/户口簿/军人身份证/武装警察身份证/中国护照;往来内地通行证/台湾居民/来往大陆通行证/或其他有效旅行证件;护照/华侨持中国护照/外国人居留许可证
开户起存金额	50元
存期	分为三个月、六个月、一年、两年、三年、五年六个档次
计息	采取逐笔计息法。计息按存入时的约定利率计算,利随本清
办理流程	①开户:持本人有效身份证件填写开户申请书,领取存折或存单。若为代办,代办人需持有存款人及代办人有效身份证件 ②销户:办理销户时,利随本清。若现金本息合计大于5万元(含),需提供本人有效身份证件,若为代办,还需出示代办人有效身份证件 ③其他:办理挂失、解挂、修改密码、换折、大额取款需携带有效身份证件办理

(2)零存整取(见表2-3)

表2-3 零存整取

概念	指开户时约定期,本金分次存入,到期一次支取本息的储蓄存款方式。逐月存储,每月存入固定金额
适用对象	凭实名制认可的有效身份证件均可在村镇银行开立定期存款账户。适合有固定收入但每月略有节余的客户
提交证件	居民身份证/户口簿/军人身份证/武装警察身份证/中国护照;往来内地通行证/台湾居民/来往大陆通行证/或其他有效旅行证件;护照/华侨持中国护照/外国人居留许可证
开户起存金额	一般5元起存(每月存入一次,中途如有漏存,应在次月补齐,未补存者,视同违约,对违约后存入的部分,支取时按活期利率计算利息)
存期	分为一年、三年、五年
计息	按实存金额和实际存期计算。利息按存款开户日挂牌零存整取利率计算,到期未支取部分或提前支取按支取日挂牌的活期利率计算利息
办理流程	①开户:持本人有效身份证件填写开户申请书,领取存折。如为代办,代办人需持有存款人及代办人有效身份证件 ②销户:办理销户时,利随本清。如果现金本息合计大于5万元(含),需提供本人有效身份证件,如为代办,还需出示代办人身份证件 ③其他:办理挂失、解挂、修改密码、换折、大额取款时请携带身份证件办理

3. 通知存款

通知存款见表2-4。

表2-4 通知存款

概念	指客户不约定存期,支取时需提前通知银行,约定支取日期和金额方能支取的存款业务。具有活期存款的便利和高于活期存款的利率,适合大额资金存期难以确定、存取较频繁的存款客户;在短期不用款的时候,选择通知存款,可获得更大的收益
种类	分为一天通知存款和七天通知存款两个品种。一天通知存款必须提前一天通知约定支取存款,七天通知存款则必须提前七天通知约定支取存款

• 35 •

续表

适用对象	凭实名制认可的有效身份证件在村镇银行营业网点都可开立通知存款账户
起存金额	5万元
注意事项	实际存期不足通知期限的，按活期存款利率计息；未提前通知而支取的，支取部分按活期存款利率计息；已办理通知手续而提前支取或逾期支取的，支取部分按活期存款利率计息；支取金额不足或超过约定金额的，不足或超过部分按活期存款利率计息；支取金额不足最低支取金额的，按活期存款利率计息
办理流程	（1）开户：持本人有效身份证件填写开户申请书及存款凭条，领取活期存折或银行卡。如为代办，代办人需持有存款人及代办人有效身份证件 （2）约定支取：持有效身份证件及一本通存折，可在村镇银行任意网点约定支取日期 （3）支取/销户：办理销户时，利随本清。需提供本人有效身份证件，如为代办，还需出示代办人身份证件 （4）其他：办理挂失、解挂、修改密码请携带身份证件办理

四、单位存款（对公存款）

单位存款具体包括单位活期存款、单位定期存款、单位协定存款和单位通知存款四类。

（一）单位活期存款

单位活期存款见表2-5。

表2-5　单位活期存款

概念	单位客户存入存款时不约定存款期限，随时可以存取的存款
种类	根据企业或单位的不同需要，在村镇银行开立四种不同性质的单位活期存款账户：基本存款账户、一般存款账户、临时存款账户和专用存款账户
适用对象	经工商行政管理部门（或上级主管机关）核准登记、年检合格的企（事）业法人、其他经济组织、个体工商户
开户起存金额	1元
计息	结息时按中国人民银行公布的活期存款利率和实存天数计息，每季结息一次，计息期间如遇利率调整，分段计息
注意事项	单位客户开立单位活期存款账户时需要提交营业执照正本（或其他登记证书、证明批文）、税务登记证正本、组织机构代码证正本，法定代表人或单位负责人亲自办理的应出具身份证件，非本人办理的应出具其法定代表人或单位负责人的授权书及其身份证件，以及被授权人的身份证件；存款单位开立账户时需到拟开户行领取空白"开户申请书""银行单位结算账户协议书""印鉴卡"，并如实填写各项内容；存款人申请开立一般存款账户，除向银行出具上述证明文件外，还应出具基本存款账户开户许可证

（二）单位定期存款

单位定期存款见表2-6。

表2-6　单位定期存款

概念	银行与公司类存款人双方在存款时事先约定存款期限，把闲置资金存入银行，在存款到期支取时，银行按存入日约定的利率计付利息的一种存款
存期	三个月、半年、一年、二年、三年、五年六个档次
适用对象	经工商行政管理部门（或上级主管机关）核准登记、年检合格的企（事）业法人、其他经济组织、个体工商户
开户起存金额	1万元
计息	按存款日中国人民银行挂牌公告的定期存款利率计付利息，不同档次执行不同利率，遇利率调整，不分段计息
注意事项	到期全额支取，按规定利率本息一次结清；全额提前支取，银行按支取日挂牌公告的活期存款利率计付利息；部分提前支取（只能提前支取一次），若剩余定期存款不低于起存金额，则对提取部分按支取日挂牌公告的活期存款利率计付利息，剩余部分存款按原定利率和期限执行；若剩余定期存款不足起存金额，则应按支取日挂牌公告的活期存款利率计付利息，并对该项定期存款予以清户。

（三）单位协定存款

单位协定存款见表2-7。

表2-7　单位协定存款

概念	指在村镇银行开立基本存款户、一般存款户或符合村镇银行规定的专用存款账户的企事业单位与村镇银行签订《单位协定存款合同》，存款账户之上设定协定存款，并约定基本存款额度，由村镇银行将该账户中超过基本存款额度的部分按协定存款利率计息的一种存款方式。该存款产品兼具流动性和收益性，可使存款单位在保证日常收支资金往来需要的同时获取较高的收益
适用对象	在村镇银行开立基本存款账户、一般存款账户或专用存款账户的存款单位均可办理
开户起存金额	协定存款基本存款额度一般不低于20万元
计息	基本存款额度以内的存款按结息日中国人民银行公布的活期存款利率计息，超过基本存款额度的存款按结息日中国人民银行公布的协定存款利率计息。
注意事项	《协定存款合同》的有效期限为一年。合同期满，如双方均未书面提出终止或修改合同，即视为自动延期；合同期满，单位协定存款需要结清，必须于距合同到期日15日内向经办行提出书面结清申请书，并于到期日办理结清手续

（四）单位通知存款

单位通知存款见表 2-8。

表 2-8　单位通知存款

概念	指存款人在存款时不约定存期，支取时需提前通知村镇银行，约定支取日期和金额方能支取的存款。通知存款的利率高于活期存款，但低于定期存款，其取款的灵活性高于定期存款，能为存款单位带来较多的利息收入。村镇银行为客户提供随时自动预约支取功能，使客户在保持资金流动性的同时，进一步增加存款收益
种类	1 天通知存款和 7 天通知存款两个品种。1 天通知存款必须提前 1 天通知村镇银行约定支取存款金额，7 天通知存款必须提前 7 天通知村镇银行约定支取存款金额
适用对象	经工商行政管理部门（或上级主管机关）核准登记、年检合格的企（事）业法人、其他经济组织、个体工商户。适合于难以准确安排资金使用计划的村镇银行优质对公客户，可减少因不能提前发出通知而支取造成的利息损失
开户起存金额	50 万
计息	基本存款额度以内的存款按结息日中国人民银行公布的活期存款利率计息，超过基本存款额度的存款按结息日中国人民银行公布的协定存款利率计息
注意事项	单笔全额支取，结清本金和利息后进行销户；部分支取需到开户行办理，部分支取时账户留存金额不得低于 50 万元，低于 50 万元起存金额的，做一次性清户处理；留存部分金额大于 50 万元的，银行按留存金额、从起存日开始重新打印通知存款存单

村镇银行除以上负债业务外，还有财政性存款、同业拆借等资金来源。

第二节　村镇银行的资产业务

一、村镇银行资产业务概述

村镇银行的资产业务是指村镇银行资金运用的业务，是村镇银行形成利润和收益的基础。村镇银行的资产业务主要包括现金资产、各项贷款和证券投资业务。

2017 年，福建某村镇银行资产总额为 35578.61 万元，其中贷款 21999.92 万元，比年初增长 4168.82 万元，增幅 23.38%。按照担保贷款方式划分，保证贷款 752.4 万元，占比 3.42%；质押贷款 6450.5 万元，占比 29.32%；抵押贷款 14797.02 万元，占比 67.26%。按照贷款投向划分，农、林、牧、渔业贷款 83 万元，占比 0.38%；制造业贷款 490 万元，占比 2.23%；批发与零售业贷款 16560.02 万元，占比 75.27%；住宿与餐饮业贷款 875 万元，占比 3.98%；信息传输、计算机服务与软件业贷款 90 万元，占比 0.41%；居民服务业贷款 92 万元，占比 0.42%；消费性贷款 3809.90 万元，占比 17.31%。

二、现金资产

现金资产类业务是维护村镇银行支付能力的第一道防线，也称为一级储备，是村镇银行流动性最强、盈利性最低的资产。从构成上看，现金资产主要包括库存现金、在同业存款、托收中现金。

（一）库存现金

库存现金指村镇银行为满足日常业务需要而保留在业务库中的备用金，由于其属于非盈利性资产，其所需保护和保险费用较高，所以村镇银行一般只保持必要的最低限度。

（二）在同业存款

村镇银行为了便于同业之间收付有关款项，往往在其他商业银行开立活期存款账户，由于其属于活期性质，随时可以支用，所以可视同为现金资产。

（三）托收中现金

托收中现金是指村镇银行通过对方银行向外地付款单位或个人收取的票据款项。

三、贷款业务

（一）村镇银行贷款概念与原则

村镇银行贷款业务指经监督管理机构批准的商业银行所从事的以还本付息为条件出借货币资金使用权的营业活动。贷款当事人包括贷款人与借款人。

村镇银行贷款原则：支农支小，按照客户需求设置贷款方式，遵循平等、自愿、公平和诚实信用等原则。

（二）贷款的分类

1. 按贷款期限分类

按贷款期限分，有：短期贷款，指贷款期限在1年以内（含1年）的贷款；中期贷款，指贷款期限在1年以上（不含1年）5年以下（含5年）的贷款；长期贷款，指贷款期限在5年（不含5年）以上的贷款。

2. 按贷款对象分类

按贷款对象分，有：个人贷款、企业（公司）贷款。个人贷款是指银行向符合贷款条件的自然人发放的用于个人消费、生产经营等用途的贷款；企业（公司）贷款是指公司为了生产经营的需要，向银行按照规定利率和期限的一种借款方式。

3. 按贷款担保分类

按贷款担保分，有：信用贷款，指以借款人的信誉发放的贷款；担保贷款，指保证贷款、抵押贷款、质押贷款。保证贷款，指按《中华人民共和国担保法》规定的保证方式以第三人承诺在借款人不能偿还贷款时，按约定承担一般保证责任或者连带责任而发放的贷款；抵押贷款，指按《中华人民共和国担保法》规定的抵押方式以借款人或第三人的财产作为抵押物发放的贷款。

以第三人的信用保证为担保的。贷后管理人员要关注保证人保证能力的变化，多层次地防范贷款风险，要根据担保合同的要求，对那些影响担保能力和担保有效性的因素进行相应的监督和管理。

以抵押、质押设定担保的。贷后管理人员要加强对抵押物和质押物的监控和管理。对抵押物要定期检查其完整性和价值变化情况，防止所有权人在未经银行同意的情况下擅自处理抵押物，主要检查以下内容：抵押品价值的变化情况；抵押品是否被妥善保管；抵押品是否被变卖出售或部分被变卖出售；抵押品保险到期后有没有及时续投保险；质押品是否被转移至不利于银行监控的地方；质押物价值变化情况；质押凭证是否到期；银行对质押凭证是否妥善保管等。

4. 按贷款风险与质量分类

正常类贷款，指主营收入能够按时足额归还银行贷款本息。毫无问题的贷款、关注类贷款，指主营收入能够按时足额归还银行贷款本息，但是存在不利影响因素。潜在缺陷、次级类贷款，指主营收入不能按时足额归还银行贷款本息，但是不能确定有贷款损失。明显缺陷、可疑类贷款，指主营收入不能按时足额归还银行贷款本息，即使执行抵押或担保，肯定有部分损失。明显缺陷且有部分损失、损失类贷款，指采取一切必要措施，贷款无法收回或只能收回极少部分，贷款丧失作为银行资产的价值。正常类贷款和关注类贷款称为正常贷款；次级类贷款、可疑类贷款和损失类贷款称为不良贷款。贷款质量的分类与逾期天数如表2-9所示。

表2-9 贷款质量五级分类与逾期天数

逾期情况 贷款方式	未逾期	1～30天	31～90天	91～180天	181～360天	361天以上
信用	正常	关注	次级	可疑	可疑	损失
保证	正常	正常	关注	次级	可疑	损失
抵押	正常	正常	关注	关注	次级	可疑
质押	正常	正常	正常	关注	次级	可疑

贷款分类实质是判断债务人及时足额偿还贷款本息的可能性。通过贷款分类，揭示贷款的实际价值和风险程度，真实、全面、动态地反映贷款质量，及时发现信贷管理过程中存在的问题，加强贷款管理，为判断贷款损失准备金是否充足提供依据。

(1) 贷款分类应遵循的原则。

①真实性原则。分类应真实客观地反映贷款的风险状况。

②及时性原则。应及时、动态地根据借款人经营管理等状况的变化调整分类结果。

③重要性原则。对影响贷款分类的诸多因素，确定关键因素进行评估和分类。

④审慎性原则。对难以准确判断借款人还款能力的贷款，应适度下调其分类等级。

(2) 对贷款进行分类，应注意考虑的因素。

①借款人的还款能力。主营收入的现金流量是否足额按时偿付贷款本息，还款来源是否有保证。

②借款人的还款记录。以往的借款是否都能够按时付息，到期是否归还贷款。

③借款人的还款意愿。借款人还款的想法与意念，是否积极主动。

④贷款项目的盈利能力。通过财务指标分析贷款项目的盈利能力大小。

⑤贷款的担保。抵押物的价值大小和担保人的经济实力。

⑥贷款偿还的法律责任。贷款手续是否完备，贷款合同是否保存完好。

⑦银行的信贷管理状况。贷款管理制度是否完善，抵押物是否办理抵押登记，质押物是否交付。

(3) 对贷款进行分类时，要以评估借款人的还款能力为核心，把借款人的正常营业收入作为贷款的主要还款来源、贷款的担保作为次要还款来源。

借款人的还款能力包括借款人现金流量、财务状况、影响还款能力的非财务因素等。不能用客户的信用评级代替对贷款的分类，信用评级只能作为贷款分类的参考因素。

村镇银行应在贷款分类的基础上，根据有关规定及时足额计提贷款损失准备，核销贷款损失。

在对贷款分类的同时，注意各类贷款迁徙率，对贷款风险进行动态监测。

$$关注类贷款迁徙率 = \frac{关注贷款中变为不良贷款的金额}{关注类贷款金额} \times 100$$

$$次级类贷款迁徙率 = \frac{次级贷款中变为可疑类贷款的金额}{次级类贷款金额} \times 100$$

$$可疑类贷款迁徙率 = \frac{可疑类贷款中变为损失类贷款的金额}{可疑类贷款金额} \times 100$$

(4) 对不良贷款的管理方式有依法诉讼、资产经营、贷款重组等。

依法诉讼：对清收难度大、债务人还款意愿差的贷款人实行依法诉讼。做好诉前的准备工作，达到资料完整，法律依据齐全，并了解诉讼贷款形成的原因、债务人的全面情况及还本付息的能力，掌握抵押物的现状、价值、变现程度，损失比例和担保单位的承担风险能力。做到心中有数，为下步工作打好基础，保证诉讼案件胜诉和顺利执行。

资产经营：做好诉讼人员收回的抵贷资产移交工作，对借款合同等资料和以物抵贷过程中生效的法律文书一并整理归档，抵押物品明细表要载明抵贷物名称、数量、规格及收回时间、保管地点、保管责任人等事项，做到账、表、物相符。按照"合理定价、公开出售、加速变现、减少损失"的原则，采取广告信息、网上资源、公开拍卖等措施，加快处理速度。对可出租的资产应采取出租的方式对外租赁，发挥资产的最佳效能。对未处理的抵贷物做好看护、保管、维修、保养工作，达到完好程度，防止因丢失、腐烂、变质或超过使用年限而造成不必要的损失。

贷款重组：对符合《贷款通则》及村镇银行授信部门重组条件的借款企业，可以按要求办理贷款重组。

对收回抵贷资产的管理：变卖、拍卖、打包出售和出租等。

变卖：运用广告、人员摊销、营业推广和公共关系等多种信息和渠道，采取一事一议的方式确定处理办法，充分了解市场行情和消费者需求，正确分析、判断，做出正确经营决策，减小经营中的盲目性和风险性。

拍卖：对有市场、变现额高的抵贷资产，可以委托拍卖行进行公开竞价拍卖。

打包出售：将较好的抵贷资产和较差的抵贷资产混合打包出售。

出租：对不易变现的抵贷资产制订出租方案，按照现行贷款利率和日常维修费用总和，同时了解租金水平和租户对现有资产的期望值，签订租赁合同，达到具体、可行、合理。租金实行按年一次性缴纳的方法，也可以根据市场变化和抵贷资产的实际情况，随租赁周期定期进行调整。

（三）贷款程序

1. 贷款申请

借款人要填写包括借款金额、借款用途、偿还能力及还款方式等主要内容的《借款申请书》并提供相关资料，包括借款人及保证人基本情况，抵押物、质押物清单和有处分权人的同意抵押、质押的证明及保证人拟同意保证的有关证明文件，村镇银行认为需要提供的其他有关资料。

2. 对借款人的信用等级评估

村镇银行根据经济实力、资金结构、履约情况、经营效益和发展前景等因素，评定借款人的信用等级。

3. 贷款调查

受理借款人申请后，对借款人的信用等级以及借款的合法性、安全性、盈利性等情况进行调查，核实抵押物、质押物、保证人情况，测定贷款的风险度。

4. 贷款审批

按照审贷分离、分级审批的贷款管理制度规定，村镇银行审查人员对调查人员提供的资料进行核实、评定，复测贷款风险度，提出意见，按规定权限报批。

5. 签订借款合同

村镇银行与借款人签订借款合同。借款合同应当约定借款种类，借款用途，金额，利率，借款期限，还款方式，借、贷双方的权利、义务，违约责任和双方认为需要约定的其他事项。保证贷款由保证人与村镇银行签订保证合同，或保证人在借款合同上载明与村镇银行协商一致的保证条款，加盖保证人的法人公章，并由保证人的法定代表人或其授权代理人签署姓名。抵押贷款、质押贷款由抵押人、出质人与村镇银行签订抵押合同、质押合同，需要办理登记的，应依法办理登记。

6. 贷款发放

村镇银行按借款合同规定按期发放贷款。村镇银行不按合同约定按期发放贷款的，应偿付违约金。借款人不按合同约定用款的，应偿付违约金。

7. 贷后检查

贷款发放后，村镇银行对借款人执行借款合同情况及借款人的经营情况进行追踪调查和检查。

8. 贷款归还

借款人按照借款合同规定按时足额归还贷款本息。村镇银行在短期贷款到期1个星期之前、中长期贷款到期1个月之前，应向借款人发送还本付息通知单，借款人应及时筹备资金，按期还本付息。

贷款操作流程图见图2-1所示。

图 2-1　贷款操作流程

(四) 贷款管理

1. 贷款"三查制度"

(1) 贷前调查

信贷人员在受理客户贷款申请后,根据有关法律、法规及村镇银行的信贷政策审查客户的资格及其提供的申请材料,决定是否接受客户的授信业务申请,贷前调查在受理后原则上三个工作日内完成(如遇特殊情况可延长受理时间)。在贷前调查基础上撰写贷前调查报告,要求内容翔实、数据准确、及时完整、要素齐全、准确无误、意见明确,信贷员在贷前调查报告上双人签字,调查工作应做到严谨、公正、真实、准确、合规。进行农户贷前调查的信贷人员主要调查农户的基本情况,包括耕地、人口、劳动力、耕畜、农机具、上年的生产、收入和支出情况、上年结余资金、当年农业收入和其他收入。调查资金需要情况,包括当年发展生产的规划、增产措施、各项开支的项目和金额。调查农业生产物资需要,包括需要的品种、规格、数量,以及这些生产资料的产供销情况。要逐户、逐笔调查,然后推算一个村（屯）的农贷计划，农户贷前要掌握时机，调查一般在生产季节前进行。随着情况的变化，要经常进行调查，不断修订和调整贷款计划。建立农户经济档案，作为长期的调查基点。

（2）贷时审查

审查借款人生产经营状况及资金实力，重点审查关键财务指标和现金流量，审查担保人的担保能力及抵押物的变现能力。审查材料的完整性，是否准确、翔实、清楚。审查借款人是否自愿承贷，贷款是否符合国家的产业政策、信贷政策以及村镇银行的有关贷款投向的规定。

主管副行长收到申报材料后应安排信贷员进行初审，初审材料内容及要求如下。

①报审材料的合法性与合规性，审查贷款的直接用途，是否符合国家的产业政策、信贷政策及村镇银行有关贷款投向的规定。对调查工作进行全面审查，看其调查活动是否按规定的内容、调查方法、调查程序进行，评价调查报告的质量。

②报审材料的安全性与完整性，审查借款人生产经营状况及资金实力，重点审查关键财务指标和现金流量，审查担保人的担保能力及抵押物的变现能力，审查材料是否完整、准确，是否翔实清楚。如发现材料内容不翔实、文字不清楚、表达不确切，影响审查工作的，应及时与调查人员联系，并取得沟通。

③如材料齐备，信贷员即可填写审批表及拟审意见，并注明完成时间。

④审批表填写完成后，随附报审材料形成一整套审查材料，一并送主管副行长审阅。

⑤主管副行长收到审查材料审阅修改后，签署审核意见及日期，然后上报行长审阅并签署意见，同时向行长申请，安排贷审会日程。

⑥贷审会审议前1至3天向各位成员分送有关审查材料。贷审会召开时，由贷审会指派专人做好贷审会记录，贷审会所有参加会议人员应签署明确意见，同时进行相关企业的信用等级评定。

（3）贷后检查

检查企业的用款计划和购货合同、跟踪信贷资金的流向和流量，检查农户是否按规定的用途使用资金，是否起到促进生产、增加收入的作用，根据实际情况和实际需要在春耕结束后对农户的贷款进行定期检查，通过检查发现问题及时处理，尽早采取相应措施，消除各种可能造成信贷资产损失的风险隐患。

贷后检查方式分为定期检查和不定期检查。定期检查是指信贷员定期在对授信客户的全面检查中发现、识别、评价客户及授信业务风险。不定期检查是指信贷员通过对授信客户经常性、有针对性地检查，及时掌握客户的临时性、局部性变化，时刻关注与授信客户及相关的授信业务有关的各种信息，以便及时发现问题并采取相应措施。

贷后检查频率：

①首次跟踪检查。每笔贷款发放 7 日内原则上进行第一次检查，重点检查客户是否按照合同约定用途使用信贷资金以及限制性条款落实情况。

②常规检查。村镇银行按照审慎的原则对个人类客户至少每年检查一次，公司类客户每季度检查一次。

③专项检查。每当预警信号发生或通过非现场检查发现可疑情况时，随时进行，必要时派专职信贷人员进行驻厂监控。检查内容为验证核实可疑情况。

贷后检查内容：

①贷款用途。贷后管理人员要检查企业的用款计划和购货合同，跟踪信贷资金的流向和流量，确保贷款按照约定的用途使用。

②企业资金周转情况。要密切跟踪企业资金在购、产、销等各个环节上的使用和周转情况，检查和分析借款企业资金周转变化情况。要特别注意购、销环节的变化，关注购、销票据与实物的一致性，防止弄虚作假，转移资金。

③货款回笼情况。要跟踪村镇银行贷款所形成的资金回流、货款回笼情况，防止销售资金被截留挪用，防止资金体外循环。发现企业资金体外循环时，要予以制止。

④对借款人综合分析评价。企业领导班子的综合素质及其变动情况，企业的生产经营情况，企业主要财务指标，企业负债情况，企业债务偿付情况，企业在村镇银行的存款、结算及办理其他银行业务情况，需要了解的企业其他情况，企业上述变化是否会导致企业信用等级及授信额度发生变化及其对村镇银行贷款安全的影响，等等。

2. 贷款审查委员会

贷审会是村镇银行授信业务的集体审批机构，对行长负责，接受董事会、监事会的监督，承担村镇银行授信业务的最终审批责任。贷审会主任由信贷主管行长担任，成员由熟悉金融政策、法规，具有信贷工作经验，办事公正，作风严谨的人员担任。

贷审会贷款审批操作规程：

①调查人员陈述贷前调查报告。

②审查人员陈述审查意见。

③贷审会成员提出问题，调查人员和审查人员进行回答。

④贷审会成员有秩序地发表个人意见，并提出建设性意见或有关风险提示。在充分展开讨论后，应明确表达自己的意见。

⑤现场投票表决，表决结果当场公布。

⑥记录人员应将表决结果及时通知调查经办人员。如贷款项目未获通过，应将贷款申报材料退还调查经办人员；如通过，应将建设性意见及有关风险提示告知经办人员，要求有关人员积极落实，办理具体手续。

3. 授信限额管理

授信限额是指村镇银行对客户在信用评级的基础上，对客户创造现金能力、自有资本抵御风险能力和担保等情况进行综合分析，并根据村镇银行自身风险承受能力核定的最高授信风险限额。授信限额属村镇银行商业秘密，是统一控制村镇银行系统内客户融资风险总量的管理制度，不是必贷额。

在授信限额下，可以根据风险控制需要核定专项授信限额，专项用于办理授信审批时指定的融资业务。

授信限额管理工作的操作流程：

①主办信贷员负责限额管理有关资料的收集、整理，对资料的真实性、齐全性和完整性负责。同时依据整理后的资料，信用评级的结果和授信限额测算原则，计算得出公司客户的初步授信限额。

②主办信贷员将初步授信限额上报信贷经理、主管行长进行审定。

③经审定后，报送村镇银行贷审会对授信限额做最终确认。

④贷审会是最终确认授信限额部门，并监督执行情况。

⑤贷审会按照相关要求及时对授信限额进行调整。

（五）村镇银行主要贷款

1. 农户（专业户）贷款

村镇银行根据农户（专业户）实际需求，采取"银行＋公司＋农户""银行＋协会＋农户""银行＋担保＋农户""银行＋合作社＋农户""银行＋社区＋农户""银行＋经销商＋分商＋农户""银行＋行政村＋村民"的服务模式，发放解决农户（专业户）资金困难的各种贷款。主要有如下几种。

（1）小额信用贷款

对1万元以下的小额贷款采用信用无担保的方式切实解决农户在生产经营、消费、养老等方面的资金需求。如"养殖贷""稻谷贷""货运贷""宜养贷""惠农快富贷""信用微贷宝"等。

（2）农户（专业户）抵押质押贷款

放宽了贷款抵押物的敞口，包括一般银行无法进行抵押登记的小产权房、无证房产；并与村委会合作，接受农户集体土地房屋抵押、林权抵押、农机具抵押、乘用车抵押、商标权质押、特色产品质押等，尽最大努力满足农户的贷款需求，帮助农民解决燃眉之急。

2. 小微企业贷款

（1）固定资产贷款

固定资产指村镇银行向借款人发放的主要用于固定资产项目的建设、购置、改造及其相应配套设施建设的中长期贷款。

产品特点：解决企业中长期资金短缺和占用难题，帮助企业扩大产能、增加经营规模、提高竞争力，贷款金额大、期限长、还款方式灵活。

适用范围：只要是经工商行政管理部门（或主管机关）核准登记的企（事）业法人和其他经济组织，拟投资的固定资产贷款项目符合国家产业政策、信贷政策，并履行了相应的审批或批准程序（若有必要），均可申请固定资产贷款。

办理流程：借款企业提出项目申请，并提交相关材料；村镇银行收到贷款申请和有关资料后，对投资项目的合法性、效益性等情况进行贷前调查和评估，预测借款人按期还本付息的能力，并及时完成贷款的评估、审查工作，向申请人做出正式答复；村镇银行与借款人签定《借款合同》，并落实各项担保手续及固定资产投资项目自有资金到位情况；贷款发放与使用。全部手续办妥后，村镇银行将及时向企业办理贷款发放，企业可以按照事先约定的贷款用途合理支配贷款资金；村镇银行进行定期贷后检查，贷款回收。企业需按照约定及时分期或一次性足额偿还贷款。

（2）流动资金贷款

流动资金贷款指村镇银行对借款人提供的用于其日常生产经营的本币贷款。村镇银行提供期限在3年以内（含3年）的还本付息的流动资金贷款。

按贷款担保方式划分，流动资金贷款可分为以下三种：保证贷款，由资信良好、有代偿能力及法人资格的企事业单位应借款的要求出具书面承诺，在借款人不能偿还贷款时，按约定承担连带责任保证为前提而发放的贷款；抵押贷款，是按《中华人民共和国担保法》规定的抵押方式以借款人或第三人的财产作为抵押物发放的贷款；质押贷款，是指按《中华人民共和国担保法》规定的质押方式以借款人或第三人的动产或权利作为质物发放的贷款。

产品特点：可以为企业解决日常生产、经营中的流动资金周转需求；可以按照企业贷款资金使用的周转性设计为可循环和非可循环，可循环流动资金贷款可以在一定期限、一定额度内多次滚动使用。

适用范围：借款人需是经工商行政管理部门（或上级主管机关）核准登记、年检合格、生产经营正常且贷款用途明确合法的企（事）业法人或其他经济组织。

办理流程：借款人向村镇银行申请贷款并提供村镇银行要求的相关基础资料。借款人需保证所提供资料的真实性、合法性、有效性；村镇银行客户经理进行贷前调查，相关部门进行贷款的审查审批；村镇银行根据审批意见，与借款人签定《借款合同》，根据不同的贷款方式，由贷款人与担保人签定相应的担保合同，需要办理登记及保险的，应依法办理登记、保险与公证；贷款的发放与支付。村镇银行将及时向企业办理贷款发放，按照《流动资金贷款管理办法》的规定，村镇银行以受托支付或借款人自主支付方式对贷款资金进行管理和控制；村镇银行定期进行贷后检查；贷款即将到期时，借款客户应筹集资金以按时归还银行借款。

（3）票据贴现业务

票据贴现业务实质上也是一种短期贷款。票据贴现贷款是指贷款人以购买借款人未到期商业票据的方式发放的贷款。票据贴现可以说是一种特殊的质押形式，是借款人以未到期的票据向村镇银行申请贴现，银行按一定的利息率，扣取自贴现日至到期日的利息后将账面余额付给持票人的一种贷款形式，票据到期时，村镇银行持票向票据的债务人兑取现款。所以，票据贴现就是借款人将未到期的票据向银行贴之于利息并换取现金的过程，票据贴现是一种风险比较小的贷款。

但是票据贴现与一般贷款不同：贷款一般是收取利息，而贴现是预先收取利息；贷款的债务就是申请贷款的人，银行直接与借款人发生债务关系，到期收回本金与利息，而贴现是一种买卖关系；贷款需要提供保证、抵押或质押，贴现不需要任何担保，本身就是一种有价票据的质押。

3. 村镇居民贷款

（1）信用贷款

无需担保人、无需抵押品，只要借款人拥有良好的个人信用记录即可申请。可用于家庭装修、家电购买、汽车购置、婚庆宴请、留学进修、出国旅游等。申请简便，审批快捷，放款迅速，在资料完备的条件下，几个工作日就能获得贷款资金。

（2）担保贷款、抵押或质押贷款

可以用于购买首套房或二套房，支持既包括一手房，也包括二手房购买资金缺口。借款人的住房进行抵押登记，通过村镇银行的信贷审核，在几个工作日就能获批。

借款申请人具备的基本条件：具有完全民事行为能力，年龄原则上不超过60

周岁；在本单位工作实习期届满，且工作年限一年（含）以上；在村镇银行服务辖区内有固定住所、常住户口或有效居住证明；遵纪守法，品德优良，无恶意不良信用记录，无拖欠银行贷款本息行为；具备还款意愿和还款能力，申请用途合法合规，额度合理；信用等级在A级（含）以上；村镇银行规定的其他条件。

担保人具备基本条件：年龄应在18～60周岁之间，身体健康，具有完全民事行为能力，原则上已婚；有稳定、合法的收入，具备担保能力和担保意愿；遵纪守法，品德优良，个人资信状况良好，无恶意不良信用记录；担保人优先选择国家行政事业单位公务员、县级以上医院医生、学校教师、金融、电力、电讯等公用事业性行业的员工。

抵押物应具备以下基本条件：必须是个人住房或商用房；地理位置优越，使用状况良好，具有一定的升值潜力和较强的变现能力，不在规划拆迁范围内；房地产权证齐全，权属明晰，不存在任何纠纷；抵押房屋整体结构质量状况良好，原则上房龄加贷款期限不超过25年。

借款申请人需提供以下资料：书面借款授信申请书及借款用途证明资料等；借款授信申请人、抵押人及财产共有人等其他关系人合法有效的身份证件、结婚证、户口簿等资料；抵押房地产的权属证明；出具抵押房地产未出租声明（如未抵押），如已抵押，需提供租赁合同以及承租人同意抵押声明书；以个人住房作抵押的，还需提供第二住所（未设立抵押）的证明材料；借款授信申请人的有效资产证明（包括但不限于房地产权属证明、银行存款凭证、汽车行驶证、股票、基金等）；属单位职工的应提供工作单位出具的收入证明，属个体经营的原则上还应提供有效的《营业执照》和《税务登记证》正、副本的原件及复印件，根据不同的行业还需要提供有效的《卫生许可证》《食品流通许可证》《酒类流通备案登记证》和《特种行业经营许可证》等；村镇银行要求提供的其他资料。

贷款基本流程：贷款申请；贷款调查；贷款审查、审批；签订合同；贷款发放与支付；贷后管理。

四、证券投资业务

证券投资是指村镇银行为获取收益，以其资金在金融市场上购买各种有价证券的业务活动。

村镇银行证券投资的主要目的是获取收益、增强流动性和分散风险。根据《中华人民共和国商业银行法》的规定，不允许商业银行从事股票交易。村镇银行证券投资对象是安全性高、流动性强、盈利性较高的证券，如国库券、政府公债、政府机构债券等。

第三节 村镇银行中间业务

村镇银行的中间业务是指村镇银行以中间人的身份为客户提供各类金融服务并收取手续费的业务,即形成非利息收入的业务。商业银行中间业务的种类很多,从大的方面来看,包括两类:一类是传统的金融服务类中间业务,指商业银行通过对客户提供金融服务,以收取手续费为目的、不承担任何风险、不构成商业银行或有资产和或有负债的业务。这类业务主要包括支付结算、代理、咨询等;另一类是创新的或有资产和或有负债类中间业务,即在一定条件下会转化为现实资产和负债的业务,这类业务主要包括贷款承诺、担保类和各种金融衍生类中间业务等。

目前村镇银行的中间业务主要有:结算业务,银行卡业务,代理发行、代理兑付、承销政府债券,代理收付款项与代理保险等业务。

一、结算业务

结算业务指由村镇银行为客户办理因债权债务关系引起的与货币支付、资金划拨有关的业务。

(一)个人人民币银行结算业务

根据中国人民银行《人民币银行结算账户管理办法》的规定,2003年9月1日起在全国实施个人银行结算账户制度,借记卡或存折均属于活期存款账户,可办理汇兑支付业务。

个人结算账户和储蓄账户的相同点:都属于活期账户,均可办理柜台存取现金业务。

个人结算账户和储蓄账户的区别:个人结算账户包含了储蓄账户的全部功能,同时还可办理转账汇款、使用借记卡购物刷卡消费,通过电话银行、网上银行、ATM等自助设备存取款、查询余额、转账等服务;储蓄账户只具有在营业柜台现金存取功能,不能办理个人结算账户的结算业务。

(二)单位人民币银行结算业务

存款人以单位名称在银行开立的办理资金收付结算的人民币活期存款账户,称为人民币单位银行结算账户。单位银行结算账户按用途可分为基本存款账户、一般存款账户、专用存款账户、临时存款账户。

基本存款账户是开立其他银行结算账户的前提,存款人只能在银行开立一个基本存款账户。基本存款账户是存款人因办理日常转账结算和现金收付需要开立的银行结算账户。

一般存款账户是存款人因借款或其他结算需要，在基本存款账户开户银行以外的银行营业机构开立的银行结算账户。该账户不得办理现金支取业务。

专用存款账户是存款人按照法律、行政法规和规章，对其特定用途资金进行专项管理和使用而开立的银行结算账户。同一证明文件只能开立一个专用存款账户。

临时存款账户是存款人因临时需要并在规定期限内使用而开立的银行结算账户。临时存款账户的有效期最长不得超过2年。

我国对人民币单位银行结算账户实行核准和备案管理。基本存款账户、临时存款账户（验资类账户除外）、预算单位专用存款账户、合格境外机构投资者在境内从事证券投资开立的账户为核准类账户；其他均为备案类账户。

人民币单位银行结算账户在银行完成开户操作，生成账号户名后即可办理存款类业务；在正式开立之日起3个工作日后才可办理付款类业务。

但注册验资的临时存款账户转为基本存款账户和因借款转存开立的一般存款账户、存款人在同一银行营业机构撤销银行结算账户后重新开立银行结算账户可在开立之日起办理付款业务。

（三）支票结算业务

支票是出票人签发的，委托银行在见票时无条件支付确定金额给收款人或持票人的票据。支票使用方便，是我国目前使用最普遍的非现金支付工具。适用对象是企事业单位和个人客户。

支票分为现金支票和转账支票。支票上印有"现金"字样的为现金支票，现金支票只用于支取现金；支票上印有"转账"字样的为转账支票，转账支票只用于转账。支票的提示付款期限自出票日起10天内。

二、代理业务

代理类中间业务是指村镇银行接受客户委托、代为办理客户指定的经济事务、提供金融服务并收取一定费用的业务，主要包括代收代付业务、代理融通业务、代理证券业务、代理保险业务和代客买卖业务等。

代收代付业务指村镇银行利用自身的结算便利，接受客户的委托代为办理指定款项的收付事宜的业务。如代理各项公用事业收费、代发工资、代扣住房按揭消费贷款还款等。

代发工资业务是村镇银行按照同委托单位的协议，通过核心业务系统进行批量代发，将单位职工的工资自动转入预先约定的个人结算储蓄账户。代发工资业务不仅使中间业务发展呈现出快速增长，更是对整个银行净利息收入的转亏为盈起到了不可忽视的重要作用。[①]

业务特点：银行代发，省时省力；批量入账，安全快捷；职工工资直接转存储蓄，个人的临时闲余资金最大限度地得到银行利息，增加个人利息收入。

办理程序：在村镇银行开立账户的企业（指在村镇银行开立基本账户、一般等账户的企业）；客户提出批量代发工资业务需求；签署《代发业务合作协议》《批量代发业务授权书》并加盖公章；单位需提供开户许可证原件及复印件，法人身份证、经办人身份证原件及复印件，单位所有员工的身份证复印件，纸质版以及电子版的开户清单并加盖公章。

代理证券业务指村镇银行接受委托办理的代理发行、兑付、买卖各类有价证券的业务，还包括接受委托代办债券还本付息、代发股票红利、代理证券资金清算等业务。

代理保险业务指村镇银行受保险公司委托代其办理保险业务的业务。一般包括代售保单业务和代付保险金业务。

三、银行卡业务

银行卡是由经授权的金融机构（主要指商业银行）向社会发行的具有消费信用、转账结算、存取现金等全部或部分功能的信用支付工具。银行卡包括借记卡、贷记卡和准贷记卡。

借记卡是由发卡银行向社会发行的，具有转账结算、存取现金、购物消费等功能的信用工具。借记卡不具备透支功能，消费特点是"先付款、后消费"，由于个人储蓄对于银行来说是负债，所以记入借方，故此得名借记卡。贷记卡是指发卡银行给予持卡人一定的信用额度，持卡人可在信用额度内"先消费、后还款"的信用卡。准贷记卡是指持卡人需先按发卡银行要求交存一定金额的备用金，当备用金账户余额不足支付时，可在发卡银行规定的信用额度内透支的信用卡。村镇银行发行的银行卡一般都是借记卡。

早期发行的银行卡一般是磁条卡，目前是芯片卡。

磁条卡是一种卡片状的磁性记录介质，利用磁性载体记录字符与数字信息，用来标识身份或其他用途。磁卡由高强度、耐高温的塑料或纸质涂覆塑料制成，能防潮、耐磨，且有一定的柔韧性，携带方便，使用较为稳定可靠。但是容易被复制，风险较大。

---

① 李冰雪. 国信村镇银行代发工资业务流程优化研究 [D]. 吉林大学，2016.

芯片卡集储蓄、理财、购物、积分功能于一身,是新一代的芯片银行卡,它以芯片作为介质,与原有的普通磁条银行卡相比,其安全性更高,功能更强,存储量更大,功能更加完善,还可以进行电子小额现金快速支付,方便快捷。

持卡人若办理借记卡ATM跨行转账、支付宝快捷支付、财付通快捷支付(微信支付)、银联在线无卡支付等业务时,需本人持有效身份证件至村镇银行柜面办理签约业务后,方可在电脑及手机端正常使用。

磁条借记卡没有有效期,IC借记卡有效期为10年,持卡人需在卡片到期前1个月持有效证件至村镇银行任意网点办理换卡手续。

四、票据承兑业务

银行承兑汇票是指由申请人签发,村镇银行作为付款人承诺在汇票到期日支付汇票金额的票据行为。

产品特点:信用好,承兑性强。银行承兑汇票经银行承兑到期无条件付款,就把企业之间的商业信用转化为银行信用,流通性强,灵活性高。银行承兑汇票可以背书转让,也可以申请贴现,不会占压企业的资金,节约资金成本。对于实力较强,银行比较信得过的企业,只需交纳规定的保证金,就能申请开立银行承兑汇票,用以进行正常的购销业务,待付款日期临近时再将资金交付给银行。

银行承兑汇票的出票人应具备的条件:在村镇银行开立存款账户的法人以及其他组织;在承兑银行具有真实的委托付款关系;资信状况良好,具有到期支付汇票款项的能力。

办理流程:业务受理,承兑申请人向村镇银行提供商品交易合同、基础证件等资料;村镇银行对商品交易真实性、合法性、承兑申请人主体资格等进行审查及审批;按照村镇银行审批意见,与村镇银行签订承兑协议、担保等相关合同,办理登记及公证事宜;承兑申请人交纳承兑手续费后,村镇银行交付已承兑的银行承兑汇票;银行承兑汇票到期,村镇银行收回保证金以外的票款解付银行承兑汇票。

五、保函业务

保函业务指村镇银行应某交易(贸易项下、合约关系、经济关系)的一方当事人的要求,而向交易的另一方担保该交易项下某种责任或义务的履行所做出的在一定期限内承担一定金额支付责任或经济赔偿责任的书面付款保证。期限在一年之内,一般不超过三年。

申请条件:经国家工商行政管理机关核准登记的企(事)业法人或其他经济组织;在村镇银行开立账户;有真实的商品交易合同、工程建设合同或协议、标书;

能够提供符合要求的保证金和反担保。

所需资料：申请书；营业执照、企业法人代码证、税务登记证；人民银行颁发的贷款卡；公司章程，股份制企业还需提供股东会（董事会）决议书；法定代表人的身份证明；证明保函交易背景的合同、协议、标书等；保证金、抵（质）押物品权属证明、反担保合同；近期财务报表及其他资料。

业务流程：出票人申请，提供所需资料；银行调查、审查和审批；签订协议、落实担保等前提条件；银行出具保函；到期注销。

六、存款证明

存款证明是指存款人在村镇银行存有一定额度的存款，由于自费出国、移民、咨询等原因而需要村镇银行为其开具存款证明。存款人申请开具存款证明的存款，在三个月期内不得支取（时点存款证明除外）。

存款证明不能流通，不能转让，不能用于质押，不能挂失，不能代替权利凭证作为取款、转存、续存、兑付等凭据。

办理存款证明应该注意的问题如下。

①已被县级以上司法机关等有权机关冻结止付和因用于质押而被银行冻结止付的权利凭证，不能办理存款证明。

②在存款证明的有效期内，申请人不能支取或兑付存款证明书下的存款或凭证式国债。

③存款证明业务只能在开户网点办理。

提交资料：个人需持本人身份证件及复印件和储蓄存单或存折；单位需出具公函及指定经办人身份证件及复印件。

业务流程：申请；银行审查；交纳手续费（每开具一份存款证明书收取手续费20元人民币）；银行为客户出具存款证明。

第四节　村镇银行业务经营存在的问题与对策

一、村镇银行业务经营存在的问题

（一）市场定位模糊，支农意识和能力减弱

目前村镇银行更多地介入了风险较小的县域中小工业项目、城镇化建设项目，与其设立初衷为农村社区"草根"银行的定位逐渐背离，部分村镇银行的脱农倾向明显。[①]村镇银行资金来源渠道少，资金成本高，客观上影响村镇银行更好服务"三农"和当地农村经济的能力。

---

① 傅兵. 我国村镇银行发展困境与可持续发展建议[J]. 金融经济，2016（16）：44-45.

（二）吸储难，缺乏稳定资金来源

村镇银行普遍缺乏农户的认可和信任，在农户中还没有形成较高的知名度，农户不愿把资金存放在村镇银行；加上支付结算等金融服务不及其他银行机构，村镇银行吸储难，缺乏稳定的资金来源。①

（三）业务发展受到制约，难以贯彻"小额、分散"的经营原则

村镇银行业务范围受到强烈的地域限制，规模受到股权、股东的限制，扩展难度比较大。村镇银行在业务经营中难以贯彻"小额、分散"的原则，表现为贷款投向分散度低、户均贷款额度较高。村镇银行由于无法直接接入大额支付系统和小额支付系统，只能通过其发起行间接接入，或者根本无法接入；村镇银行目前还无法直接接入征信系统，只能通过当地人民银行进行核查，这样就降低了村镇银行贷款发放的效率。

（四）运营成本高、回报低

小型化、分散化的特征导致村镇银行日常运营需要较高的流动性，造成资金成本较高；服务对象分散，增加村镇银行组织存款和贷款营销成本。村镇银行客户的认可度不高，同时村镇银行服务的客户群体主要为中低端客户；农村金融和城市金融的人才、管理存在差异，尤其在中西部欠发达、贫困地区，需要本土化、"接地气"的管理模式，成本相对较高。

（五）经营风险日渐增大

村镇银行经营利润来源单一，其主营业务收入完全依靠存贷款利差，村镇银行的客户结构同质化，加大了潜在信贷风险。建行2017年年报显示，截至2017年年末，27家村镇银行资产总额181.97亿元，年内实现净利润2.81亿元。其中盈利最高的为上海浦东建信村镇银行，2017年净利润为1784.56万元，而仅浙江武义建信村镇银行一家就亏损2638.51万元。②

二、促进村镇银行发展的建议

（一）明确市场定位，强化支农和服务小微企业意识

村镇银行要把握农村社区"草根"银行的市场定位，紧贴"支农、支小"服务方向，处理好服务"三农"与商业可持续发展的关系，避免出现"贷大、贷长"现象，立足县域，服务"三农"和小微企业市场定位，防止"去农化"

---

① 黄之慧. 村镇银行SWOT分析及其可持续发展策略研究[J]. 学术论坛，2016（07）：60-65.

② 岳品瑜. 吴限. 村镇银行股权缘何频遭甩卖. 北京商报，2018-07-12.

趋势。[①]创新金融产品和服务模式，增强信贷服务透明度和公信力，提高农村金融服务的可得性和满足度。以服务"三农"为导向，充分发挥村镇银行贷款审批时间段、贷款方式灵活、办事便捷的优势，不断扩大村镇银行在农村地区的影响力，营造良好的环境。深化涉农及小微企业金融服务，加大涉农贷款支持力度，实现涉农贷款"两个不低于"，即对于涉农和小企业信贷投放，增速不低于全部贷款增速，增量不低于上年。加大对小微企业的信贷支持力度，实现"三个不低于"，即小微企业贷款增速不低于各项贷款平均增速、小微企业贷款户数不低于上年同期户数，小微企业申贷获得率不低于上年同期水平。

（二）拓宽资金来源渠道，缓解资金压力

加强资金的组织，扩大负债业务渠道，提升市场份额，做好基础客户服务，走小而散的基础客户路线；同时建立中高端客户，逐步推行差异化服务，培养中高端客户的忠诚度和黏合度，保证负债业务的稳定增长。深入重点企业和机关单位，捕捉存款信息，重点营销，了解客户需求，以优质的服务来赢得客户的信任。人民银行和银保监会支持符合条件的村镇银行按照风险匹配的原则开办一些新的业务，从而进一步拓宽支农支小的资金来源，也引导更多的资源向农村进一步倾斜。人民银行给予一定的支农再贷款支持；允许村镇银行参加全国银行间同业拆借市场；鼓励村镇银行发行金融债券等渠道，拓宽村镇银行资金来源渠道，缓解资金压力。

（三）完善服务渠道，畅通支付结算渠道

以村镇银行营业网点为主要节点，探索建立农村自助店、便利店和流动店等特色服务渠道，切实解决村镇银行网点不足的困境；深化与发起银行或同业之间在支付结算等方面的合作，弥补村镇银行业务技术网络劣势；加强与支付清算组织和技术服务商的合作，借助银行资金清算中心、第三方支付服务机构支付清算网络，畅通村镇银行支付结算渠道；主动向政府机关、有关单位汇报工作，加强沟通交流，积极争取项目款代付结算、补偿款代发等对公账户，促进全方位、多元化的业务合作。

（四）完善政策扶持体系，降低运营成本

当地政府在财政、税收优惠政策方面给予村镇银行更多的倾斜；对面向农户的贷款给予财政贴息支持，切实解决贷款分散、单笔贷款成本较高的问题。

---

③ 王伟,刘艳,王素娟.基于SWOT的河南村镇银行可持续发展研究[J].金融理论与实践，2014（09）：47-51.

(五）加强金融监管，防范经营风险

村镇银行要坚持"做小不做大""做实不做虚"的信贷理念，不断调整信贷机构，增加贷款品种，以增强抵抗风险的能力。[①]

监管机构建立健全非现场监管指标体系，把资产质量、资产损失准备充足率、风险集中、关联交易等纳入非现场监管系统；坚持小额、分散的原则，避免贷款投向过度集中，防范流动性风险；完善内控制度，健全信贷档案，提高风险管理水平。

[①] 何飞. 村镇银行可持续发展路径 [J]. 中国金融，2015（04）：47-49.

第三章 村镇银行的贷款定价

村镇银行是以小微企业和农户为主要服务对象，以存贷款为主要业务的新型农村金融机构，其表外业务比较少，其盈利模式是存贷款利差。贷款定价指村镇银行考虑资金来源成本、费用、风险、资金供求状况和盈利目标等因素，确定贷款利率的高低。制定合理的贷款定价策略，对提高村镇银行盈利水平、降低贷款风险具有一定现实意义。Onorato & Altman（2005）认为，可以通过固定收益类证券期限的方式来进行贷款定价。Courvoisier & Gropp（2002）表示，银行业竞争关系影响着银行定价，高度集中的银行贷款利率普遍较高。Merton（1974）指出银行发放的贷款本质上相当于一项看跌期权，可以比照期权定价的方式对贷款进行定价。吴占权、李利萍、朱田（2009）认为，村镇银行等新型农村金融机构业务经营成本高，贷款违约概率大，贷款定价就要高，高利率可以有效弥补较高的经营成本与风险成本。以上学者都能够根据村镇银行的经营特点，提出贷款定价方法，具有一定借鉴意义。但如何结合我国村镇银行现状，提出一个具体的、可操作性的贷款定价方法，有待于进一步探讨。叶肄聪（2010）认为，成本加成定价模式是目前村镇银行进行贷款定价的一个最佳选择。于丽红、兰庆高（2010）提出村镇银行主要从贷款成本、风险补偿、客户资信状况和利润目标等因素出发，为贷款制定出合理的价格。成本加成定价法是村镇银行当前条件下贷款定价的一个较优选择。钱小娟（2011）认为，由于村镇银行政策导向性强、资金薄弱，贷款定价可以采取成本加成定价模式，依据贷款风险、客户盈利能力等因素，区别不同客户，确定不同的系数。李元成、任俊宇、张睿智、谭丽娜（2013）对成本加成定价法、基准利率加点定价法、客户盈利法基于未来 DEA 效率定价法和 RAROC 定价法进行优劣及适用条件比较，认为村镇银行实行 RAROC 定价法已经具备一定基础。黄静（2016）提出，将农户和中小企业进行信用等级的划分，对于一等、二等和三等农户和中小企业采取不同的利率区间，参照获得的软信息在该利率区间确定最终利率。王立人（2017）提出村镇银行贷款定价不同于主流贷款定价模型，比较适合村镇银行的贷款定价模型是盈亏平衡模型和 Rosenberg 模型。楚蕾、刘璐（2018）认为村镇银行应实行合理的利率定价机制，既要考虑银行的收益，也要考虑小微企业的承担能力及中小商业银行与小微企业长期合作所形成的开发期权价值。因此，有必要对微贷构建合理的贷款定价模型，为发展微贷业务制定合理的利率风险定价机制。

第一节　贷款定价的理论与方法

一、贷款定价的理论

（一）古典利率决定理论

费雪和马歇尔等人提出，资本的供给来自储蓄，资本的需求来自投资。投资是利率的递减函数，储蓄是利率的递增函数，而利率的高低是由边际投资倾向（生产率）曲线与边际储蓄倾向（节约）曲线决定。

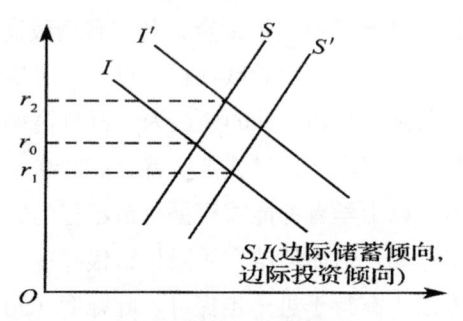

图 3-1　古典利率决定理论

图 3-1 中，I 线为投资曲线，I 线向下倾斜表示投资与利率之间存在负相关关系；S 线为储蓄曲线，S 线向上倾斜表示储蓄与利率之间存在正相关关系。I、S 两条曲线的交点所决定的利率 r_0 为均衡利率。若当投资不变而边际储蓄倾向提高使 S 线右移至 S' 线时，均衡点决定的利率就会从 r_0 下降至 r_1；当储蓄不变而边际投资倾向提高使 I 线右移至 I' 线时，均衡点决定的利率就会从 r_0 上升至 r_2。

（二）凯恩斯利率决定理论

凯恩斯认为货币供给是由货币当局决定，货币需求起因于交易动机、预防动机和投机动机的流动性偏好。交易动机和预防动机的货币需求是收入的递增函数；投机动机的货币需求是利率的递减函数。均衡利率是由货币需求曲线与货币供给曲线决定的。

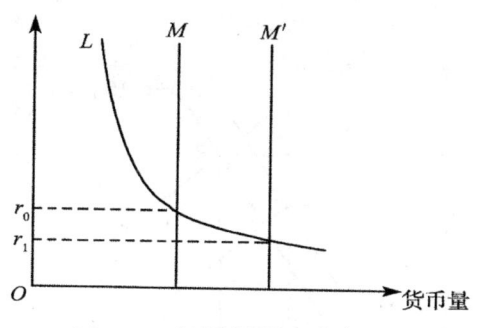

图 3-2　凯恩斯利率决定理论

图 3-2 中，货币供应曲线 M 因由货币当局决定，故为一条直线；L 是由流动性偏好决定的货币需求曲线，两线的相交点决定利率。但 L 越向右越与横轴平行，表明当 M 线与 L 线相交于平行部分时，由于货币需求无限大，利率将不再变动，即无论增加多少货币供应，货币都会被储存起来，不对利率产生任何影响，这就是凯恩斯利率理论中著名的"流动性陷阱"说。

（三）综合古典利率决定理论

希克斯、汉森等人从商品市场和货币市场的全面均衡阐述了利率的决定机制，充分考虑收入在利率决定中的作用，认为均衡利率是由投资需求函数、储蓄函数、货币供给和货币需求函数共同决定的。

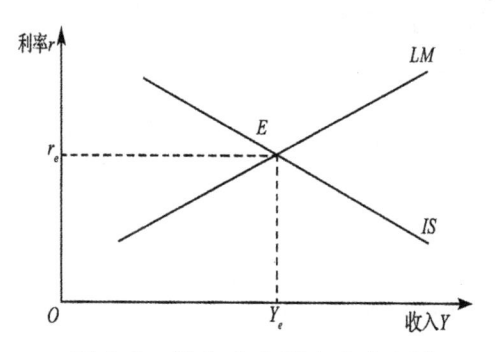

图 3-3　综合古典利率决定理论

图 3-3 中，IS 曲线和 LM 曲线的交点 E 所决定的收入和利率就是使整个经济处于一般均衡状态的唯一的收入水平和利率水平。E 点以外的其他任何收入利率组合都是不稳定的，都会通过商品市场和货币市场的调整达到均衡。

（四）可贷资金利率理论

该理论认为，可贷资金的供给包括货币当局的货币发行、商业银行的信用创造、储蓄和反窖藏，可贷资金的需求包括投资和窖藏。利率是由可贷资金的供给与可贷资金的需求决定的。

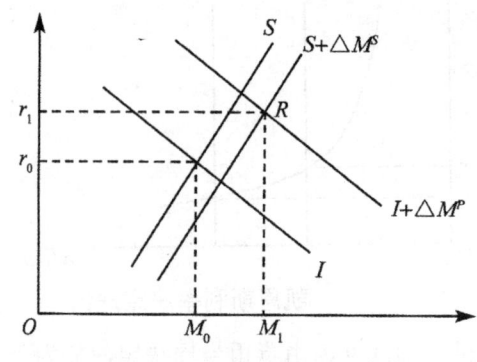

图 3-4　可贷资金利率理论

图 3-4 中，M_0 是尚未增加 ΔM^s 的货币供给量，M_1 是增加了 ΔM^s 之后的货币供给量。

（五）信贷配给理论

19 世纪 90 年代，J.E.Stingltz&A.Weiss 提出信贷配给理论，认为贷款风险也是决定贷款利率的主要因素。由于银行与贷款客户存在信息不对称，贷款客户可能出现逆向选择，接受高利率贷款的客户，可能投资风险高的项目，使银行贷款预期收益率下降，甚至出现不良贷款。

二、贷款定价基本方法与比较

（一）成本加成定价法

这种定价法属于内向成本导向型定价方法，认为价格是由成本加目标利润构成。[1] 贷款利率（r）＝资金成本率（c）＋管理费用率（m）＋风险溢价率（p）＋目标利润率（L）

优点：贷款利率补偿了贷款成本和风险，确保了预期利润的实现。

缺点：如何精确地测算其经营成本、各种风险的溢价。不能体现以市场为导向、以客户为中心的经营理念，容易导致客户流失，市场占有率下降。

（二）盈亏平衡定价法

基本思想是测算银行在盈亏平衡状态下的利率水平，作为贷款定价的基础。

贷款利率（r）＝［资金成本率（c）＋贷款其他成本（e）＋拖欠成本（d）－其他收入（n）］/［1－拖欠成本（d）］

优点：能够低成本快速地确定贷款利率的下限，即银行能够承担的贷款最低

---

[1] 马聪，沈烨．我国村镇银行贷款定价模式的选择［J］．现代商业，2014（32）：221-222．

定价水平。

缺点：没有考虑银行的盈利性，忽视了其可持续发展。

（三）Rosenberg 定价法

Rosenberg 定价法是世界银行扶贫协商小组（CGAP）的高级顾问 Richard Rosenberg 提出来的，该定价法与盈亏平衡定价法本质上的区别是加入了一个预期利润率的指标。[①]

贷款利率（r）=［贷款行政成本（e）+贷款损失率（s）+资金成本率（c）+预期利润率（k）－投资收益率（I）］/［1－贷款损失率（s）］

优点：计算简单，适用性较强，全面考虑了影响贷款定价因素。

缺点：计算不够精确。

（四）基准利率加点定价法

这种定价法属于外向市场导向型定价方法。以基准利率作为"基价"，依据贷款客户的风险大小确定风险溢价。

贷款利率（r）=基准利率（b）× 风险溢价乘数（k）

优点：贷款利率贴近市场，价格竞争力强。

缺点：没有考虑银行贷款成本；加大了银行信贷配额和风险管理的难度。同时，该模式依然没有很好体现以客户为中心的经营理念。

（五）客户盈利能力定价法

这种定价法属于客户导向型定价方法。[②]

贷款利率（r）=［银行的目标利润（L）+贷款的总成本（t）－贷款中非利息收入（n）］/贷款总额（f）

优点：以客户为中心，分析客户对银行的贡献度，贷款定价具有竞争力；能够根据客户的需求，开发新贷款产品，提升银行的利润空间。

缺点：对银行经营管理水平具有较高要求；需要完备的成本核算体系、信贷决策体系和风险评估体系；不适合对新的客户贷款进行定价。

（六）基于未来 DEA 效率定价法

这种定价法指在已知贷款财务成本和风险前提下，确定能够给银行带来最优效率的贷款利率。基于未来 DEA 效率定价法基本步骤：根据历史贷款数据，建立 DEA 模型，求解历史的 DEA 效率；计算历史的 Malmquist 指数（产出－投入比，用

---

① 王立人. 村镇银行贷款定价与实践研究——以 B 村镇银行为例[D]. 江西农业大学，2017.

② 叶肄聪. 村镇银行贷款定价模型选择的研究[J]. 财经界，2010（01）：95-99.

于核定生产效率）；预测未来 Malmquist 指数；计算未来可达到的最大 DEA 效率指数；在 DEA 模型中，把新贷款利率作为决策变量，求解在未来 DEA 最大效率下新贷款利率。①

优点：银行可以获得最优效率的贷款利率；可以补偿贷款风险损失；客户接受程度高。

缺点：需要大量的历史数据和现实数据做保障；不适合新组建银行。

（七）RAROC 定价法

RAROC 是指商业银行将投资资本和收益都纳入量化的风险因素并加以调整，得到的资本收益率。RAROC 的核心原理是银行收益是在承担了多大风险的基础上获得，银行收益必须能够覆盖所承担的风险。②

$$RAROC = （收益－经营成本－预期损失）/ 弥补非预期损失的资本金$$
$$= （收益－经营成本－预期损失）/ 风险资本$$

贷款利率（r）= RAROC × 经济资本率（j）+ 资金成本率（c）+ 违约风险率（w）

优点：银行收益与损失的可能性相挂钩；银行收益能够覆盖预期损失和非预期损失。

缺点：对应用环境的要求较高，需要大量基础数据和先进模型进行操作。

第二节　村镇银行贷款定价原则与影响因素分析

一、村镇银行贷款定价原则

（一）遵照国家利率政策原则

2013 年 10 月，我国放开金融机构的贷款利率。村镇银行可以根据贷款对象的不同情况，参照银行同业协会确定的利率水平，自主确定贷款利率。

（二）风险与收益对称原则

当村镇银行对小微企业或农户贷款时，就是购买他们的风险。要求银行对贷款对象的风险进行识别与定价，风险越大，贷款利率就越高，贷款收益可以覆盖风险。

---

① 元成,任俊宇,张睿智,谭丽娜. 村镇银行贷款定价模型的探索与研究 [J]. 经济金融, 2013（04）: 27-29.

② 吴占权,李利萍,朱田. 新型农村金融机构贷款定价的理论与实践 [J]. 河北金融, 2009（04）: 9-13.

（三）低于借款人投资预期收益率原则

如果村镇银行贷款利率高于借款人投资预期收益率，一是与支持"三农"发展相违背，二是容易出现逆向选择，加大村镇银行贷款风险，村镇银行确定的贷款利率应该低于借款人投资预期收益率。

（四）差别化原则

贷款客户的差异性决定了贷款定价必须实行差异化原则。对于以前贷款记录良好、抵押物充足、风险较低的客户，实行优惠贷款利率；对于风险较高的客户，适当提高贷款利率以补偿风险。

（五）让利"三农"原则

村镇银行在制定贷款价格时，要让利"三农"，贷款定价上不能过高，只有实现"三农"可持续发展，村镇银行才能不断发展壮大。

（六）参考当地其他农村金融机构贷款利率水平原则

由于农村地区发放贷款风险大、成本高，贷款利率一般会比基准利率高，但是村镇银行贷款利率比当地其他农村金融机构贷款利率高，可能导致市场占有率下降。所以村镇银行贷款利率应在基准利率与当地其他农村金融机构贷款利率之间选择。

二、影响村镇银行贷款定价的因素分析

（一）资金成本

资金成本是村镇银行通过负债业务借入各项资金所支付的费用。

加权平均资金成本率计算公式：

$$\overline{K} = \sum_{j=1}^{n} W_j K_j$$

其中，$\overline{K}$ 表示某时期村镇银行综合资金成本率；W_j 表示第 j 种资金来源占全部资金的比重；K_j 表示第 j 种资金来源的资金成本率（某一项筹资的用资费用与净筹资额的比率）；n 为筹资渠道数。

（二）贷款费用

贷款费用包括信用状况调查、分析与评估费用；贷款档案文件整理与保管费用。村镇银行一般是农户小额贷款，贷款分散，交易成本明显高于一般商业银行。村镇银行可以用每笔贷款所分摊的费用来估算贷款费用。

（三）营业税金

根据2016年营改增实施办法规定，按银行贷款利息收入的一定比例征收增值税。

$$贷款含增值税率 = 增值税额 / 贷款金额$$

目前贷款增值税率为6%。根据《财政部 税务总局 关于延续支持农村金融发展有关税收政策》（财税〔2017〕44号）文件规定，农户小额贷款（单笔且该农户贷款总额在10万元（含）以下的贷款，免征增值税。该优惠延续至2019年12月31日。

（四）风险溢价率

村镇银行贷款对象是农村地区小微企业和农户，生产规模小，受自然条件影响大，抵御风险能力弱，面临较高风险，贷款定价要充分反映风险溢价，确保风险能够得到补偿。风险溢价指的是银行要求较高的收益以抵消更大的风险。风险溢价是银行在面对不同风险的高低且清楚高风险高报酬、低风险低报酬的情况下，银行对风险的承受度影响其是否要冒风险获得较高的报酬，或是只接受已经确定的收入。

按照《巴塞尔协议》规定，贷款违约损失主要由预期损失（EL）和非预期损失（UL）引起。由此，信用风险溢价＝EL+UL。

1. 预期损失（EL）

预期损失（EL）是指损失的数学期望。预期损失是一个较长时期贷款的平均损失，也即可以预期。从统计学的意义上理解，预期损失是损失分布的均值。

假定贷款客户违约率为EDF，在给定的违约概率下的预期损失率为LGD，违约时的风险暴露为EAD，则贷款预期损失（EL）：

$$EL = EDF \times LGD \times EAD$$

违约时的风险暴露（EAD）可以使用回归分析法和历史数据模拟法来度量风险敞口。

违约损失率（LGD），是指借款人一旦违约将给银行造成的损失数额，即损失的严重程度，也可以用历史数据模拟进行计算。

村镇银行可以通过对客户进行A级、B级、C级、D级与E级信用等级的评定，分别核算不同等级的贷款违约概率（EDF）。

$$预期损失风险溢价（EL）＝预期损失 / 贷款总金额$$

2. 非预期损失（UL）

非预期损失是指银行在一定条件下最大损失值超过平均损失值的部分。从统计学的意义上理解，非预期信用损失是损失分布的标准差。

用于防范非预期的资本称为经济资本。

非预期损失风险溢价（UL）＝（经济资本占有额×经济资本收益要求）/贷款总金额

根据《巴塞尔协议》核心资本充足率8%的规定，经济资本收益要求由银行的财务部门在年初制订。

信用风险溢价＝预期损失风险溢价（EL）＋非预期损失风险溢价（UL）

（五）期限风险

贷款期限结构会导致贷款损失的可能性及货币时间价值的变化。

贷款期限风险补偿率（Rd）计算公式：

$$Rd = \mu A(e^{BT}-1)$$

其中，μ（0＜μ＜1）为期限风险敏感性系数；e为自然对数的底；A、B为结构参数（可以采取最小二乘法回归得到）；T为期限。

（六）目标收益

村镇银行也是商业化经营，实行独立核算、自负盈亏的政策。村镇银行对贷款项目需要制定收益目标，贷款定价必须保证有一定利润，也只有这样才能保证村镇银行可持续良性发展。

（七）其他因素

其他因素包括借款人信用状况调整值、借款人综合贡献调整值、市场竞争与供求调整值。

第三节　村镇银行贷款定价的实证分析

一、福建某村镇银行的发展现状

该村镇银行由福州市某农村商业银行发起，注册资本为1亿元人民币，于2014年11月12日创立，2015年1月21日开业。现有营业机构1家，从业人员28人；共有自助机具3台，其中ATM机具2台、CRS机具1台。

截至2017年12月末，各项存款余额23694.34万元。其中：个人存款10439.28万元，占比44.06%；对公存款13255.06万元，占比55.94%。各项贷款余额21999.92万元。其中：保证贷款752.4万元，占比3.42%；个人房产抵押贷款14797.02万元，占比67.26%；存单质押贷款6450.5万元，占比29.32%。资产总额35578.61万元，负债总额25475.02万元，所有者权益10103.59万元。实现税前利润 580.63 万元,税后利润 461.40 万元。营业收入合计 1868.57 万元,支出合计 1167.64 万元。

二、福建某村镇银行的贷款定价实证分析

根据以上对商业银行贷款定价方法与影响因素的分析,考虑到村镇银行新兴的小型金融机构性质,资金薄弱、缺乏历史参考数据和客户评级不健全,采取盈亏平衡定价法和 Rosenberg 定价法是现阶段条件下村镇银行贷款定价的一个次优选择。(见表3-1)

表3-1　2017年主要经营指标　　　　　　　　　　单位:万元

项目	数据
存款总额	23694.34
贷款总额	21999.92
营业收入	1824.32
营业支出	1158.49
营业利润	665.83
利润总额	461.40
营业外收支	44.25
所有者权益	10103.59
成本收入比	47.21%
不良贷款率	0%
资产利润率	1.32%
资本利润率	4.66%

(资料来源:数据来自实地调研)

(一)盈亏平衡定价法

盈亏平衡定价法,也叫保本定价法或收支平衡定价法,是指在销量既定的条件下,企业产品的价格必须达到一定的水平才能做到盈亏平衡、收支相抵。既定的销量就称为盈亏平衡点,这种制定价格的方法就称为盈亏平衡定价法。科学地预测销量和已知固定成本、变动成本是盈亏平衡定价的前提。见表3-2、表3-3。

盈亏平衡定价法就是运用盈亏平衡分析原理来确定产品价格的方法。盈亏平衡分析的关键是确定盈亏平衡点,即企业收支相抵,利润为零时的状态。

表3-2　盈亏平衡定价法主要指标、含义与选取标准

指标	含义	选取
c	资金成本	1年期贷款基准利率
e	其他成本与平均贷款规模比率	营业收入×成本收入比/贷款总额
d	贷款拖欠率	不良贷款率替代

续表

| n | 其他投入比率 | （营业收入－营业利润）/贷款总额 －e |
| r | 贷款定价利率 | （c＋e＋d－n）/（1－d） |

表 3-3 贷款定价测算

指标	c	e	d	n	r	实际贷款利率
2017 年	4.35%	3.92%	0%	1.35%	6.92%	8.29%

注：实际贷款利率用营业收入/贷款总额来估算（下同）

（二）Rosenberg 定价法

Rosenberg 定价法主要指标、含义与选取标准见表 3-4。

表 3-4 Rosenberg 定价法主要指标、含义与选取标准

指标	含义	选取
e	贷款行政成本	营业收入×成本收入比/贷款总额
s	贷款损失率	不良贷款率替代
c	资金成本率	1 年期贷款基准利率
k	预期利润率	预期利润/贷款总额
I	投资收益率	营业外收入/贷款总额
r	贷款定价利率	（e＋s＋c＋k－I）/（1－s）

注：2017 年财务预算报告确定预期利润为 600 万元

贷款定价测算见表 3-5。

表 3-5 贷款定价测算

指标	e	s	c	k	I	r
2017 年	3.92%	0%	4.35%	2.73%	0.20%	10.8%

从以上两种定价法的测算结果看，盈亏平衡定价法测算的贷款利率偏低；Rosenberg 定价法测算的贷款利率偏高。该村镇银行贷款定价合理区间如 6.92%～10.8%，中值为 8.86%。与该村镇银行目前执行的贷款利率水平接近。（见表 3-6）

三、目前执行的贷款利率水平

该村镇银行贷款定价策略"紧跟"当地农村信用社，贷款利率水平略低于城区农村信用社水平。目前，为适应利率市场化需要，根据市场资金供求情况，结合辖区实际，针对不同种类的贷款，实行不同的贷款利率。

表 3-6　贷款年利率

贷款种类	利率
现房抵押贷款	
普通贷款利率	6.70%
自助循环贷款利率	7.18%
按揭贷款	
首套房	不低于贷款同档次基准利率上浮10%
二套房	不低于贷款同档次基准利率上浮20%
亲情贷款	7.80%
农户+公务员担保贷款	9.0%
质押贷款	
存单质押贷款	按存期同档次贷款基准利率执行
股权质押贷款	7.02%

从表 3-6 可以看出，该村镇银行目前贷款利率区间如基准利率 4.35%～9.0%。

第四节　完善村镇银行贷款定价的建议

一、建立信息系统平台，完善客户信用风险评价体系

信用评级的基础是信息数据库的建立，可靠、丰富的信息数据分析是进行信用评级的必要条件。村镇银行要建立科学、高效的信息系统平台，其内容包括客户信用状况、财务状况、种植养殖技术能力、市场发展前景等信息，使信贷营销人员、管理人员能够全方位得到系统的信息支持。

由于农村地区的信息采集还比较欠缺，涉农信用体系尚未建立起来。村镇银行要依托人民银行的个人和企业征信系统，建立自己的信用评级体系。村镇银行要建立客户信用风险评价体系，包括客户生产经营、贷款发放与收回、违约记录等内容，将客户分为A级、B级、C级、D级与E级五个等级，并且确定相应风险系数，为每一个客户建立信用档案，跟踪调整信用评级，建立贷款违约"黑名单"，提高贷款者的违约成本，提升村镇银行的贷款定价水平，降低贷款损失率。

二、建立内部资金转移定价系统，提升贷款定价能力

村镇银行设立内部资金管理中心，业务经营单位的每笔负债业务按照内部资金转移价格将资金上存给资金管理中心，并获得一定的转移利息收入；每笔资产业务按照内部资金转移价格从资金管理中心获取资金，并同时支付给资金管理中心的一定利息费用。内部资金定价方法主要包括单资金池法、多资金池法和资金匹配法。

村镇银行建立合理的内部资金转移定价系统，根据资金的边际成本率，确定资金价格，有效引导资金的流向与流量，实现资金在村镇银行内部合理配置。构建内部资金转移定价体系，有利于增强村镇银行的资产负债管理水平和绩效管理能力，提升村镇银行的贷款定价能力。

三、完善激励机制，建立一支高素质的人才队伍

村镇银行要建立以盈利性为核心的信贷业务考核体系，把贷款定价纳入对信贷人员的考核范畴，完善激励机制。加强对员工的业务培训，招聘高素质人才，提升员工的风险辨识能力和数据分析能力，村镇银行组织员工走进乡村，了解客户的真正需求和经营状况，为贷款定价提供有效的信息支持。

四、建立一套风险预警体系，提升风险管理能力

村镇银行贷款对象是"三农"，受自然灾害的影响大，抵御风险的能力低。农民和农村小微企业普遍收入较低，增加了村镇银行的贷款定价难度。

村镇银行要建立专门的风险管理部门，根据实际情况建立一套风险预警体系，不断提升风险应对能力，实现在一定的风险下，收益达到较高水平，或在收益一定的情况下，风险维持在较低水平上。

五、建立健全财务核算体系，完善财务预测与检查方法

村镇银行要推行成本核算，建立健全财务核算体系，将成本分摊到各部门、信贷产品与客户，客观评价信贷产品盈利能力和客户综合贡献大小，完善财务预测方法与财务检查方法。

目前来看，村镇银行还不能够精准进行贷款定价。通过盈亏平衡定价法和Rosenberg定价法为村镇银行贷款定价确定一个合理的区间，当前村镇银行贷款定价主要是"紧跟"当地农村信用社，而且是以上浮利率贷款为主，上浮比例偏高。应该完善客户信用风险评价体系，建立内部资金转移定价系统，建立健全财务核算体系和加强高层次人才的引进，提升村镇银行的贷款定价能力。

第四章　村镇银行的绩效考核

如何正确评价每一个员工的价值，如何充分发挥绩效考核的作用，保证绩效考核的效果，有效地提高全员参与、服务、营销的意识和能力，不断提升村镇银行和员工业绩，从而实现股东权益最大化，是村镇银行经营管理者应当关注的重要问题。绩效既是村镇银行内部治理水平和效能的反映，也是其综合实力和核心竞争力的体现。郝晔（2015）指出村镇银行绩效管理体系存在绩效管理体系与银行战略不吻合，绩效管理流程不健全，绩效指标体系不科学，考核结果应用不全面等问题。提出建立全新的管理体系，重新设计考核实施流程，完善考核结果反馈环节，改善考核结果运用环节，对依据考核结果进行改进的奖酬计划、岗位调整计划、员工培训计划等对策。刘峰（2017）认为建立一个科学的评价指标体系，对于目前村镇银行的发展乃至整个农村金融的发展都具有重要的指导作用。开展中间业务、提高资产负债率、提高员工素质有助于改善村镇银行的绩效村镇银行为提高绩效，首先应加强中间业务创新，增加非利息收入占比，不应只局限于存贷款业务。楚蕾、刘璐（2018）认为绩效考核制度设置不合理，应建立有效的绩效考核体系，建立激励约束机制。

第一节　商业银行绩效考核概述

一、商业银行绩效考核内涵、原则与考核指标

（一）商业银行绩效考核内涵

商业银行绩效考核，是指银行业金融机构为落实监管要求和实现自身发展战略，通过建立考核指标、设定考核标准，对考核对象在特定期间的经营成果、风险状况及内控管理进行综合评价，并根据考核结果改进经营管理的过程。围绕银行的经营目标，运用统计、运筹等方法，搭建科学的指标体系，设定评价标准，根据设定的程序，采取定量和定性相结合的综合评价方式，对评价客体在一定期间内的业绩做出客观、准确、公正的综合评判。绩效考核是绩效管理的重要内容之一，绩效管理则涵盖了战略计划制订、实施与管理、绩效考核、反馈跟踪、绩效结果应用的全过程。目前商业银行已形成较为科学、完善的绩效管理体系。

（二）商业银行绩效考核原则

银行业金融机构绩效考核应遵循稳健经营、合规引领、战略导向、综合平衡

和统一执行等原则。

（三）商业银行绩效考核指标体系

1. 合规经营类指标

包括合规执行、内控评价、违规处罚等方面内容。用于评价银行业金融机构遵守相关法律法规和规章制度、内部控制建设及执行的情况。

2. 风险管理类指标

包括信用风险指标、操作风险指标、流动性风险指标、市场风险指标、声誉风险指标等方面内容。用于评价银行业金融机构风险状况及变动趋势。

3. 经营效益类指标

包括利润指标、成本控制指标、风险调整后收益指标等方面内容。用于评价银行业金融机构经营成果、经营效率和价值创造能力。

4. 发展转型类指标

包括业务及客户发展指标、资产负债结构调整指标、收入结构调整指标等方面内容。用于评价银行业金融机构根据宏观经济政策、结构调整及自身需要，推动业务发展和战略转型的情况。

5. 社会责任类指标

包括服务质量和公平对待消费者、绿色信贷、公众金融教育等方面内容。用于评价银行业金融机构提供金融服务、支持节能减排和环境保护、提高社会公众金融意识的情况。

二、国内外商业银行绩效考核发展历程

（一）国外商业银行绩效考核发展历程

国外发达国家的商业银行，绩效考核模式经历了三个阶段。

（1）财务绩效考核模式。通过设置相关效率评价指标，如资产收益率、资产净非利息收益率、息差收益、资本充足性、资产质量、资产流动性等指标，考核商业银行绩效，实现了经营业绩与风险控制的有机结合。优点在于数据容易获得、结论简单明了。缺点是具有一定的滞后性，不利于银行长远决策，不同银行无法有效地进行对比分析。

（2）经济增加值的考核模式。经济增加值指从税后净营业利润中扣除包括股权和债务的全部投入资本成本后的所得。其核心是资本投入是有成本的，商业银行的盈利只有高于其资本成本（包括股权成本和债务成本）时才会为股东创造价值。其基本含义是商业银行税后净营业利润扣除包括权益和债务的全部投入资本成本后的

所得。

经济增加值＝税后净营业利润－资本成本＝税后净营业利润－调整后资本 × 平均资本成本率

优点是最直接与股东财富的创造联系起来。缺点是对于净收益调整以及资本成本的确定等方面还存在一些问题。

（3）平衡计分卡考核模式。平衡计分卡是兼顾财务与非财务因素，从财务、客户、内部运营、学习与成长四个角度，将组织的战略落实为可操作的衡量指标和目标值的一种新型绩效管理体系。[①]优点是商业银行可以将平衡计分卡模式与经济增加值考核体系相结合，实现在战略层面上的规划和控制。缺点是指标体系的建立较困难、各指标权重的分配比较困难和实施成本大等问题。

（二）我国商业银行绩效考核发展历程

（1）盈利能力的考核模式。20世纪90年代前，利润指标是绩效考核的重点。随着银行商业化改革，商业银行逐渐成为自主经营、自负盈亏、自我约束和自求平衡的经营主体，绩效考核的重点开始围绕存款、资产质量、利润等盈利能力指标。

（2）综合的考核模式。随着商业银行竞争逐渐加剧，各家银行开始积极探索建立科学、有效的经营业绩考核体系，并注重业务发展能力、风险状况和盈利能力等综合考核，逐步形成了较为系统的绩效考核体系。

（3）全面客观的考核模式。2012年6月，原银监会颁发《银行业金融机构绩效考核监管指引》，树立稳健绩效观，兼顾业务发展和风险防控协调发展，全面客观地实施绩效考核。

第二节　村镇银行的绩效考核

村镇银行绩效评价既包括自身经济效益方面的评价，又包括支持"三农"发展的社会责任方面的评价（见表4-1）。村镇银行绩效评价包括财务绩效考核、行长或高管人员绩效考核和员工绩效考核三个方面。

一、村镇银行财务绩效考核

（一）合规经营类指标

（1）资本充足率。资本充足率是指银行核心资本加附属资本与加权风险资产的比率，代表了银行对负债的最后偿债能力。

---

① 袁永婧．平衡计分卡在商业银行绩效管理中的应用[J]．商业经济，2018（01）：173-175．

(2) 核心一级资本充足率。核心一级资本充足率是指核心一级资本与加权风险资产总额的比率。

(3) 存贷比例。存贷比例是指银行的贷款总额与存款总额进行对比。

(4) 流动性比率。流动性比率是指流动性资产与流动性负债的比率。

(二) 风险管理类指标

(1) 不良贷款率。不良贷款率是指不良贷款与贷款总额的比率。

(2) 拨备覆盖率。拨备覆盖率是指呆账准备金与贷款余额的比率。

(三) 经营效益类指标

(1) 资本利润率。资本利润率是指税后净利润与平均净资产的比率。

(2) 资产利润率。资产利润率是指税后净利润与平均资产总额的比率。

(3) 成本收入比。成本收入比是指营业费用加折旧与营业收入的比率。

(4) 净息差。净息差是指银行净利息收入和银行全部生息资产的比率。

(四) 社会责任类指标

(1) 涉农贷款比例。涉农贷款比例是指涉农贷款与贷款总额的比率。

(2) 农户贷款比例。农户贷款比例是指农户贷款与贷款总额的比率。

表 4-1 村镇银行经营绩效评价主要指标及其内涵

序号	指标	内涵	考核要求
1	资本充足率	核心资本加附属资本 / 风险加权资产	≥ 8%
2	核心资本充足率	核心资本 / 风险加权资产	≥ 5%
3	存贷比例	贷款总额 / 存款总额	≤ 75%
4	流动性比率	流动性资产 / 流动性负债	≥ 25%
5	不良贷款率	不良贷款 / 贷款总额	≤ 5%
6	拨备覆盖率	呆账准备金 / 贷款余额	≥ 100%
7	资本利润率	税后净利润 / 平均净资产	≥ 11%
8	资产利润率	税后净利润 / 平均资产总额	≥ 0.6%
9	成本收入比	营业费用加折旧 / 营业收入	≤ 45%
10	涉农贷款比例	涉农贷款 / 贷款总额	≥ 70%

二、行长或高管人员绩效考核

(一) 行长或高管人员职责

(1) 制订本单位或部门年度和月度工作计划并组织实施。

(2) 负责本单位或部门员工的日常管理、考核、教育培训、指导工作。

(3) 指导和督促本单位或部门业务操作规范和行为。

（4）落实本单位或部门各项工作制度和例会制度，做好市场开拓、管理、考核等工作。

（5）落实本单位或部门安全保卫制度，做好"三防一保"。

（6）对所属单位或部门员工的奖励和惩罚。

（二）经营指标（100分）

（1）利润指标（基准分50分）：按照资本利润率考核，村镇银行新增资本利润率高于11%（含）不予扣分，每低1%扣5分。

（2）存、贷款指标（基准分15分）：以上年存、贷款日均为基数，存、贷款日均增长不低于25%。存、贷款指标每低1%扣1分，该项最高扣15分。

（3）不良贷款率（基准分15分）：贷款不良率不高于0.5%（含）。每超过0.1%扣1分，扣完为止。

（4）合规经营（基准分10分）：被地方人民银行、银保监局或发起行稽核通报每次扣2分；被省级人民银行或监管机构通报每次扣5分，该项扣分不封顶。

（5）员工达标率（基准分10分）：已签约员工业绩达标率不低于80%。每低5%扣3分，每高5%加2分。该项最低扣10分，最高加6分。

（三）考核评定标准

（1）优秀：年度经营指标考核在95分（含）以上。

（2）良好：年度经营指标考核在90（含）～95分（不含）。

（3）称职：年度经营指标考核在80（含）～90分（不含）。

（4）不称职：年度经营指标考核在80分以下。

（四）考核奖惩

（1）年度考核结果为优秀、良好、称职的，在下一年度续聘。

（2）连续两年考核结果为称职的，降薪到基础薪酬。

（3）年度考核结果为不称职的，则解聘职务。

（4）出现经济案件或安全责任事故，造成经济损失的，按照直接经济损失的全部或部分扣减管理绩效工资；造成经济损失在5万元以上（含）的案件，解聘。

三、一般员工绩效考核

（一）一般员工绩效考核指标（100分）

（1）仪容仪表（基准分5分）：未按照规定着装1次扣2分；着装不规范及发型不整齐1次扣1分，扣完为止。

（2）考勤（基准分10分）：无法调班，请假一天扣2分，两天扣4分；月请假三天以上不得分；调班假超过3天，每超过一天扣2分。

（3）内务整顿（基准分10分）：未及时整理填单台、柜台及宣传栏1次扣1分；未做好宣传牌、公示牌、意见簿摆放，1次扣2分，累计3次不得分。

（4）服务规范（基准分10分）：未能主动迎接客户、询问客户需求1次扣2分；未能快速妥善处理客户提出的批评性意见1次扣2分；未能避免客户与柜员发生直接争执1次扣2分，累计3次不得分。

（5）上级检查合规情况（基准分5分）：检查存在责任问题 1次扣2分，扣完为止。

（6）存款贡献度（基准分25分）：根据核定的标准，存款指标每低1%扣2分，按照完成任务的比例得分。

（7）贷款贡献度（基准分25分）：每月完成推荐1笔抵押贷款，得30分，未完成的不得分。

（8）业务知识学习（基准分10分）：每月组织员工针对业务知识学习，无故不参加的，每次扣2分。

（二）考核评定标准

（1）优秀：年度经营指标考核在90分（含）以上。

（2）良好：年度经营指标考核在80（含）～90分（不含）。

（3）称职：年度经营指标考核在70（含）～80分（不含）。

（4）基本称职：年度经营指标考核在60（含）～70分（不含）。

（6）不称职：年度经营指标考核在60分以下。

（三）考核奖惩

（1）年度考核结果为优秀的，年度给予一定奖励。

（2）连续三年考核结果为优秀的，优先进级。

（3）年度考核结果为不称职的，下岗培训学习一个月，考核合格后上岗。

（4）连续三年年度考核结果为不称职的，则解除劳动合同。

第三节　村镇银行的绩效考核存在的问题及对策

一、村镇银行的绩效考核存在的问题

（一）绩效考核的功能与作用有待加强

一些村镇银行为了考核而考核。绩效考核功能与作用的导向性不强，基层员

工较少关注集约经营、合规经营、成本节约、绿色金融等概念，导致有些村镇银行仍然习惯于粗放式、规模式竞争。考核当期的经营业绩可以在很大程度上影响综合考核结果；风险管理相关指标，由于风险暴露的滞后性，暴露期与考核期并不一致。

（二）绩效考核结果与激励约束机制不相匹配

对于未达到绩效考核目标应承担的责任不够明确，还缺乏具体可操作性方法；对违规行为处罚相对较轻，约束功能弱化，权责利没有很好地结合在一起，在一定程度上存在失衡现象。并且年度经营计划的下达滞后于绩效考核办法的发布，两者在时间上不衔接，与激励约束不匹配。

（三）绩效考核管理的流程有待优化

村镇银行对绩效管理政策调整上存在时滞，银行调整绩效考核的政策基本都是在下半年较晚的时间发布，如果内外部经营环境发生变化，银行缺乏足够的时间进行业务及政策等方面的调整，绩效考核管理的流程有待优化。

（四）绩效考核基础数据质量有待提高

准确、全面、高质量的数据是做好绩效考核的基础。村镇银行一些业务数据仍依赖于手工台账，可能存在台账与会计科目不一致的现象，影响绩效考核数据的真实性、准确性和完整性，从而直接影响了绩效考核结果的准确性。

二、完善绩效考核的对策

（一）强化绩效考核的功能与作用

加强绩效考核的功能与作用的宣传，树立绩效考核正确理念，坚持集约化经营。提升决策层自身对绩效考核战略目标的理解能力，自上而下层层推进；将绩效考核与企业文化建设紧密结合起来，把村镇银行的经营目标与部门目标协同起来，充分发挥协同效应，强化绩效考核的功能与作用。

（二）完善绩效考核的激励约束机制

兼顾合规风险管理与经营业绩，制订银行短期、中期和长期发展规划，将绩效考核与员工的职业生涯挂钩；完善绩效考核指标体系，建立健全绩效管理的长效管理制度，明确细化绩效奖罚制度，完善绩效考核的激励约束机制。[①]

---

① 楚蕾，刘璐. 村镇银行微贷业务管理探究——以临川浦发村镇银行为例 [J]. 经营与管理，2018（02）：11-13.

(三）优化绩效考核管理的流程

将绩效考核与村镇银行实际情况相结合，根据村镇银行内外部经营条件的变化，优化绩效考核管理流程，实时进行经营战略调整和修订绩效考核，建立绩效考核反馈和动态调整的良性循环。①

(四）提高绩效考核基础数据质量

村镇银行绩效考核离不开高质量的数据支持与可靠的基础数据，这样才能保证绩效考核的有效运行。绩效数据的采集是连接标准与结果的桥梁，绩效指标如果没有绩效数据的支撑，则绩效考核就会失去意义，所以应建立科学、有效的绩效数据采集渠道和管理制度，提高绩效考核基础数据质量。

---

② 郝晔. 深圳R村镇银行绩效管理体系再设计[D]. 大连理工大学，2015.

第五章　村镇银行金融风险的原因与对策

风险主要有三种内涵：风险是未来结果的不确定性；风险是损失的可能性；风险是未来结果对期望的偏离。第一种是广义风险的内涵，适合经济、政治和社会等几乎所有领域对风险的一般理解；第二种是传统意义风险的内涵，适合目前金融机构和监管机构对风险管理的思考模式；第三种是现代金融风险管理的内涵，风险既是损失的来源，同时又是盈利的基础。本书对风险的理解更侧重于传统意义上的风险。李静（2016）认为村镇银行工作人员专业素质不高，无法胜任岗位要求；业务流程及限制形同虚设，缺少必要的管控制度与限制条件；信用政策等必要环节的缺失进一步造成了内部管理制度的薄弱，直接提高了金融风险。遵循"监管一切风险与管理，真正实现透明与公开"的原则，加大基层监管力度，从根本上实现对金融风险的管控。兰彩红（2016）认为要建立有效的金融机构内部激励机制，建立科学的考核制度及合理的薪酬机制，加强员工培训；要建立健全的管理机制，加强法律体系的建设，完善新型农村金融机构监管机制；要创建我国新型农村金融机构风险管理模式，健全农业保险体制，加强金融市场信用体系建设，创新金融服务，完善风险评价体系，减少各类风险对新型农村金融机构可持续发展的影响，实现新型农村金融机构健康发展。陈爽（2016）认为农村中小金融机构的风险管理从自身风险管理需要的角度来看，充分认识各种风险之间的联系，对所有的风险进行识别和防范，这样才能从整体上提高自身的全面风险防控能力。

本章论述村镇银行金融风险防范的理论基础，阐述村镇银行面临的各种金融风险，指出村镇银行金融风险的主要特征，分析村镇银行金融风险村非系统性风险产生的原因，提出控制村镇银行非系统性风险的相关措施。同时，分析了村镇银行系统性风险的形成原因，提出降低村镇银行系统性风险的具体对策。

第一节　村镇银行金融风险防范的理论基础

一、金融脆弱性假说

海曼·明斯基（Hyman P.Minsky, 1985）把美国经济学家凡勃伦所提出的金融体系内在脆弱性的论述加以系统化，形成了"金融体系脆弱性的假说"。明斯基认为，商业银行具有信用创造功能，它与借款人之间存在密切关系，使金融机构体系具有天然的内在不稳定性。并且商业银行和贷款人的内在特性，使商业银行和贷款人不得不经历周期性危机,商业银行经营风险又被传递到经济体的各个组成部分,于是产生经济危机。

明斯基将借款企业分成三类:抵补性企业、投机性企业和"蓬齐"企业。明斯基认为由于商业周期的原因,会诱使企业进行高负债经营。在一个新周期开始时,大部分企业属于抵补性企业。随着经济的发展、市场的繁荣、利好的增加、预期收益的上升,企业纷纷扩大借款,投机性企业和"蓬齐"企业迅速增多。这样,安全高的第一类借款人所占比重越来越小,后两类属于高风险的借款企业的比重却越来越大,使得金融脆弱性越来越严重。这时候,只要资金链断裂,就可能引发连锁反应,出现企业和银行的倒闭,最终引发金融危机。

二、安全边界说

1997年,克瑞格为了更好地说明明斯基的金融内在脆弱性,引用了"安全边界"这个概念。克瑞格认为,安全边界可以理解为银行收取的风险报酬,它包含在借款人支付给银行的贷款利息之中。对于银行和借款人来说,认真研究贷款项目的预期现金收入,是确定双方都可以接受的安全边界的关键环节。

在经济繁荣时,银行认为以往信用记录良好的企业能够恪守信用,履约还款。企业也认为经济的不断发展给企业带来了发展空间,而且投资项目的收益能够按时归还银行贷款,但是银行和企业都忽视了对贷款项目的风险评价。

就是那些缓慢的、难以觉察的对安全边界的侵蚀,产生了金融脆弱性。当安全边界减弱到最低程度时,即经济发展偏离预期目标时,借款企业不得不改变投资计划,就会出现拖延贷款偿还或者变卖投资资产现象。结果,债务紧缩过程开始了:价格下跌,导致供给增加,需求减少。于是,金融危机发生了。

三、银行挤兑论

戴蒙德和戴威格(Diacmond & Dybvig,1983)认为,银行是金融中介机构,其基本功能是把不具流动性的或流动性差的资产转化为流动性强的资产。当银行资产与负债在期限上、数量上不对称时,并且由于不良资产比率上升,造成资产价值不抵债务价值时,银行就失去了清偿能力,如果没有实行存款保险制度,资产质量的总体恶化可能引发挤兑风潮。如果此时该国的经济运行正好进入不景气或衰退阶段,一家或数家银行出现的挤兑风潮有可能传染给其他银行,使该国大部分银行遭到挤兑,银行系统的危机就发生了。

卡普林(Caplin,1994)、莱希(Leahy,1994)和基欧(Kehoe,1998)等认为,由于存在着信息成本,投资者的行为建立在有限的信息基础上,他们各有其信息优势,并对市场上的各种信息(包括谣言)的敏感度极高,任何一个信号的出现都可能改变他们的预期。即使银行没有出现资产负债表恶化,仅仅因为一些存款者认为其他存款人在提取资金,挤兑也可能发生。因而,在信息不对称情况下的预期会产生"羊群行为"。个别银行遭受到挤兑的信号,很可能使大多数存款者都认为其他银行也处于危险之中,银行的挤兑就会变成银行业的恐慌,银行业危机也就由此产生。

四、道德风险论

为了避免金融系统的崩溃,现代金融制度为金融机构的经营活动提供了最后贷款人和存款保险的制度安排。但是,在这一制度安排下,因金融机构的机会主义,难免在金融机构与其客户间以及中央银行与其他金融机构之间产生道德风险问题。

著名发展经济学家麦金农与哈佛大学经济学家皮尔一同探讨了发展中国家的存款担保与过度借债之间的关系。亚洲金融危机后,克鲁格曼与其他许多经济学家都把这次危机归因于金融机构的道德风险问题。他们认为,在由政府免费保险且又监管不严的情况下,金融机构从事风险投资的欲望很强,而且又很少考虑投资项目的贷款风险。一般而言,在国内机构不能在国际金融市场上融资的情况下,国内投资需求过度只会造成国内利率上升,而不至于引发投资过度。而如果在资本项目开放的情况下,国内机构可以在世界市场上自由融资,那么由最后贷款人和存款保险的制度安排而引发的道德风险就可能导致投资过度,而使经济过热并产生泡沫。

存款保险和最后贷款人引发的道德风险问题是现代经济中的一个两难问题:如果不进行存款保险和最后贷款人的制度安排,金融系统可能会崩溃;而做了这样的安排之后,金融机构在经营中的道德风险又难以避免。

第二节 村镇银行面临的金融风险

一、风险内涵

金融风险是指经济主体在金融活动中,由于形势、政策、法律、市场、决策、操作、管理等诸因素的变化或缺陷,使结果与预期发生偏离而导致损失或未获利及丧失获取额外收益机会的可能性。金融机构经营的特殊性,使得个别金融机构出现经营困难,往往会引起连锁反应,很可能导致局部乃至整个金融体系的动荡,从而引起金融危机,危及整个社会的稳定。要保障金融安全,首先需要了解在金融机构的经营活动中可能会面临哪些风险,以便加强金融监管,有针对性地防范和化解风险。

一般将金融风险可能造成的损失分成预期损失、非预期损失两种。商业银行通常通过提取损失准备金和冲减利润的方法来应对和吸收预期损失,用增加资本金来应对非预期损失。

商业银行风险管理方法主要有:

(1)分散风险。通过多元化投资组合来分散风险的方法。不要把所有鸡蛋放在一个篮子里,分散了投资,也就分散了风险。

(2)风险对冲。通过购买与标的资产收益率波动负相关的资产或衍生产品,来对冲潜在风险损失的方法。

(3)风险转移。如商业银行通过购买保险,将风险转移给保险公司的方法。

(4)风险规避。如商业银行拒绝高风险的某一业务或退出高风险的某一市场。

(5)风险补偿。通过提高风险回报的方法,获得承担风险的价格补偿。如提高利率来补偿贷款的风险。

从宏观层面看,金融风险主要表现为:金融机构大面积支付困难;金融机构连锁破产倒闭;外资流入减少、停止和大量倒流;暴发恶性通货膨胀,货币大幅度贬值;外汇储备急剧减少,对内外债偿付能力严重不足,发生内外债偿还危机;汇率波动失控;股市过度脱离实质经济运行所形成的金融泡沫的破裂,股票市值暴跌;本国银行信用危机,居民储蓄和企业存款大量向境外金融机构转移;在自由兑换条件下,本国法定货币被强烈排斥,进而竞相保存、持有和使用外币等,本国货币法定地位受到威胁,货币体制基础动摇等。

从微观层面看,金融风险主要表现为:金融企业经营不善,经营风险控制不力,如汇率波动造成巨额损失、资产质量低下、银行信用等级不断下降,导致存款人挤兑、亏损破产等;金融企业大肆进行金融投机,发生巨额亏损,导致破产倒闭;从事洗钱等非法活动被揭露查处造成停业倒闭等。

二、村镇银行面临的金融风险

村镇银行金融风险主要是从微观层面来理解,是指由于内外部原因,造成村镇银行的资金、财产、信誉遭受损失或不利目标实现因素的总称。村镇银行信贷支持的主要对象为弱势产业——农业、弱势群体——农民,农业和农民对自然条件的依赖性很强,抵御自然灾害的能力弱,在农业保险体系不健全的情况下,村镇银行存在严重的风险隐患。总体而言,村镇银行经营可能面临的金融风险主要有:

(一)信用风险

所谓信用风险,是指交易对象或所持金融商品的发行者出现不能支付行为,或其信用度发生变化所形成的风险。对于村镇银行来说,信用风险不仅是一种重要的风险,而且是一种始终存在的风险。村镇银行面对的是大量的农户和农村小微企业,缺乏以往的信用记录和有效的信用评估办法,对农户的贷款也缺乏财产做抵押,村镇银行的信贷资金存在严重的风险隐患。一些农村借款户信用意识淡漠,欠账不还,签字不认,利用各种方法逃、废、赖银行债务,极易形成信用风险。

（二）流动性风险

市场流动性风险是指无法在通常条件下对所持金融商品进行变现的风险。金融商品变现的难易程度,被称为流动性。变现容易称流动性高;反之,则称流动性低。村镇银行基层网点少,老百姓认知不足,增储难度大。还有村镇银行不能开办对公存款业务等,资金来源受到限制。并且,由于农业具有明显的季节性,在春季,容易造成银行存款减少和贷款需求的增加,村镇银行面临流动性风险。

（三）市场风险

所谓市场风险,是指因有价证券的价格、利率、汇率发生变化所引起的金融商品或金融交易的风险。村镇银行主要从事存贷款业务,主要面临利率风险。利率风险是指因市场利率变化而使银行获利减少或遭受损失的风险。随着我国利率市场化改革,银行业竞争的加剧,市场利率会不断发生波动,村镇银行将面临市场风险。

（四）操作风险

操作风险是指由于银行内部管理不完善或操作失误,给银行造成直接或间接损失的风险。村镇银行一般工作人员在当地招聘,业务素质不高,合规操作意识差,再加上内部控制制度薄弱,业务操作流程相互制衡的规章制度形同虚设,容易导致操作风险的发生。

（五）经营风险

所谓经营风险,是指由于各种原因,导致银行盈利水平下降,甚至出现亏损的风险。虽然农村经济发展速度不断加快,但与城市经济相比仍然有很大的差距,新开业的村镇银行很难短期内达到盈亏平衡。农业、农村经济作为高风险、低效益的弱势经济,农民作为弱势群体,严重受到自然条件和市场条件的制约。在农业政策性保险严重缺乏的情况下,经营风险分散机制缺失、存款人利益保护缺乏、支持政策方面的缺位、金融监管不力和人员素质低等原因,都会使村镇银行面临经营风险。

（六）竞争风险

所谓竞争风险,是指市场竞争使竞争者面临不能实现其预期利益目标的危险,甚至在经济利益上受到损失的风险。设立村镇银行必将加剧农村金融机构竞争的激烈程度，由于农村信用社市场定位与村镇银行相似，村镇银行面临竞争风险。

（七）政策风险

所谓政策风险，主要指由于国家宏观经济金融决策的不适时宜或失误而带来的风险。一国的宏观经济金融政策如果出现了问题，轻则带来金融风险，重则产生金融危机。农村基层政策不稳定，产业发展方向不明确，也容易给村镇银行造成政策风险。

（八）声誉风险

所谓声誉风险，是指由于社会评价降低而对银行造成危险和损失的可能性。良好的声誉是银行长期发展的重要资源，是银行的生存之本。由于村镇银行刚开业不久，业务品种少，业务能力还有待于拓展，品牌价值还没有得到体现，个别员工工作失误，可能给村镇银行声誉带来严重影响。

第三节　村镇银行金融风险的主要特征及生成原因

一、村镇银行金融风险的主要特征

（一）自然环境风险突出

农业作为弱质产业，受自然环境影响严重，具有很大的风险。农业和农民对自然条件的依赖性强，抵御自然灾害的能力弱。我国自然灾害多发，农村往往是重灾区，同时由于与农村相关的灾害保险机制尚未建立健全，一旦发生自然灾害，损失难以得到分散和补偿，自然环境风险突出。

（二）具有较高的产业风险

目前村镇银行选址的原因之一就是看中农村地区的特色产业，如香菇、木耳、水产养殖业，这些特色产业对当地经济发展贡献较大，但具有规模小、分布广、风险大的特点。村镇银行不能跨地区经营，经营地域范围狭小，地域内的产业结构比较单一，村镇银行的业务高度集中于一、两个产业，具有较高的产业风险。

（三）信用风险是最主要风险

由于对村镇银行的性质认识不足或存在误区，一些农户和农村小微企业认为村镇银行贷款是一种"扶贫"行为，再加上借款人信用记录不全、抵押物缺乏，贷款按期偿还难，信用风险是当前村镇银行经营面临的最主要风险。

（四）流动性风险是最致命的风险

村镇银行资金来源的瓶颈制约和农村贷款需求的季节性，可能造成资产负债结构不匹配，并且由于流动性刚性要求，可能会出现支付危机，甚至导致挤兑风险。

（五）风险与收益不对称

村镇银行主要是小额信用贷款，并且农业作为一个弱质产业，抵御自然灾害能力差。另外，农业生产收益具有不确定性，对村镇银行来说贷款业务风险较大但收益低。收益不能完全覆盖成本和风险，导致风险与收益不对称。

二、村镇银行金融风险生成的原因

村镇银行面临着各种金融风险，并且有其特殊性。村镇银行金融风险是客观存在的，分析我国村镇银行金融风险生成的原因，有利于防范村镇银行金融风险。本章从金融风险生成的机理分析入手，探讨村镇银行非系统性金融风险与系统金融风险生成的原因。

（一）金融风险生成的机理分析

根据香农（C. E. Shannon）的信息论，信息就是用来消除某种不确定性的东西，所以相关信息的获取就是减少风险。因此，信息不对称是风险形成的重要原因。市场的活动者大都是风险的回避者，在风险回避的操作中，交易一方的行为可能给另一方带来风险。交易双方在信息不对称的情况下，为了确保自己的利润最大化，风险最小化，交易的双方都在积极避险和追逐利润。在大部分的市场交易中，交易的双方不可能采取"共谋"的策略。如果他们采取"共谋"策略的话，信息不对称现象将会消失，正因为这种"共谋"现象在市场交易中很少出现，所以信息不对称现象就成为一般意义上的经济学研究的问题。

信息经济学理论认为，信息不对称必然导致市场参与者行为的扭曲，最突出的就是逆向选择与道德风险。逆向选择是交易之前发生的信息不对称问题，即交易双方在达成交易合同前就有关于信息问题的掌握存在不对称而产生的问题。由于银行和农户之间信息不对称，银行并不能准确地了解借款农户的具体情况和风险类型，因此，只能对所有的借款农户收取固定的利率。这样随着利率的提高，只有高风险高收益的借款农户将接受贷款银行的利率而继续申请借款，而低风险低收益的借款农户将退出申请人的队伍，使得贷款的违约概率进一步加大。我们可以通过图5-1来说明。在图5-1中，上方曲线表示银行的利率风险曲线，下方曲线表示农户的利率风险曲线。θ代表农户的风险水平，R代表银行的借贷利率。当银行把利率确定为R_1时，对于风险水平处于$[A—B]$的低风险农户来说，利率R_1大于农户可承受的利率水平，因而这一部分农户将退出信贷市场。低风险农户的退出使银行面临更高的风险区间[B—C]，银行只好又提高利率，此时又有一部分农户从信贷市场退出。所以，不管银行的利率如何确定，总有一部分风险相对较低的农户从信贷市场上退出，当利率定为R_2时，只会吸引那些风险最高的农户申请贷款，高风险的农户赶走了低风险的农户，促使贷款的逆向选择风险加大，违约概率也同时增大。

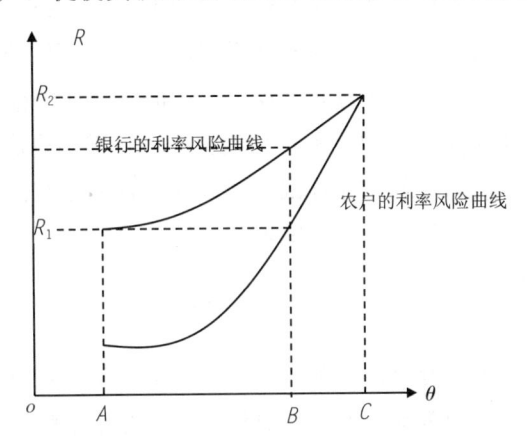

图 5-1 逆向选择引发的金融风险

由于信息不对称，银行对贷款的监督成本很高，不得不放弃监督的努力，借款人在最大化效用原则的驱使下，会更多地对高风险项目进行投资，加大了整个市场上借款人选择高风险项目的概率。由于银行和农户在贷后信息不对称，借款农户都有改变自己项目性质的动机，会更多地对高风险项目进行投资，以获取更高的利润，导致借款农户的道德风险。

我们假定借款农户有两个投资额均为Q，风险程度θ不同的项目可供选择，分别用θ_1表示低风险水平的项目，项目成功的概率为ρ_1，成功时收益是Y_1；用θ_2表示高风险的项目，项目成功的概率为ρ_2（$\rho_1 > \rho_2$），成功时的收益是Y_2（$Y_1 < Y_2$）。两个投资项目都失败，银行都要遭受损失。在信息完全对称的情况下，对低风险的θ_1项目，对应的利率为R_1，农户的预期收益为$\pi_1(R_1, \theta_1)$；对高风险的θ_2项目，对应的利率为R_2，农户的预期收益为$\pi_2(R_2, \theta_2)$。已知农户的预期利润函数为：

$$\pi(R, \theta) = \rho(Y - Q*R) \quad (5-1)$$

因为$\theta_1 < \theta_2$，有$R_1 < R_2$，由式(5-1)，我们知道，必然有$\pi(R_1, \theta_2) > \pi(R_2, \theta_2)$，$\pi(R_1, \theta_2) > \pi(R_1, \theta_1)$。所以，借款农户会以低风险项目$\theta_1$向银行申请贷款，再把贷款投资于高风险的$\theta_2$项目，以获取超额利润$\pi(R_1, \theta_2) - \pi(R_2, \theta_2)$。借款农户有以低利率骗取信贷来获得更大收益的欺骗动机，

这就是农户的道德风险问题。①

（二）村镇银行非系统性风险产生的原因

1. 注册资本金水平较低

一定数量和质量的资本金是银行正常经营的前提，也是银行良好信用的重要保证和抵御金融风险的重要条件。《新资本协议》要求，银行业金融机构资本充足率应不低于8%，核心资本充足率应不低于4%。村镇银行注册资本金普遍不高，最低注册资本限额为100～300万元，我国已经成立的村镇银行注册资本大多在1000万元左右，资本金主要作用是抵抗预期损失，特别是覆盖非预期损失，资本金少，致使抵御风险能力较弱。并且试点地区经济发展相对落后，当地居民收入水平较低，企业数量少、规模小，村镇银行增资扩股难度大，资本金增加困难，影响村镇银行可持续健康发展。

2. 经营管理机制不健全

村镇银行约束机制不健全，业务经营偏离方向。从试点村镇银行运作近三年情况看，有些村镇银行较多地考虑了商业运作，而忽略了赖以存在和持续发展的基石——面向"三农"。商业性与社会性的矛盾会日益突出，其贷款投向有可能会悄悄地转向城市企业等盈利性较高的客户，而改变村镇银行设立时服务"三农"的初衷。

村镇银行缺乏有效的经营管理机制，业务操作不规范，存在风险控制盲点。如有的村镇银行是根据业务员对贷款人情况的熟悉程度决定贷款风险的大小，没有依据借款农户的收入、信誉和社会地位等因素来评定信用等级，只是简单进行贷款信用评级，来决定是否发放贷款，随意性较大。

村镇银行从业人员专业素质和业务技能水平不高，难以满足村镇银行长远经营管理发展的需要，也可能因人的因素造成信用风险和操作风险。②

3. 内部控制制度不完善

村镇银行制定了各项规章制度，但只是留在纸上或挂在墙上，缺乏约束机制，忽视内控制度的严肃性，使各项规章制度流于形式，各项业务操作流程的监督制约也形同虚设，操作随意，容易产生操作风险。

村镇银行内部控制机制不完善，容易引发内部人控制风险。由于村镇银行规模小，为降低经营成本，一些村镇银行没有设立董事会、监事会等内部监督部门，容易出现"一人独大"或"一股独大"的现象，引发内部人控制风险。

---

① 祝健. 中国农村金融体系重构研究 [M]. 社会科学文献出版社，2008（6）：155.
① 李静. 我国村镇银行金融风险控制与防范措施 [J]. 商，2016（16）：191.

村镇银行的专业管理人才和高素质的从业人员匮乏，在风险管控、内控执行上将遇到较大的障碍，造成操作风险可能性较大。并且由于村镇银行业务部门人员少，工作人员与当地借款农户都比较熟悉，容易感情用事，容易出现排斥"认制度不认人"的现象。[②]

4. 经营手段落后，人才匮乏

村镇银行地处于乡镇，与地处城市的商业银行相比，交通不便利、网点小、基础设施落后，特别是结算渠道不畅通。对村镇银行的开户、结算问题，有关部门尚无明确规定，致使其支付结算难。一是村镇银行无法在人民银行开立账户，不能参加同城交换，有的村镇银行只有通过县农业银行开户并代理结算；二是村镇银行吸收的单位账户得不到核准，致使部分行政、企事业单位因结算难而流失；三是由于涉及跨地区等一系列的审批和收费问题，人民银行、银联公司尚未同意村镇银行推出使用其发起银行的借记卡，不能满足客户的需求。这些都影响村镇银行抵御各种金融风险的能力。

随着业务的不断拓展，风险管理的要求会越来越高，从业人员素质较低，将难以满足村镇银行的风险控制要求。

5. 外部金融监管乏力

一方面，村镇银行经营管理模式、业务经营方式不同于其他银行机构，这就必然要求监管方式和手段的转变，而新的监管模式还亟待探索。另一方面，基层监管资源的严重不足与日益加重的监管任务不相匹配，银行监管机构的监管能力有限。

随着农村经济的发展，农村金融需求在不断扩大，农村金融市场发展潜力巨大。村镇银行市场准入门槛较低，如果开放市场，村镇银行数量就会大量增加。由于其地处乡村，机构小并且分散，客观上要求有相应的监管人力资源。

监管机构设置与村镇银行服务的范围不适应。基层监管机构设置主要集中在距离乡镇较远的中心城市，村镇银行服务的范围主要集中在乡村地区，距离远、交通不便，并且基层监管机构工作人员少，要开展现场监管和实地调查困难重重，无法进行有效监管。

有关监管流程与机制尚不健全。虽然《关于加强村镇银行监管的意见》赋予基层银监机构监管职能，但具体监管程序并不详细、明确，如村镇银行高管人员审查、主监管员配置、现场检查组织、非现场检查材料报送和监管联动等问题都没有详细规定，这些都造成监督管理难，加大了村镇银行的金融风险。

金融监管的手段缺乏针对性。目前对村镇银行的监管，银监机构更多沿用对

---

② 张忠永，朱乾宇. 村镇银行的风险控制问题 [J]. 银行家, 2008（11）：106-109.

商业银行和农村信用社监管的方式方法,金融监管的手段缺乏针对性,不利于监管有效性的提高。

(三) 村镇银行系统性风险的形成原因

1. 农村经济基础薄弱

当前我国农村经济基础薄弱主要表现在自然资源短缺、农业基础设施薄弱和农业产业结构不合理。这些给农业生产带来了严重影响,使农业生产经营面临许多风险。村镇银行是一家为"三农"提供金融服务的农村社区银行,它的经营宗旨是支持社会主义新农村的建设,村镇银行信贷资金主要投向种植业、养殖业和农产品加工业等农业生产中去。农业生产在很大程度上受到农村经济基础的制约,生产经营周期长,面临许多不确定因素。因此,当借款人无法取得农业生产经营的预期收入时,村镇银行就面临着信贷风险。

2. 农村信用环境欠佳

农村经济不发达,农业经营投资回报率低,农户收入水平低,而医疗、子女就学等方面支出大,家庭积累少,还贷能力弱,客观上影响借款农户的偿还能力,不能按时归还村镇银行的贷款,形成信用风险。

有些农户和农村小微企业信用意识比较淡薄,加上对失信的惩罚力度不够,违约收益远大于违约成本,借款容易还款难,出现跟风、拖欠贷款现象,导致银行不良贷款增加。有的农户甚至产生了逆选择,越是没有能力归还贷款的越要借款,如果银行贷款审查不严,极易形成风险。还有个别农户和农村小微企业对村镇银行的性质认识不足,把村镇银行的支农贷款当成扶贫资金,长期占用银行资金,有偿还能力的也不愿意按时归还。因此,农村信用环境欠佳,村镇银行面临信用风险。

3. 农村信用制度建设滞后

农村信用制度建设滞后,农村地区普遍存在信用制度缺失问题。例如:农户个人信用征信制度不完善,信用记录残缺不全,信用账户资料不完整,纸质化的手工操作和管理,银行无法利用这些信息来判断农户的信用状况。目前村镇银行的征信系统、账户系统、信贷管理系统还不能与人民银行联网,无法实现资源共享,无法准确、快速了解农户的信用记录,容易造成对农户信用评定难、信用分析难和信用约束难。村镇银行与农户之间存在的信息不对称,必然会引发信用风险。[1]

4. 农村金融政策、法律法规不完善

村镇银行在营业税、所得税征收方面比照的是其他商业银行标准,营业税是5%,

---

[1] 高凌云,刘钟钦. 对村镇银行信用风险防范的思考 [J]. 农业经济,2008 (5):85-86.

所得税是25%，与目前农村信用社营业税执行3%相比高出2个百分点，没有享受到农村信用社改革期间的税收优惠政策。人民银行对村镇银行申请支农再贷款等优惠贷款政策上没有明确规定，无法给予优惠利率的再贷款支持，而农村信用社每年却可以向当地人民银行申请利率优惠的支农再贷款和国家贴息的贷款，从而使村镇银行与农村信用社无法在平等的条件下进行竞争。

市场经济是法制经济，它的发展要求必须有健全、完善的法律法规体系作为保证，村镇银行的正常运行和健康发展离不开农村金融法律法规的发展和完善。当前农村金融法律法规建设滞后，现行法律法规对农村金融债权保护不力，一些地方农村金融债权案件出现起诉难、审判难和执行难问题。目前在我国银行业还没有启动存款保险制度的情况下，村镇银行在经营过程中，一旦出现突发性支付风险被迫退出市场，作为一级法人，以其全部法人财产仍不能完全承担民事责任时，存款人的合法权益如何得到有效保护？目前，法律、法规都没有明确做出规定。农村金融政策、法律法规不完善，使村镇银行面临政策风险。

5. 风险分散与补偿机制不健全

我国自然灾害多发，农业受灾尤其严重。当前村镇银行发放的贷款基本上属于涉农贷款，自然因素占绝对地位，一旦发生多年不遇的旱灾、雪灾和冰冻，没有农业风险分散与补偿机制做保障，广大农民受灾后损失无法得到弥补，风险损失中的很大部分便转嫁到村镇银行。

目前，我国农业风险保障主要依靠两种方法：民政主管部门的灾害救济和中国人民保险公司以商业方式推进的农业保险。补偿性质的灾害救济，缺乏市场化救灾机制，资金主要来源于财政补贴和社会各界的捐款，依靠政府救济只能维持极低的补偿水平。如1998年特大洪灾中，我国灾害直接经济损失达3007.4亿元，财政救灾支出为52.32亿元，仅占直接经济损失的1.74%。由于农业风险分散与补偿机制不健全，金融风险大多集中在村镇银行。

第四节 村镇银行防范金融风险的对策

一、控制村镇银行非系统性风险的相关措施

（一）优化资本结构，增强资本充足性

从资本性质看，村镇银行资本包括法人资本和自然人资本；从资本来源看，村镇银行资本包括金融资本、产业资本和民间资本；从资本构成区域看，村镇银行资本包括本地资本和外地资本。村镇银行可以在一个村庄吸纳两三个农村小股东，这些农村小股东对本地情况熟悉，能掌握各方面信息，参与进来不仅解决了

信息不对称的问题，有效降低风险和经营成本，而且更好地利用股东的地缘、人缘优势，形成合理的股东结构。村镇银行应支持银行高管在规定比例内持股，增强激励与约束机制，加强股东资质审查，把具有长远战略眼光的投资者吸纳到村镇银行中来。

村镇银行还应增强资本充足性，有利于维护和提高社会公众对村镇银行的信心，避免因资本过低导致的股本急剧变化，以及存款人挤提存款，有利于弥补村镇银行的经营亏损。在短期内，村镇银行的资产收益可能无法弥补亏损，因此，短期内的经营亏损将通过资本予以抵补，有利于弥补不良资产损失。因银行风险导致的不良资产，债务人可能无法全部或部分偿还，造成村镇银行本金和利息的损失，资本将用于冲销不良资产及其他原因造成的损失。

（二）建立健全银行经营管理机制

村镇银行可以充分利用贷款手续的便捷，贴近农村、农民和农业生产的优势，加大农户贷款的推广力度，及时了解农户的生产、生活资金需求，主动向农户送科技、送信息和送政策，为农民提供多种便利的金融服务，稳步提高农户贷款覆盖面和满足度，缓解农户贷款难问题。村镇银行应结合农民创业工程，整合农业产业发展资金、信贷资金和扶贫资金共同参与新农村建设。村镇银行要支持规模化种植业和养殖业发展，推动农村产业向专业化、标准化、规模化方向发展。

服务县域经济、服务"三农"是村镇银行的办行宗旨，村镇银行必须以此定位，要求生存、谋发展，就必须进行业务创新，打造核心竞争优势。一是加大创新力度，提供与自身管理相适应、与农户和小微企业融资需求相匹配的金融产品和服务。[1]积极开拓中间业务，实行多元化经营，开办个人理财、代理、租赁、保管、担保和信息咨询等业务，满足农村多元化金融服务需求。二是充分借鉴和吸收其发起银行的新金融工具、金融产品、金融服务和金融技术，提升核心竞争力，使村镇银行各项业务得到快速发展。

村镇银行可以借鉴孟加拉格莱珉银行以及国内一些地区小额贷款的成功经验，实行"农民申请、农户联保、干部推荐、基金保证"的贷款风险控制模式。[2]村镇银行为解决小额信贷分布分散、信息不对称、服务覆盖面窄、收益小、风险高等问题，可以外聘村社有威信、有一定担保能力的村干部或农户担任业务联络员。银行根据联络员和贷款农户的实际情况，核定最高担保额度。为防止借款人、联络员的道德风险，银行要求联络员与社区农户组成联保小组，为社区内所有贷款开展联保，

---

[1] 刘津慧，唐青生. 我国村镇银行存在的主要问题及政策建议[J]. 时代金融，2009（6）：44-46.

[2] 贾瑞霞. 对陇南市武都金桥村镇银行的调查与思考[J]. 甘肃金融，2008（7）：28-31.

形成相互制衡的风险控制机制。其主要流程是农户需要贷款,必须在该村参加由联络员与社区农户组成联保小组,同时由村贷款推荐委员会对农户加入联保小组的情况和贷款资格进行初审、推荐,并由村联保基金做保证。银行收到贷款申请、联保协议、推荐书以后,上门调查农户贷款用途和信用状况,准确地诊断农户的情况,然后对符合条件的农户发放贷款。

创新信贷模式。针对不同情况,采取不同贷款模式。对于信用村的贷款,可根据信用村的信用等级和贷款农户资信,核定信用户的授信额度和贷款期限,在授信内发放农户小额信用贷款,同时规范信贷操作流程。对于合作经济组织的贷款,可采取分散贷款集中使用的模式。对农业产业化、龙头企业和种养殖基地建设项目的贷款,采用"龙头企业(或专业协会)+农户"信贷模式。[1]建立龙头企业(或专业协会)与农户生产合作,银行信贷资金实行封闭运行,该信贷模式增强龙头企业与农户的合作,兼顾了多方面利益,提高银行信贷资金安全性。

借鉴孟加拉格莱珉银行实行的强制储蓄和小额信贷的"整贷零还"制度[2],在放贷时扣下5%进入个人存款账户,增加了银行资金来源,以降低信贷风险。

建立健全银行经营管理机制,还需要培育良好的企业文化,建立起取信于民的企业文化。村镇银行必须严格按照规程办理各项业务,树立诚信经营形象,塑造良好的信誉,降低村镇银行信誉风险。

(三)完善金融风险内部控制制度

村镇银行因其小型化、分散化,缺乏系统的金融风险评价体系,服务对象是当地的农户或小微企业,贷款零星、分散,放贷成本高等特殊性,使得该银行具有较高的风险性,为确保其持续、健康、安全地发展,必然要完善金融风险内部控制制度。

一要制定各项规章制度。尽快组织制定村镇银行农户小额信用贷款和联保贷款管理办法等贷款管理及风险控制制度,完善现行各项规章制度。

二要构建完善的法人治理结构。科学完善的法人治理结构,既是村镇银行提高经营效率的保证,也是村镇银行可持续健康发展的源泉。因此,我国村镇银行必须完善法人治理结构,建立约束与激励机制,规范管理层的经营行为,形成相互制衡机制。按照"股东参与、简化形式、运行科学、治理有效"的原则,强调董事会在风险防控中的核心作用,董事会不仅对风险控制的各环节进行全面有效的监督,而且对重要的风险点和大额贷款进行直接管控,推动建立各项内部管理制度,规范业务流程,实现有效制衡。

---

[1] 寇军中. 村镇银行贷款模式探究 [J]. 消费导刊, 2008 (10): 110-111.

[2] 张笑尘. 村镇银行市场定位分析 [J]. 西部金融, 2009 (6): 23-24.

三要建立健全以风险控制为主要内容的管控机制。督促村镇银行将风险防控作为其业务发展的第一要务，妥善处理好业务发展与风险防范的关系。建立一整套考核机制，加强经营管理。按照商业性经营的管理模式，认真落实以"三查"为基础的审贷分离制度，禁止大额贷款和股东关联贷款，建立金融风险预警系统，银行经营管理出现问题能够及时发出预警信号，并积极采取各种有效措施，防范和化解风险。通过建立内部授权授信制度，普及内部控制知识，做好审计、纪检和安全保卫工作，强化内部审计监督，建立起良好的银行内控文化。

（四）加强人才培养和金融基础设施建设

加强培训，尽快提高村镇银行现有人员素质，以适应业务发展的需要。村镇银行要经常开展日常业务培训，支持村镇银行从业人员到其发起商业银行实习，提高业务素质和职业技能。[①]村镇银行要组建一支精干的信贷业务管理团队，经常深入农户和农村小微企业，了解生产、经营管理和市场情况，科学制定信贷业务流程，提高化解信贷风险的能力。

在农村金融基础设施建设方面，加强现代化的交通、通信、计算机网络以及其他相配套的服务设施，使村镇银行能够为其客户提供更加快捷、高效和满意的服务，从基础方面为村镇银行发展创造一个好的条件，尽快解决村镇银行支付结算渠道不畅的问题。人民银行要核准其行名、行号，同意开立对公结算账户，允许参加同城票据清算和支付系统，银联公司要同意村镇银行代发其发起银行的借记卡。此外，人民银行应尽快将村镇银行纳入货币政策传导和监测体系，从支付结算、征信管理、统计管理和金融市场管理等方面进行监测和调控。

（五）加强金融风险外部监管

实施持续监管和审慎监管，切实加强风险管控。具体措施如下。

一是加强定位监管。为防止村镇银行背离支持"三农"的方向，建议对村镇银行"三农"贷款投向和占比做出明确规定，建立支农服务质量评价考核体系。

二是强化流动性监管。督促村镇银行坚持小额、分散的原则，避免贷款投向过度集中，防范流动性风险。

三是通过有效的外部监管，督促村镇银行加强内控管理、提高服务水平、规范业务操作行为，防止金融案件的发生，确保农民存放资金的安全。

四是实施差别监管。根据村镇银行的特点，有针对性地设计村镇银行非现场监管指标，纳入非现场监管系统。进一步明确村镇银行监管事权划分，出台具体

---

① 兰彩红．我国新型农村金融机构风险管理问题研究 [D]．吉林财经大学，2016．

操作办法。

加强金融风险监管，应当探索适合村镇银行特点的金融风险监管方式与方法。

（1）"前瞻式"监管。银监局实施监管要具有前瞻性，在股权设置、股东选择、公司治理构建、高管人员配备、内控制度建设、市场定位与经营模式等方面，提前介入，充分发挥监管的前瞻作用。

（2）"跟踪式"监管。认真落实主监管员制度，由主监管员对村镇银行承担主要监管责任。主监管员要及时收集分析各种监管报表资料，建立监管日志和定期现场走访制度，参加股东大会、董事会，定期走访村镇银行，了解经营管理情况与风险状况，按照"建立台账、持续跟踪、深度介入、独立判断"的原则管理大额台账，密切监测其风险状况，对村镇银行管理制度的全面性、科学性与有效性进行持续评估，确保主要风险指标达到监管要求。

（3）"谈话式"监管。通过建立主发起人谈话制度，股东谈话制度，与控股银行、村镇银行董事长谈话制度，与银监分局、控股银行、村镇银行四方会谈制度，传达监管政策与监管意图，利用监管"窗口"，潜移默化地施加影响。

（4）"协同式"监管。在坚持属地监管的同时，银监局加强对村镇银行监管工作的检查和指导，一些重大问题由省局会同分局联合采取监管行动。对符合并表监管要求的村镇银行，持股银行所在地银监机构负责对其进行并表监管，并与属地银监机构建立合作与对话机制。

加强金融风险监管，还应当加强一线监管队伍的建设，增加监管人员配备，提高业务素质，加大基层监管设施的投入。

（六）健全市场准入与退出机制

市场准入是指通过对银行机构进入金融市场、经营金融产品、提供金融服务依法进行审查和批准，将那些有可能对存款人利益或银行业健康运转造成危害的金融机构拒之门外，以保证银行业的安全稳健运行。健全市场准入机制的目的在于防止过度竞争，维护银行特许权价值，抑制逆向选择，防止投机冒险者进入银行市场，同时促使银行审慎经营，防止银行过度冒险行为。制定村镇银行的市场准入标准，建立包括公司治理结构、最低资本金额、内部自律监管制度和风险管理措施、业务范围、管理人员任职资格等在内的完整的市场准入标准。如村镇银行从业人员必须取得银行业从业人员资格；村镇银行的董事应具备与拟任职务相适应的知识、经验及能力。要严格对村镇银行的发起人特别是非金融机构股东的资格审查，防止被企业法人及其关联股东持股和操纵，防止股东经营风险向村镇银行转移。

建立退出机制，这是防范村镇银行道德风险，保证村镇银行健康发展的重要条件。在存款保险制度建立和运转的前提下,村镇银行如果出现严重的资不抵债问题,必须执行《中华人民共和国商业银行法》及有关法律、法规的规定,实行"刚性"市场退出约束机制,以维护健康有序的农村金融运作新秩序。村镇银行市场退出方式有:

(1)实行收购或兼并。即由其他资产质量良好的村镇银行收购或兼并倒闭村镇银行,包括收购倒闭村镇银行的全部存款和股份,承接全部债务或部分质量较好的债务。采用这种方法,所有存款都已经转到收购方或兼并方,能够起到保护存款人利益的作用,使存款人没有受到任何损失,也可以新设机构收购或兼并倒闭的村镇银行。

(2)破产清算。经银行业监督管理机构同意后,有问题村镇银行自身或其债权人向法院提起破产申请,法院受理后,由法院宣告有问题村镇银行破产并组织清算组进行破产清算。清算是终结解散村镇银行法律关系、消灭解散村镇银行法人资格的程序。通过清算,解散村镇银行现存的法律关系,清偿债务和处理剩余财产。

(七)纳入存款保险制度体系

作为金融监管的"三道防线"之一的存款保险制度,将逐渐在我国建立起来。事实上,早在1993年《国务院关于金融体制改革的决定》中就已经提出要建立存款保险基金,并在1997年真正启动存款保险制度的研究。而作为存款保险制度基石的立法工作也于2003年启动,并已形成《存款保险条例》的初稿。2007年国务院金融工作会议又明确提出要加快建立存款保险制度,表明存款保险制度的各项准备工作加速推进。

村镇银行作为全新的银行,可以纳入存款保险制度的首批试点范围。[1]建立存款保险制度,可以增强存款人对村镇银行的信心,减少由于出现经营风险对宏观经济产生的冲击,保护存款人的利益,维护金融体系的稳定。

建立存款保险制度,采用强制型的投保方式,存款保险费一般是按存款总额的一定百分比来交纳的。为了扶持村镇银行的发展,其存款保险费率要比其他存款类金融机构低些。村镇银行规模小、抗风险能力弱,为了保证存款保险制度试点工作的顺利进行,金融监管部门要加强审慎监管,对村镇银行实行分类管理,区分低风险村镇银行和高风险村镇银行。对于高风险村镇银行要采取措施,待进入正常经营后再纳入存款保险体系。

为了避免实行存款保险制度使村镇银行出现道德风险问题,要建立约束激励机制,存款保险费率与资本充足率挂钩。对资本充足率低、经营风险大的村镇银行,保险费率高;对资本充足率高、经营风险小的村镇银行,保险费率低。同时要赋

---

[1] 高伟. 村镇银行可率先启动存款保险机制[N]. 中国改革报,2008-7-8.

予国家存款保险公司监管职能，存款保险公司要督促村镇银行加强管理、提高贷款质量、降低经营风险和提高资本充足率。

二、降低村镇银行系统性风险的具体对策

（一）完善农村社会信用体系

加强对农民的诚信意识教育，使贫困地区的广大农民都能够树立信用意识和法制意识。①

中国人民银行和银保监会要加快农村征信制度建设的进度，改善农村地区信用制度缺失状况。要完善农村户籍制度，加强与农村各部门的沟通和联系，加快农村征信体系建设，尽快规范和完善农户和农村小微企业信用档案。

要以信用创建为契机，加快出台地方信用建设方案，大力开展信用企业、信用乡镇和信用社区等信用创建活动。村镇银行可以借鉴农村信用社对农村借款人信用等级评定做法，综合借款人的信息进行信用评级，确定授信额度，形成良好信用与信贷支持的互动循环，建立农村社会信用建设的长效机制。

村镇银行要充分利用现代化技术手段，建立电子化的信用记录，及时与人民银行协商，参加人民银行征信系统，并与人民银行联网，实现信用征信信息的资源共享。

村镇银行对守信用的借款农户，采用正向激励措施，在信贷资金保证、贷款额度、贷款利率等方面实行优惠政策。对逃债、赖债、废债等各种失信行为，要加大制裁力度，提高失信者的违约成本。

（二）健全农村金融政策、法律法规

为保证村镇银行可持续健康运行的政策，一是要加大政策扶持力度。政府职能部门要把对村镇银行的税收、土地等多方面优惠政策形成书面文件，使优惠政策具有可操作性和透明性。实施税收优惠政策及呆账核销政策，稳步促进资本积累，改善村镇银行的信用创造能力，加大对"三农"的信贷投入。对村镇银行所发放的"三农"贷款给予财政贴息，进一步落实农业贷款补贴制度，以调动村镇银行贷款的积极性，保证农业投资的连续性、有效性，降低投资的风险。二是要实行差别的法定存款准备金制度。为了缓解农村资金短缺状况，提高村镇银行筹集资金能力，更好地为"三农"服务，中央银行对村镇银行实行有差别的法定存款准备金制度，降低其应缴的存款准备金率，进而增加其可用资金规模，加大对"三农"的贷款投放力度。三是从制度上允许村镇银行拥有确定利率水平的自主权。我国可以参

---

② 李学春. 乡村银行运作模式及其借鉴[J]. 东岳论丛, 2009 (4): 172-175.

照孟加拉格莱珉银行有关理论与做法，从制度上允许村镇银行拥有确定利率水平的自主权，适当扩大利差收入，从而使村镇银行在有效支持"三农"发展的同时，自身也实现可持续发展。

健全农村金融法律法规。尽快制定出台专门农村金融法、农村金融服务促进法等，支持村镇银行的发展，为农村金融的良性运转提供法律支持。如根据《物权法》规定，积极探索新型"三农"信贷担保抵押方式，缓解"三农"、"寻保难"、银行"难贷款"的压力。

（三）建立适度竞争的农村金融机构体系

近年来，由于金融经济的改革，金融机构在农村地区逐步收缩。原来农业银行在乡镇都有营业网点，现在农村基层金融机构网点剩下不多，而且贷款规模萎缩，贷款权限上收，逐渐脱离"三农"。由于受农村粮食流通体制改革的影响，农业发展银行的作用也逐渐趋弱，新业务拓展缓慢，贷款逐年递减。农村信用社在农村地区支持农村建设和农业发展，发挥着重要作用，但农村储蓄资金的外流，导致农村信用社信贷资金严重不足。因此，在农村金融机构设置上，应重点把目标定位在基层的乡镇一级，并且建设多元化农村金融服务体系，促进适度竞争，提高服务质量和水平。首先，应把新筹建的村镇银行定位在乡镇一级，其设立分支机构可延伸到村，切实发挥服务农村的作用。同时，引导农户发展资金互助组织、小额贷款公司，规范和引导民间金融。其次，实行各种优惠政策，鼓励各商业银行在农村地区设立贷款子公司，利用其资金优势和管理优势，积极拓宽农村信贷市场。第三，加快邮政储蓄银行的业务发展，依托和发挥其网络优势，完善农村金融服务功能，以零售业务和中间业务为主，为广大农村地区居民提供基础金融服务，与其他商业银行形成互补关系，支持社会主义新农村建设。

建立新型、适度竞争的农村金融机构体系，有利于规范农村金融机构行为和农村金融秩序的稳定，有利于村镇银行与其他金融机构进行公平竞争，保证村镇银行业务正常开展，增强防范金融风险的能力，使村镇银行可持续健康发展。

（四）完善农业风险经济补偿机制

农业和农民对自然条件具有很强的依赖性，因此其抵御自然灾害的能力较弱，在农业保险体系不健全的情况下，银行的贷款存在严重的安全隐患。所以，要完善农业风险经济补偿机制，减轻农户因自然灾害造成的经济损失，增强农户抵御和防范风险的能力，从而降低银行信贷风险。所以，要建立有中国特色的、由政府主导的政策性农业保险制度，进一步分散或降低农业经营的自然风险。努力构建多层次的农业保险组织体系，充分发挥政策性保险、商业性保险、合作性保险组织的作用，并通过农业再保险、农业巨灾风险基金等多种渠道，使农业自然灾害风险在更大的范围内得到分散。建议组建国家农业保险公司，承保商业性保险公司不愿承保的农业风险。通过国家农业保险公司贯彻国家农业保险政策，经营国家农业风险基金，为商业性保险、合作性保险机构提供再保险。要对国家农业保险公司给予必要的财税政策优惠，对参加农业保险的农户给予一定的保费补贴等，从而分散农业经营风险，降低村镇银行金融风险，确保村镇银行可持续健康发展。

第六章 "农村基金会"教训与"格莱珉银行"借鉴

发展村镇银行,能有力支持新农村建设。但是,当前村镇银行发展过程中,也出现许多问题,影响村镇银行可持续健康发展。修立伟(2012)指出格莱珉银行成功经验可以归纳为"以人为本"的服务理念、严格控制风险的借贷制度、通过设计激励增加会员违约成本以及贷款利率商业化等几个方面。王巍(2014)认为格莱珉银行由其客户群体组成的管理组织是其独特的创新,格莱珉银行实施与实际结合的还款机制,格莱珉银行实行人性化的客户管理办法,格莱珉银行实行灵活的贷款利率。宋伟(2015)认为格莱珉银行与我国村镇银行的不同之处在于,不吸收公共存款,其资金主要来源于贷款对象。在客户有借款需求时,要求借款人开设储蓄账户。格莱珉银行96.5%的股份为贫困妇女所有,政府持有股份已逐渐稀释。贷款流程可以总结为"中心+小组+银行工作人员"。每个贷款申请人必须加入"五人小组",该小组各成员的贷款目的、经济能力和社会背景相似,如有一人违约,则全组还款,将外部监管内部化。刘捷尼(2016)认为格莱珉银行坚持小额贷款;简化申请和借贷程序,采用信用小组机制,接受成员存款,设定高利率的。吴璐、李富昌(2017)指出格莱珉银行的经营模式为:"互助小组+贷款中心"模式,"顺序还贷+分期还款"模式,"贷款人+存款人+持股者"相结合模式。樊舒颖(2018)认为格莱珉银行组织结构清晰,市场定位明确,贷款利率多样化,还款机制灵活。

第一节 "农村合作基金会"的兴衰及原因

农村合作基金会是人民公社体制解体后,农村基层重建和完善农业积累制度的一种组织基础,它是社区合作经济组织内部各成员在资金上互通有无、有偿使用、独立核算、自负盈亏、民主管理、自愿互利、共担风险的一种专业性合作经济组织。

一、村镇银行与农村合作基金会的区别

农村合作基金会兴起于20世纪80年代中期,至1998年7月被国务院严令全国统一取缔,历经十几年兴衰。村镇银行应如何从农村合作基金会的兴衰过程吸取教训,有必要将村镇银行与农村合作基金会进行区别。其主要区别如下:

第一,机构性质不同。村镇银行是经监管机构批准、人民银行许可的正规金融机构。而当年农村合作基金会是农村集体经济组织自办、由地方政府许可的资

金融通组织,没有得到中央银行在法律意义上的经营许可,游离中国人民银行监管。

第二,发起人或出资人不同。村镇银行的发起人或出资人应符合监管机构规定的条件,且发起人或出资人中应至少有一家银行业金融机构。而当年农村合作基金会是由集体经济组织发起设立的。

第三,股本结构不同。村镇银行的最大股东——银行业金融机构持股比例不得低于村镇银行总股本的20%;单一自然人持股比例不得超过村镇银行总股本的10%;单一其他非银行企业法人持股比例不得超过村镇银行总股本的10%。这种多元化又有所集中的产权结构不容易出现内部人控制的问题。而当年农村合作基金会是集体产权的虚化、个人产权的弱化,极易导致内部人控制。

二、"农村合作基金会"的兴衰

(一)农村合作基金会产生和发展的历程

1. 试点工作阶段(1984年至1985年)

党的十一届三中全会以后,为了充分调动广大农民群众的生产积极性,促进农业生产的发展,我国农村开始实行家庭联产承包责任制。在农村人民公社改制过程中,集体资产管理混乱、流失严重,引起各地农民群众的强烈不满。当时在农村实行联产承包责任制,农户的家庭经营也面临着融资问题。而原有的金融体制和管理方式无法满足经济发展对资金的需求。为了满足农户和农村经济发展的需要,1983年,黑龙江、辽宁、江苏等地的一些乡村,在清理整顿集体财产的基础上,试行集体资金"队有村管"或"队有乡管"等办法,探索出在乡村集体经济组织成员之间进行内部融资和有偿借用方法,这就是农村合作基金会的雏形。

中共中央和国务院为了顺应农村经济、社会发展需要,先后出台了一系列文件,指导、推动、规范农村合作基金会的发展。1984年,中央有关部门在四川、湖北、山东等地开展合作基金会试点工作。

2. 蓬勃发展阶段(1986年至1991年)

1986年8月,中共中央办公厅、国务院办公厅在批转《关于清理农村集体财产的意见》时指出:只要不吸收存款,不对外发放贷款,只在内部相互融资,应当允许试行。后来又指出通过中国农业银行在信贷业务上予以指导。1987年中央5号文件指出:农村合作基金会信用活动适应发展商品生产的不同要求,有利于集中社会闲散资金,缓和农业银行、信用社资金供应不足的矛盾,原则上应当予以肯定和支持。1990年,中央19号文件指出:要办好不以盈利为目的的合作基金会,管好、用好集体资金。1991年11月,十三届八中全会通过的《关于进一步加强农业和农村工作的决定》和1992年农业部、中国人民银行联合发出《关于加强农村合作基金会管理的通知》中要求：继续办好农村合作基金会。

中央对农村合作基金会的鼓励、支持、试验及推广，使得全国农村合作基金会蓬勃发展。1986年底至1988年底是农村内部资金融通总量增长最快的时期，两年间增加了约40亿元。

3. 扩张阶段（1992年至1995年）

邓小平南方谈话后，全国上下兴起了新的投资热潮，在这一宏观背景下，已经初具规模的农村合作基金会表现为在扩张中积累矛盾。到1992年，全国已建立的以农村合作基金会为主要形式的农村合作金融组织，乡（镇）一级1.74万个、村一级11.25万个，分别占乡（镇）总数的36.7%和村总数的15.4%，年末筹集资金164.9亿元。其中，四川、江苏两省筹集资金均已超过20亿元，河北、山东两省筹集资金也接近20亿元。

许多农村合作基金会在地方政府的干预下，把大笔的钱盲目投向急需资金的乡镇村办集体企业。这一时期金融秩序混乱，供销社、计生委、民政、劳动和社会保障等部门都加入了创办基金会、股金会，参与高利率资金市场的恶性竞争。由于基层政府对合作基金会行政干预多，监督机制弱，管理水平低，资金投放风险放大，经营效益明显下滑，不仅单纯追求高收益导致资金投放的非农化趋势发展到十分严重的地步，而且局部地区开始出现小规模的挤兑风波。针对农村合作基金会违规经营和出现的一系列问题，1994年，农经发21号文件指出：要加强农村合作基金会管理。

4. 整顿阶段（1996年至1997年）

这一时期，农村合作基金会减弱以数量扩张为主的发展势头，转向把强化管理放在更为主要的位置。但改革措施在操作上出现两个难点：一是对信用社和基金会双方已经存在的不良资产难以处置，一旦出现挤兑将会因经济问题而引发社会问题。二是农行和信用社受中央调控，而乡镇级的农村合作基金会是基层政府参与组成、没有许可证而从事金融业务的准金融组织。由于双方都带有浓厚的行政色彩，从而加剧了清理整顿的难度。1997年7月，东南亚金融危机爆发，整顿农村合作基金会就显得十分重要。1997年11月，决策层决定全面整顿农村合作基金会。任何金融组织突然被宣布关闭都必然发生挤兑危机和动荡局面，因此，1998年各地普遍出现挤兑，四川、河北等地甚至出现了较大规模的挤兑风波，并且酿成了危及农村社会及政治稳定的事件。

5. 清理取缔阶段（1998年1月以后）

1998年7月，国务院发布3号文件，宣布在全国范围内取缔农村合作基金会，清理取缔工作基本上分为清产核资、分类处理、清收欠款和存款兑付几个阶段进行，农村合作基金会正式退出历史舞台。依靠政府压力和以行政手段控制的优势，全国农村合作基金会的清理取缔工作基本上完成了上级的任务。但是，由于上级以行政命令关闭本来是地方政府控制的基金会，必然造成政府信用丧失，因此带来的资产损失相对更为严重。在农村合作基金会清理整顿第一阶段工作基本完成时，还遗留了一些问题：首先，由乡镇政府向银行申请贷款兑付基金会债务，实质上把债务转向了乡镇政府并承担贷款利息，这给乡镇财政造成的压力较大。特别是在许多乡镇政府本身已经是"负债经营"的情况下，难以继续按照承诺按时兑现股金，于是不得不通过增加摊派提留，向农民转嫁债务负担。有些地方出现税收"预征"现象。其次，追回合作基金会尚未收回的拖欠借款，应当是兑现未来偿还计划的主要资金来源。但是由于第一阶段的清收工作采用了各种手段，有希望追回的借款大部分已经收回，剩下的都是难以追收或者已无法收回的死账。因此，在县乡村政府组织已经债台高筑的条件下如何收回欠款，已经演变为一个后续党政领导如何维持地方信用的、长期化的问题。据统计，全国28588个农村合作基金会，并入农村信用社6447个，占22.6%；并入资产525亿元，占28.6%；并入负债521亿元，占29.4%，其中存款461亿元。由地方政府负责组织清盘关闭的农村合作基金会18141个。资产总额为1309亿元，负债总额为1249亿元，其中个人股金961亿元。[①]

（二）农村合作基金会产生与发展的背景分析

1. 当时中央政策的积极支持，为农村合作基金会的产生与发展创造了必不可少的政策环境

人民公社改制过程中，造成数以千亿的集体资产流失，于是各地按照中央要求对集体资产清理。通过建立基金会来实行"清财收欠，以欠转贷"，并且，由于当时中央政策的肯定甚至鼓励，在市场化程度不断提高的条件下，农村资金融通形式的多样化和融通规模的逐步扩大也是不可逆转的趋势。从1984年到1992年，中央连续对合作基金会表示政策支持，有效地减弱了来自正规金融组织出于维护垄断利益和防止竞争而制造的巨大阻力，为农村合作基金会的发展创造了必不可少的政策环境。

---

① 农业部农村合作经济指导司，农村合作经济经营管理总站. 清理整顿农村合作基金会工作成效及下一步政策建议. 内部报告，2001年.

2. 农村改革的市场化进程，是农村合作基金会产生与发展的前提

随着以家庭承包制为主要内容的中国农村改革的不断推进，农村经济迅速发展，农民收入提高，农村的商品、货币关系得到强化。百万农村社区集体和两亿多农户家庭变为农村中最基本的财产主体和生产核算单位。迫于就业压力，大批农民转入非农产业，更多农户从事兼业生产，因此农村有着强烈的投资需求，出现了多元化的民间信用主体，对农村金融体制改革产生了压力，要求有相应灵活的资金融通机制和相应的金融机构。因此，农村改革的市场化进程，是农村合作基金会发展的前提。

3. 农民收入水平较大幅度提高，但投资渠道狭窄，客观上促进农村合作基金会的普遍发展

改革后农民收入水平有了较大幅度的提高，特别是农民人均现金收入的增长，以及农村内部蕴藏的金融资源总量的迅速扩张。例如，1988年全国农民人均纯收入达到544.9元，比1980年的191.3元净增353.6元。但进入20世纪80年代后期，由于城市受经济萧条影响，需求下降导致农业徘徊不前，比较效益相对下降，这在很大程度上抑制了农民的投资意愿。因此，对绝大多数以农业为主而其他投资渠道极为狭窄的一般农户来说，希望为自己手中有限的闲置资金找到一个既安全又能够带来更多收益的机会，加上在这一时期，乡镇企业和个体私营经济的发展对资金的需求增长，客观上促进农村合作基金会的普遍发展。

4. 农村金融体制难以适应和满足农村改革与市场经济发展对金融的多元化需求，为农村合作基金会的产生和发展留下了较大的体制空间

以农业银行为主体的农村金融体系（包括农村信用社），长期保持着垄断和封闭的运行方式，其主要职能是从农村吸收资金向非农产业转移，而对农业和农村发展的资金支持不足。进入20世纪80年代，在农户成为基本生产经营单位后，农村信用社由过去主要面对数量较少的集体经济组织，转为面对数量众多的农户和其他经济主体。虽然进行了国家金融体制的市场化改革，但越市场化越不适应小农经济的分散需求。一方面，国家不能打破国有银行的垄断地位，也不能根本改变我国金融领域单一的所有制。另一方面，农行和信用社系统不仅受到国家信贷规模和结构的严格控制，而且曾经因大量资金沉淀于农产品收购，呆账、坏账比例较高，这就一度导致信用过度膨胀；加上其经营僵化，难以适应和满足农村改革与市场经济发展对金融的多元化需求。这些情况都为农村合作基金会的产生和发展留下了较大的体制空间。

(三) 农村合作基金会产生与发展的动因分析

1. 重塑集体积累机制

这是一些地区萌发农村合作基金会的最原始动因。在改变"三级所有，队为基础"的人民公社体制时，由于没有及时建立与村集体和农户两级产权结构相适应的农村积累和管理机制，使公社化时期留下的集体积累严重流失。第一，在原有集体财产的处理过程中，不少地方出现毁坏、贪污、浪费现象。据估算，全国下放到户的财产约贬值40%，而且有相当部分折价款、社员个人或外单位的欠款没有收回。据1987年清财后对26个省、市、区的不完全统计，有30万村社干部贪污、盗窃集体财产，贪污挪用金额达11.7亿元。第二，由于一些地方集体资金管理混乱，使用不当，不断出现"前清后乱""边清边欠"的现象，使集体资金大量流失的情况进一步恶化。一些地方乡村干部行政干预，盲目上项目，造成农村集体资金投向分散、混乱，资金周转呆滞。种种情况引起了农民的强烈不满，拒交承包款和集体提留的现象时有发生，不仅激化了农村干群矛盾，还影响了基层安定团结。第三，农村集体的大量积累资金存在信用社长期不用，但是当农民生产资金短缺时，他们又得以较高的利息向农行和信用社贷款，而且还经常贷不到。农民对此意见很大。面对上述问题，一些地方在清理整顿村级集体财务的基础上，把集体资金折股到户建立合作基金会，进而推行"村有乡管"制度，在乡村内部开展资金融通活动。也有些地方把"以欠转贷"与合作基金会业务结合起来，促进了农村集体回收欠款。农村合作基金会的建立和运行，对集体资金起到了管好用活的作用，既制止了集体资金的损失浪费，又实现了集体积累的保本增值。

2. 构建新的农业投入保障机制

在农村改革过程中，家庭承包制的推行和农副产品收购价格的提高，引起了城市和乡村、中央和地方利益关系的调整，而财政包干和投资体制的改革，客观上又造成了农业投入比例过低，由此产生了传统农区农民收入下降、地方政府财政负担加重、弃耕撂荒普遍发生、农业发展乏力等综合性问题。在市场化进程中，由于农业生产周期长、风险大、比较利益低下，社会资金很难向农业转移。因此，如果不按产业政策进行宏观调控，农业的生存与发展将失去保障。但是，中国改革的现实情况使得对农业进行产业政策层面上的宏观调控比较困难。这主要表现在以下三个方面：第一，财政改为"包干"制，是在"利改税"造成部门利益分野之后，政府内部解决利益主体差别化矛盾的表现。财政包干通过划分中央与地方的财政收支指标，来明确二者的利益关系，但是并没有明确二者对弱质农业予以保障的职责。更何况在我国基本完成了工业资本的原始积累后，工业占国民经济的比重成倍地高于农业，因而政府财政非农化有着不可忽视的利益背景。自从"利改税"和"财政包干"之后，农业投入占财政支出的比例大幅度下降，长期在历史最低比例上徘徊。第二，农村集体积累能力减弱，对农业的投入减少。据统计，农村集体提留占纯收入的比重由1978年的16.7%降到1988年的10.2%；乡镇企业支农资金也由1979－1983年5年的154亿元降到1984－1988年的55亿元。而对农民来说，由于农业风险较大，加之比较利益低下，获得15年或30年农地承包权并不意味着增加投入，实际上农户投资行为已经趋于非农化。第三，为农村金融主体的农行和信用社，长期以来一直是农村货币资本流出农业的主要渠道，流出量随着农民收入、存款的增加而增加。尤其值得注意的利益矛盾是，20世纪80年代中期以来财政连年赤字，农产品购销补贴的包袱逐年甩给流通部门，而流通部门又通过亏损挂账的形式把负担转嫁给了农行。这就造成了农行逾期贷款过多。如1992年蹲点调查发现，农业大省安徽农行不正常资金占其贷款余额的38%，因此导致银行信用过度膨胀。1992年以后，农村金融机构既然以"市场化改革"为目标，必然追逐资金利润率，也越来越倾向于按比较利益和风险回避原则，逐步避开成本高、利益低、风险大的农业。这样一来，即使中央政策本身有着良好的愿望，要求增加农业投入，但是现有的行社体制及其自身存在的问题也使得政策缺乏可操作性。总之，国家宏观调控的困难，使得其在客观上需要一个新的农业投入保障机制来增加对农业的资金投入。

3. *抑制民间借贷高利率*

农村恢复户营经济之后，农行信用社仍然以集体为单位建立银行账户，一直不把农户作为信贷对象。此外，受国家信贷规模和结构的严格控制，农业银行和信用社事实上无法满足2亿多农户及各种农村经济主体千变万化的小额贷款业务。无法在农行信用社取得贷款的农村各类经济主体只能私自借贷，民间金融市场和高利贷一直客观存在，这造成了农村金融秩序的某种混乱，个别地方"抬会""摇会"垮台甚至危及安定团结。而建立在农村社区内部的合作基金会，一方面填补了基层农村金融体制断层，其业务主要面向小农户从事行社业务不经济的小额信贷服务，能够以灵活的金融活动来弥补行社之不足。另一方面，从实践经验看，只有在那些农村合作基金会发展较好的地方，高利贷才得以被抑制。

4. *地方政府极高的热情与利益驱动*

20世纪80年代中后期，各级地方政府面临两种情况：一是国家对财政体制进行了重大调整，改变了传统的财政统收统支方式，实行多种形式的财政分级包干体制，结果令地方政府支配自有财力的权限扩大，通过增大投资强化自身财政实力的内在冲动强烈；二是在银行企业化改革逐步推行的过程中，地方政府对农村正规金融组织的运行过程的影响力不断减弱，对区域内部资金的外流和农业资金的非农化缺乏调控能力。因此，在资金供需缺口日趋拉大的条件下，地方政府对建立与自身关系更为密切的区域性非银行金融组织表现出极大的热情，希望通过有效的融资活动增强对农村金融资源的控制力，缓解本地区的资金短缺。在中国，农业行政管理部门是一个体系完整、上下贯通的组织系统，负责对农业经营管理活动进行政策指导和事业服务，负有监管农村集体财务、保障农村集体资金安全的基本职责。长期以来，担负清理整顿农村财务的繁重任务，耗费了大量的人力物力。他们主要依靠行政手段，用运动式的清理方式，注定无法走出"前清后乱""越清越乱"的怪圈。因此，探索新的集体资产管理办法，以建立制度规范的方式防止集体资金流失，是农业行政管理部门自上而下的强烈愿望。不能忽视的是，在地方财政拮据的条件下，主要依靠财政资金供养的农业行政管理队伍大多处于"有钱养兵，无钱打仗"的窘境中，工作条件差、收入水平低的情况极为普遍。因此，农村特别是乡镇级行政管理部门对把集体资金从"死钱变活钱"，在融通中实现资金增值，并从中得到管理收益有着浓厚的兴趣和极高的热情。

三、"农村合作基金会"被取缔的原因

1. "农村合作基金会"被取缔的表层原因

（1）违背办会宗旨，违规操作

中央多次对农村合作基金会的职能和经营范围做出明确规定：只能从事自愿的内部融资，不能对外吸收存款，不能对外办理贷款，不以盈利为目的。但是，农村合作基金会不但对外办理存贷业务，而且还高息揽存，扰乱了金融秩序，加大了农村合作基金会的经营风险。

（2）管理不善，内部监督机制缺乏

随着农村合作基金会过度扩张，存在的问题也逐渐暴露出来：工作人员素质低下、会计基础工作混乱、资产质量差、风险保障机制不健全、违背合作制原则和"三会"形同虚设。

（3）产权模糊不清

农村合作基金会的形式多种多样，但其产权制度，无论是集体还是个人的产权都是虚设的。农民只是名义上的股东，农村合作基金会实际上由政府控制，是政府行政部门的附属物。

（4）地方政府干预严重

农村合作基金会是由会员自治管理的互助合作组织。但在实际运营过程中，

受到地方政府行政干预严重，有的甚至被剥夺了全部的决策权。大量证据显示，农村合作基金会的绝大部分不良贷款都是政府不合理干预的结果。

2．"农村合作基金会"被取缔的深层原因

（1）转型时期利益驱动

在经济转型时期，许多乡镇政府发展农村合作基金会是为了发展地方经济，而官员则是为了出政绩。因此，政府和官员都有发展农村合作基金会的强烈愿望和动力。转型时期利益驱动是造成农村合作基金会被取缔的重要原因。

（2）计划失灵

由计划经济体制向市场经济体制转型的过程中，残存的计划体制，既不能满足各类经济主体的需要，又无力约束各类经济主体的行为。计划失灵是农村合作基金会被取缔的原因之一。

（3）市场失灵

市场失灵指的是市场发育不良所带来的缺陷。当时我国农村地区市场发育不良，中央银行监管不力，行业管理失控，整个社会缺少基本的金融知识和风险意识，为金融风险积累和非法金融活动提供了可乘之机。市场失灵是农村合作基金会被取缔的又一原因。

四、"农村合作基金会"的教训

（一）切实转变政府职能

在市场经济条件下，必须切实转变政府职能，实行政企分开，杜绝县乡政府对村镇银行的行政干预。

（二）树立为"三农"服务的宗旨，实行商业化经营

村镇银行必须牢固树立为"三农"服务的宗旨，扎根农村、面向农业、服务农民；必须建立明晰的产权制度，明确权责；必须建立健全完善的经营管理机制，实行自主经营、自负盈亏、自担风险、自我约束、自求平衡和自我发展。

（三）切实加强金融监管

在农村金融改革和发展过程中，地方政府要为村镇银行创造公平、适度、有序的竞争环境，金融监管部门要加强对村镇银行的金融监管。

第二节　孟加拉国格莱珉银行的风险管理措施

一、孟加拉国格莱珉银行发展历程

孟加拉国总面积为14.75万平方千米，可耕种面积占国土面积的73%，人口为1.44亿，80%的居民生活在农村，农村中20%的住户掌握了80%的土地，贫富差别显著，无地农民很多，是世界上最贫困的国家之一。穆罕默德·尤努斯就是在这样一片贫穷的土地上，创造了金融史上的一个奇迹。

孟加拉国格莱珉银行模式是一种利用社会压力和连带责任而建立起来的组织形式，是当今世界规模最大、效益最好、运作最成功的小额贷款金融机构，在国际上被大多数发展中国家模仿或借鉴。它作为一种成熟的扶贫金融模式，主要特点为：瞄准最贫困的农户，并以贫困家庭中的妇女作为主要目标客户；提供小额短期贷款，按周期还款，整贷零还，这是模式的关键；无须抵押和担保人，以五人小组联保代替担保，相互监督，形成内部约束机制；按照一定比例的贷款额收取小组基金和强制储蓄作为风险基金；执行小组会议和中心会议制度，检查项目落实和资金使用情况，办理放、还、存款手续，同时还交流致富信息，传播科技知识，提高贷款人的经营和发展能力。它向贫穷的农村妇女提供担保面额较小的贷款（即微型贷款），作为非政府组织（NGO）支持其生活。2006年10月，格莱珉银行的创始人——穆罕默德·尤努斯因其成功创办孟加拉国格莱珉银行，荣获诺贝尔和平奖。

穆罕默德·尤努斯，出生在东巴基斯坦的吉大港市，并在那里接受了大学教育。1965年尤努斯获得富布莱特奖学金的资助，进入美国田纳西州的范德比大学学习，并最终在那里获得了经济学博士学位。1971年孟加拉国独立后，尤努斯回到母校吉大港大学担任经济学系主任。1974年，孟加拉国发生严重的饥荒，他开始寻找解决饥饿与贫困的对策，到村庄里试验高产种植的办法。1976年，在一次乡村调查中，尤努斯教授在学校附近的乔布拉村看到一个农妇在制作竹凳，他问：做一个能赚多少钱？农妇回答：资金是高利贷者的，加工一个竹凳只能赚0.5塔卡，收入极其微薄。他又问：如果你自己有钱，加工一个竹凳能赚多少钱？农妇说可以赚3～5塔卡，这等于为高利贷者加工收入的6～10倍。第二天，他组织学生调查，发现这种情况很普遍，村里还有42个同样的人，他们共借了865塔卡，合27美元。这使他震惊、恼怒，这42户人家的苦，难道就差这27美元吗？于是，他拿出27美元，让学生借给那42个人，让她们还给放贷人，等产品出售后再还自己钱，讲好不要利息。结果农妇们很守信用，实现了诺言。后来，尤努斯教授以自己的名义从银行借出钱，组织自己的学生先后在吉大港近郊以及孟加拉国的东、西、南、北、中五个地区农村，把钱再借给穷人。结果，穷人用这些为数不多的借款，精打细算，精心经营，普遍增加了收入，而且按要求还了借款，并能够归还高于商业银行的利息。

1977年，尤努斯凭借自己的执着与努力，在吉大港乔布拉村创立了孟加拉农业银行格莱珉银行试验分行，它是在国有商业银行体系内部创立的，开始为当地贫困的妇女提供小额贷款业务。他对小额贷款订立了两个基本原则：一是只把钱借给穷人；二是无需提供任何抵押和担保。格莱珉银行不断简化贷款程序：最终贷款期1年；每周分期付款；从贷款一周后开始偿付；利息是10%；偿付数额是每周偿还贷款额的2%，还50周；每1000塔卡贷款，每周付2塔卡的利息。这种简化的贷款偿付程序被证明是行之有效的。①

1983年10月1日，经孟加拉国会通过，格莱珉银行正式独立。格莱珉银行的客户是传统金融界不可接触者。也就是说，凡是商业银行、商业金融机构不愿服务的人群，就是格莱珉银行最好的客户。

据格莱珉银行2016年年报显示，其平均贷款额度只有23429塔卡（约296美元），仅占孟加拉国2016年度人均GDP的21%。截至2016年底，格莱珉银行拥有890万名会员（有效借贷户）、137万个小组，覆盖了孟加拉国93.16%的村庄。在会员中，97%是贫穷妇女，其中还包括7.76万名乞丐会员。格莱珉银行所服务的客户都属于贫困人群，其中267万名客户处在孟加拉国的贫困线以下。②

格莱珉银行运营的基本特点：

第一，针对贫困女性提供贷款服务。提供借款户能够偿还得起的贷款金额，在孟加拉国，格莱珉银行的贷款利率约在15%～20%，从未超过20%。虽然比一般商业银行贷款利率高，但在一年内还清，贷款利率减半，即为10%。

第二，实行五人联保小组贷款机制。贷款发放一般按照"2—2—1"顺序，首先贷给五人联保小组中最贫穷的两人，只有他们能够按照格莱珉银行规定要求，每周分期还款，并且其他组员都遵守格莱珉银行相关规定时，另外两个组员才能获得贷款，小组长最后得到贷款。

第三，贷款期限短，金额小。实行"整借零还"制度，贷款发出一周后就开始还款，要求每周固定还款金额为贷款总额的2%，利息是10%。如果借款人信用记录良好，贷款额度就会提高，连续扶持一直到借款人脱贫为止。并且要求借款人每周存款，

---

① 王曙光. 草根金融 [M]. 北京：中国发展出版社，2008：178.

① 网易 http://money.163.com 格莱珉银行如何"精准扶贫"。

作为小组基金和风险基金。

第四，格莱珉银行还对借款人提供非信贷服务。如开展技能培训、文化卫生教育等活动，提高穷人的自身素质，增强他们脱贫的信心，间接提高他们的还款能力。

第五，格莱珉银行实行十六项守则，使格莱珉银行更贴近借款人。

（1）勤劳、勇气、团结与纪律。

（2）我们要使我们的家庭兴旺。

（3）我们不要住在破旧房子里，我们要修缮住家，并努力工作，争取尽早建造新房。

（4）我们一年四季都种植蔬菜，要多吃青菜。

（5）我们要在农作季节，尽可能地多多种植秧苗。

（6）要做好家庭计划，保持小家庭，我们要尽量节省开支，要照料自己的身体健康。

（7）我们要教育我们的孩子，一定要教会他们挣钱谋生，赚钱供孩子上学；

（8）我们要保持我们的孩子与环境干净清洁。

（9）我们要修建并使用厕所。

（10）我们要饮用从管井中打出的水，我们要把水烧开，或是使用明矾把水纯净。

（11）在儿子的婚礼上，我们不会接受任何嫁妆；在女儿的婚礼上，我们也不会送嫁妆。我们要使中心远离嫁妆的诅咒。不让未成人成婚。

（12）我们要处事公正，一定会反对任何试图做不公正之事的人。

（13）我们会合作地进行投资，来争取更高的收入。

（14）我们随时准备互相帮助。

（15）如果我们得知在任何中心出现违犯纪律的情况，我们大家都会到那儿去帮助恢复纪律。

（16）要在我们所有的中心引入体育锻炼活动，要集体参加所有社会活动。

成功的信贷可以唤起上进心，最后与客户建立和谐互信的关系，并唤起借款人积极向上的人格特质。

贫农及女性等可以无担保地进行贷款，每年可以50次分期返还。格莱珉银行在农村全面开展面向穷人的无担保、无抵押的小额贷款。它向穷人发放贷款的方式，被人们称为格莱珉模式。它由5人以上自愿组成一个借款小组，以6个借款小组为单位组成一个乡村中心，借款小组和乡村中心构成银行运行的基础。[①]格莱珉银行层级的组织结构是：总行属于第一个层次，各地分行构成其第二个层次，每个

---

① 宋伟. 我国村镇银行信贷模式与国际经验比较[J]. 商业经济研究，2015（14）：101-103.

分行由10～15个支行组成,支行构成了格莱珉银行的基层组织。每个支行管理120～150个乡村中心,在财务上自负盈亏。这种扁平化组织结构,减少了管理环节,有效节约银行的运营和监督成本。

孟加拉国格莱珉银行模式,创造了资金回收率近100%的奇迹,是国际上公认的、最成功的信贷扶贫模式之一。它以其扶贫面广、扶贫效果显著,且银行自身按市场机制运作,持续发展,显示出极强的生命力,全球有59个国家正在复制,而且既有发达国家,又有发展中国家。非洲国家有布基纳法索、中非共和国、乍得、埃及、埃塞俄比亚、加纳、肯尼亚、莱索托、马里、马拉维、毛里塔尼亚、摩洛哥、尼日利亚、塞拉利昂、索马里、南非、苏丹、坦桑尼亚、多哥、乌干达、桑给巴尔、津巴布韦;亚洲国家有阿富汗、孟加拉国、不丹、柬埔寨、中国、斐济、印度尼西亚、吉尔吉斯坦、尼泊尔、巴基斯坦、菲律宾、黎巴嫩、马来西亚、斯里兰卡、越南、印度;澳洲国家有巴布亚新几内亚;美洲国家有阿根廷、玻利维亚、巴西、加拿大、智利、哥伦比亚、多米尼加、厄瓜多尔、萨尔瓦多、危地马拉、圭亚那、牙买加、墨西哥、秘鲁、美国;欧洲国家有阿尔巴尼亚、法国、荷兰、挪威、波兰。十几年前,格莱珉模式开始在美国起步,目前有20家分行,光在纽约就有7家,借款者有10万人,还款率100%。

格莱珉银行还进行了一系列改革:

第一,推行广义化系统,创新贷款模式。广义化系统就是将贷款区分为"基本贷款"和"灵活贷款"。"基本贷款"——贷款客户能在6个月内按约还贷,允许借新贷款,贷款额度是这6个月中已还贷款的数额。"灵活贷款"——"基本贷款"的客户不能按约还贷,就转入"灵活贷款",需要重新确定还贷方案,如延长还贷期限、每周还贷额度等。"灵活贷款"客户如在6个月内严格按新协议还贷,便又转回"基本贷款"。

第二,设立各种账户,实行强制储蓄制度。每个成员都必须设有个人账户、特别账户和养老账户。每一笔贷款在放贷同时扣下贷款数额的5%进行强制储蓄,平均分成两份,分别存入个人账户和特别账户。个人账户资金可随时提取,但特别账户资金不能提取,其存款金额达到规定程度的时候必须购买格莱珉银行的股份,从而成为银行的股东。所有借贷5000塔卡(约86美元)以上的客户,每个月都要存50塔卡放入养老金账户。对特别账户和养老账户格莱珉银行支付8.5%的年利息。①

---

① 张乐柱. 需求导向的竞争性农村金融体系重构研究 [M]. 北京:中国经济出版社,2008: 219.

第三，首创了"乞丐贷款"产品。贷款的额度平均为 500 塔卡至 1000 塔卡，免息，由借款人自己选择如何分期还款。银行将这些借款人看作"乞丐会员"，其可以不必参加小组，不必储蓄，可以在 13 周之后再借款，而普通会员要等到 26 周才能再借款。在格莱珉银行的支持下，有些乞丐会员转变为挨家挨户售卖小商品的人，有的加入了小组，成为普通借款人。截至 2016 年底，有贷款余额的乞丐会员 77582 名，贷款 262 万美元。

第四，提供贷款保险和生命保险项目，为那些因自然灾害死亡的会员家属提供帮助。银行设立贷款保险基金，由借款人年度储蓄的利息构成。每年的最后一天，借款客户需要在贷款保险储蓄账户存入一笔小额资金，具体的数额为该客户当天在银行的贷款余额和应付利息的 2.5%。一旦发生借款人亡故的情形，其所有未偿付的贷款都由保险基金付清，借款人的家属不仅免除了偿还贷款的责任，还可以全额得到借款人生前在此项保险基金中的储蓄。另外，银行每年都为亡故的借款人家属支付人寿保险赔付金，金额依据借款人成为会员时间的长短而不同。作为银行股东的会员不必为此项人寿保险支付保险金。

第五，提供住房贷款。银行以低于市场水平的利率提供住房贷款。银行认为，对于会员来说，住房不仅是其安身之所，还是其主要的生产场所。为了保护贫困妇女的权益，住房贷款只提供给妇女，并且要求建房所用的土地必须在妇女的名下。这样做是为了避免她们因婚姻破裂而流落街头。

目前，格莱珉银行进行了创新：创建了微型贷款，也创建了健康体系；帮助村民使用太阳能，格莱珉以小额贷款帮扶的模式迅速将太阳能发电设备铺设到了全国农村各个角落；还启动了一个教育项目——只要是格莱珉银行的借款人，他们的孩子就可以进学校，接受教育；也鼓励一些农民创业；格莱珉银行提供资金，作为风险投资进行股权融资，成为合作伙伴；积极应用金融科技，科技的进步给格莱珉银行带来了巨大的影响，很多交易变得便捷了。

二、我国的村镇银行与孟加拉国格莱珉银行模式的对比

我国的村镇银行是在"穷人银行家"穆罕默德·尤努斯开创的"格莱珉银行"模式的经验借鉴下，结合我国的基本国情和我国农村经济发展的现状而设立的，独立经营，自担风险，自担盈亏，安全、流动、效益、独立的新生农村金融机构。虽然是借鉴，但在某些方面，村镇银行与孟加拉国格莱珉银行模式还是存在着差异的。

(一) 机构成立环境不同

孟加拉国格莱珉银行成立于1976年,是在孟加拉国获得完全独立的初期,经济基础薄弱,当时的孟加拉国是世界最不发达国家之一。在孟加拉国,80%以上的人口仍为农村户口,农户的收入主要来源于农作物的销售。改变农村落后的经济体制,改善农民穷困的生活状况,提高农民日常的生活水平在当时显得尤为迫切。

1976年,穆罕默德·尤努斯用27美元的贷款开始了至今仍然被世界各国纷纷效仿的孟加拉国格莱珉银行模式。1983年,孟加拉国格莱珉银行被政府允许注册为银行,但其性质并没有发生改变,依然是社会服务组织,是福利主义小额贷款的代表。

1993年,我国在贫困农村地区的个别乡镇引入孟加拉国格莱珉银行模式。河北省易县的县级扶贫经济合作社是第一个在中国正式被规范借鉴孟加拉国格莱珉银行模式开展小额信贷业务的组织,也是我国第一次在县级地区引进格莱珉银行模式来健全农村的金融体系。至此,我国村镇银行的银行经营模式雏形基本形成。

2006年末,原银监会公布了发展农村地区金融经济的相关政策,鼓励各种类型的金融机构为支持和推动新农村建设朝全面、多元方向发展服务。2007年初,原银监会在总结小额信贷业务在农村地区乡镇试点的实践基础上,制定和发布了《村镇银行管理暂行规定》,从根本上统筹和规范了设立村镇银行的条件限制及其允许经营的业务范围。村镇银行是由金融机构、企业法人及自然人投资,依据有关部门、法律、法规的批准,主要为农村贫困地区的"三农"发展提供金融服务的农村金融机构。2007年3月1日,四川仪陇惠民银行成立,标志着村镇银行作为新型农村金融机构已经在中国农村金融市场正式登场。村镇银行作为农村金融机构的新生代表,其性质仍然是独立的企业法人,与其他农村金融机构的本质并没有很大的区别。

孟加拉国格莱珉银行和我国的村镇银行主要是为农村贫困地区提供贷款业务的银行业金融机构,但是孟加拉国格莱珉银行是为贫困农村的贫困妇女提供贷款,其性质是为贫困者提供服务的金融机构,带有公益色彩;而我国的村镇银行是以盈利为目的的独立企业法人,旨在为农户和弱势企业提供贷款来带动农村经济的发展。

(二) 资金来源渠道不同

格莱珉银行获取资金的渠道相对来说是比较狭窄的。在格莱珉银行成立之初,由于格莱珉银行的政策设计不允许小额信贷组织通过吸收民间存款来获得银行资金,银行发起人筹集的资本金和来自社会的有限捐助成为格莱珉银行最主要的资金来源。在1984年到1996年的十几年里,格莱珉银行开始得到了国际社会及国际各类金融组织提供的资金援助。此后,格莱珉银行开始凭借自身的市场化经营运作模式来独立地获取运营资金:一是利息收入。格莱珉银行提供比普通银行高4%的贷款利率,用以弥补格莱珉银行为农村贫困妇女提供贷款所带来的高成本和高风险。二是来源于借款者每周必须按期缴纳的用来做风险储备的小组基金。

我国村镇银行由境内外金融机构、境内非金融机构企业法人、境内自然人出资,且发起人中应至少有1家银行业金融机构,且最大持股比例不得低于20%;在县(市)设立村镇银行,其注册资本不得低于300万元;在乡(镇)设立村镇银行,其注册资本不得低于100万元。注册资本为实收资本,由发起人或出资人一次性缴足。因为我国村镇银行是以盈利为目的的企业法人,追求利润最大化是投资者投资的首要目的,吸收存款成为村镇银行的最重要的资金来源。村镇银行通过吸收社会公众的资本存款以及投资者的投资来持续经营。

格莱珉银行和我国村镇银行都有通过吸收存款来经营银行的其他业务。但是,格莱珉银行的资金在成立的最初主要是来源于国际社会的援助,目前则是来源于贫困农户贷款,而不是向不特定的社会公众吸收存款。通过对贷款对象定期地征收小组成员缴纳的基金,在银行系统内部形成相对稳定的资金循环,格莱珉银行至此进入平稳发展时期。而我国村镇银行在成立之初,其资金主要来源于投资者的资金投入,目前的资金来源渠道主要是通过向不特定的社会公众吸收储蓄存款。

(三)业务运作模式不同

格莱珉银行并不是由政府主张设立的,其业务运作模式相对独立,内部运作有较完整的经营系统和组织系统,主要是为农村贫困群体中的妇女提供存款、贷款以及其他社会服务的一整套综合服务的金融组织机构。格莱珉银行依据农户的意愿采取自愿原则建立贫困农户之间相互帮助的组织,一般以一定的农户人数组成团体,团体成员定期开展内部中心会议,共同交流有关管理和技术方面的经验。团体内再细分成小组,每个小组的成员相互承诺当其他小组成员不能按时归还贷款时相互帮助。农户的贷款限额受农户在小组、中心的行为表现以及总储蓄额的影响。农户可以自己选择按周或按月还款。农户的基本贷款额度与其参加小组活动的积极性和是否讲求信用按时还款密切相关。格莱珉银行在给农户发放贷款的同时要求其必须有格莱珉银行的储蓄账户,当农户的储蓄存款达到格莱珉银行规定的额度时,农户必须拥有格莱珉银行相应的股份,成为银行的股东。格莱珉银行通过一整套的综合服务来改善农村贫困群体的落后状况,实现银行系统内部的资金循环。

我国村镇银行是独立的法人机构，其业务范围广泛，经营的业务内容同其他农村金融机构相类似，主要是存款、贷款、汇款等业务。《村镇银行管理暂行规定》中着重指出，待村镇银行向中央人民银行提交规定的足额的存款准备金后，其富余的可用资金应全部投入到有利于发展当地"三农"经济的项目中去。村镇银行在发放贷款的业务中应首先考虑其设立地区内"三农"建设的发展需要，包括农户、农业和农村经济对资金的需求。当村镇银行已经满足当地农村经济建设发展对资金的需求时，可以将其余可用的资金投入到发展当地其他产业或拓展其业务经营范围。我国村镇银行的服务对象主要是农民和农村企业，应在服务"三农"的基础上致力于农村经济的发展，放宽对农户贷款的限制条件。

格莱珉银行的业务运作是夹杂公益色彩的综合服务模式，而我国村镇银行把利润最大化放在首位，在致力于发展"三农"经济的基础上创新多元化的金融业务服务。

三、格莱珉银行风险管理主要措施

（一）建立贷款小组和小组基金

格莱珉银行建立以5人小组为基础的农户组织，要求同社区内社会经济地位相近的贫困人口在自愿的基础上组成贷款小组，共同选择项目，共同监督项目实施。格莱珉银行向小组成员提供信贷和社会服务的一整套综合服务，包括健康、营养、计划生育、饲养家禽和牲畜等方面的培训，还开办学校和幼儿园。通过这一整套综合服务，格莱珉银行实现了资金的内部循环。

格莱珉银行要求借款者每周必须交纳小组基金，包括集体基金、儿童教育基金、保险基金。集体基金、儿童教育基金属于公共性质的，用于小组公共事业和子女教育。保险基金的作用则主要是风险储备。

（二）实行贷款连带责任制度

格莱珉银行实行的是无抵押、无担保的小额信用贷款制度，小组成员之间承担贷款连带责任。成员不会轻易违约，一旦违约，那么成员在村里的信用也会受损。这一制度的制定与实施，促进了小组成员之间的相互监督，并形成了利益共同体，有效降低道德风险问题，同时有效地控制了风险，保证了所发放贷款的安全性，它也因此成为格莱珉最为成功的模式。

（三）建立健全约束和激励机制

在贷款风险管理上，格莱珉银行建立健全约束和激励机制。对于小组成员的违约问题，通过道德约束进行互相监督，采用互相监督和激励的措施。同时，保持业务过程的透明度，由乡村中心定期召开会议，进行集中放款和还贷集体培训，安排成员交流各自的还款计划和进程，营造团队精神。

（四）实行强制储蓄制度

格莱珉银行开设个人账户、特别账户和养老账户，实行强制储蓄，增加了银行资金来源，充实了银行资本金，增强抵抗风险能力。在格莱珉银行，贷款者每周偿还小额的贷款，同时存入金额更小的存款，贷款者同时是银行的存款者，存款金额达到一定程度的时候必须购买格莱珉银行的股份，从而成为银行的股东。格莱珉银行 68% 的存款来自银行的贷款者，格莱珉银行的贷款者拥有银行 94% 的股权。

四、格莱珉银行的经验借鉴

格莱珉银行的发展经验告诉我们：只要规则、制度设计合理，无担保、无抵押的小额信贷也可以做到还款率高、风险性低，并使风险与收益相匹配，保证了银行可持续健康发展。

格莱珉银行带给我国村镇银行金融风险防范的启示：

（一）把握定位市场，推行整贷零还的小额信贷

村镇银行的建立主要是解决农村欠发达地区农户和农村小微企业的资金需求，准确的市场定位有利于村镇银行认清服务对象，因地制宜，为客户提供个性化服务。贷款面大但数额小，并且村镇银行自身定位为小型农村金融机构，不能承担大额贷款损失。所以，村镇银行要推行小额信贷，坚持"支农、支小"，避免出现"垒大户"现象，服务于广大农户和农村小微企业。与一次性还款方式对比，整贷零还方式减轻了贷款者的还款压力，有利于村镇银行及时发现借款者生产经营中存在的一些问题，避免贷款到期时才发现不能履约而给银行造成的金融风险。

（二）扩大入股面，使银行成为贷款人自己的银行

目前我国村镇银行入股面还不广，如我国第一家村镇银行四川仪陇惠民村镇银行，出资人只有南充市商业银行、四川明宇集团、四川海山国际贸易有限公司等 5 家企业。有的村镇银行出资人有一些自然人，但还是少数。因此，随着农村经济的发展，村镇银行要扩大入股面，可以考虑吸收一些农村优质贷款客户入股，使其成为贷款人自己的银行。

（三）建立信用评级制度，实行信用累积制

村镇银行要制定《贷款信用评级制度》，可将贷款者的上年收入、上两年节余、家庭财产、品德、社会反映五项综合考核，各占 20% 权重，进行信用等级评

定,并以此作为核定贷款额度标准。村镇银行应对农户的还贷情况建立贷款台账,实行信用累积制。如果农户能够按期偿还银行贷款,信用等级就上升一级,并相应提高其贷款额度;如果农户不能按期偿还银行贷款,信用等级就下降一级,并相应降低其贷款额度。

(四)聘请联络员,降低信息不对称所引发的信用风险

村镇银行要服务于"三农",必须了解、熟悉和掌握"三农"的具体情况。所以,村镇银行要聘请一些人熟、地熟、情况熟的村干部作为村镇银行的联络员,使得村镇银行的服务更加贴近"三农",降低信息不对称所引发的各种风险。

(五)严格控制关联贷款

关联贷款的不透明性,扰乱了正常的贷款程序,增加了银行贷款的风险。要严格控制关联交易,明确要求村镇银行不得向关系人发放信用贷款;向关系人发放担保贷款的条件不得优于其他借款人同类贷款的条件。

(六)组建贷款小组,强化内部约束机制

格莱珉银行贷款制度的成功是与其独特的"小组+中心+银行工作人员"的信贷制度设计分不开的。这种公开透明的制度创新有效降低金融风险。村镇银行可以参考"格莱珉银行模式",组建贷款小组。具体方法是:在自愿的基础上,每五人成立一个贷款小组,每六个贷款小组构成一个贷款中心。贷款小组主要职责:共同讨论贷款项目,分析贷款项目的风险点;帮助制订还款计划,落实风险管理措施;小组成员对贷款项目承担连带偿还责任,强化内部约束机制。贷款中心主要职责:定期或不定期召集所有小组成员参加中心会议;检查贷款项目落实和资金使用情况;办理放款、还款和存款手续等。

(七)不断创新的金融服务

格莱珉银行真正体现以客户为中心,以需求为导向的服务理念,设计灵活的信贷管理模式。我国村镇银行必须依据客户的自身条件,在贷款期限、利率、担保形式等方面实行差别化服务,提供灵活的还款机制。针对农村普遍存在无抵押、无担保品的情况,可以设计一些新的产品以满足农村金融需求。

第七章　村镇银行信用风险与控制

随着农村经济逐步发展，村镇银行成为我国目前农村信贷市场的一支重要新生力量，担负着为农民、农业和农村经济发展提供金融服务的重任。村镇银行的广泛设立对农村资金需求起到"解渴"作用，但由于受农业弱质性和农村信用资本不发达等因素的制约，村镇银行面临着严峻的信用风险。张逸（2015）认为应从风险管理流程优化、构建风险预警体系、强化内部管理职能、构建信用风险分担机制、加强团队建设、建立外部信用风险合作机制六个方面入手，综合化、全面化推进。王倩（2016）提出村镇银行应按照现代企业制度要求，建立并完善以"三会一层"，即股东会、董事会、监事会及高级管理层为主体的治理结构，并设立风险管理委员会、提名委员会、薪酬委员会、关联交易控制委员会、信息科技管理委员会和资产负债管理委员会六个专门委员会。乔玉立（2017）认为政府过多的干预、农村金融市场不完善、政府监管不力、社会道德风险等宏观因素，以及村镇银行自身的风控意识不足、缺乏有效抵押品、信息不对称和涉农贷款的特质性等微观因素，使得村镇银行的信用风险比其他类型商业银行信用风险要大。国家应该加快完善农村征信体系和信用评估体系，加强银保监会、人民银行和各级政府对村镇银行的外部监管，完善农村保险体系，减少村镇银行面临的农业风险。村镇银行自身需要建立高效的贷款评估和管理机制，综合农户需求开发多种贷款产品，并且注重提高银行员工的业务能力和综合素质。潘枫（2018）认为村镇银行存在管理机制不健全、人才管理不到位、风险评价不完善等问题，提出建立健全公司治理及内控管理架构，管理流程和授权机制，风险管理数据；信用风险监控预警，优化内部风险治理环境，完善信用服务业务的基本标准，提高信用服务业务的基本水平，健全信用风险控制体系，建立信用风险违约判断模型，打造专业人才队伍，创新保险机制等对策及建议。

第一节　关于信用风险的界定与度量模型

一、信用风险的界定

1998 年，Altman、Caouette 和 Narayanan 在《信用风险管理：金融界下一个大挑战》（Managing Credit Rise: The Next Great Financial Challenge）中指出，信用风险将是未来金融界的危机。

现代意义上的信用风险是指由于借款人或市场交易对手违约而导致损失的可能性。另外，信用风险还包括由于借款人的信用评级的变动和履约能力的变化导致其债务的市场价值变动而引起的损失可能性。

信用风险可分为故意违约（信用缺失）信用风险和被迫违约信用风险。故意违约又称信用缺失，是指契约双方的一方由于自身道德缺乏等因素在完全可以履行合约的情况下而拒绝履行。故意违约的信用风险主要从道德层面上分析了权利人与义务人的关系。

被迫违约产生的信用风险：由于信用风险具有未来的不确定性，它的发展具有偶然性、突发性。对于合约双方而言，有些信用风险是可避免或尽量降至最低的发生频率，但有些却不是人力所能控制的，比如突然遭遇自然灾害，使借贷一方除了违约别无选择，由于此类事件确非人力所及，在法律上讲属于不可抗力。同时此类违约不仅给对方造成损失，违约对违约人自身同样造成极大损失，因此称为被迫违约，由此造成的信用风险被称为被迫违约信用风险。

二、信用风险度量模型

信用风险度量模型是用来反映资产或贷款质量的。也就是说，它能够直接或间接地体现出贷款可能发生的损失。然而，对于大型的商业银行来说，信用风险度量模型应能体现出借款人的违约概率以及发生违约时的贷款损失率。与此同时，信用风险评级不仅能够反映当期的贷款信用等级，还应反映出未来损失发生变化的趋势。风险度量模型所提供的指标应该能够清晰地与其他银行或是《巴塞尔协议》中的规定指标进行对比，以便对银行的经营绩效进行评价。

（一）传统模型

传统模型是以公司会计材料为基础的信用风险衡量技术，包括专家评级法、Logistic Regression 模型、Z-Score 模型、ZETA 模型等。

1. 专家评级法

专家评级法中的专家是指银行信贷部门经理或授信人员。专家的经验、能力和判断力是决定评级结果的最重要因素。目前银行采取"5C 原则"或"5P 原则"进行专家评级。

"5C 原则"：品格（Character）是指借款人的作风、观念以及责任心等，借款人过去的还款记录是银行判断借款人品格的主要依据。能力（Capacity）是指借款者归还贷款的能力，包括借款企业的经营状况、投资项目的前景。资本（Capital）是指借款者的自有资本。担保品（Collateral）是借款者提供一定的、合适的抵押品。经营环境（Condition）是指所在行业在整个经济中的经营环境及趋势。通过五个因素评定其信用程度和综合还款能力，决定是否最终发放贷款。后来又加上事业的连续性（Continuity），即借款企业持续经营的前景，变成"6C原则"。

"5P原则"：1970年美国Chemical Bank副总裁Paul Hunn提出，将原有"5C"内涵做了补充与调整，以作为贷款决策的信用评估依据，被目前银行业广为采用。包括借款户（People）、资金用途（Purpose）、还款来源（Payment）、债权保障（Protrction）和授信展望（Perspective）。

专家评级法步骤：

(1)根据违约概率的高低,把信用等级分为优秀、良好、一般和较差等几个级别,作为判定的标准。

(2)专家判定借款人的风险，并将借款人分别归入不同信用风险等级。

(3)根据历史违约资料的统计，判定各信用等级客户的违约概率。

专家评级法局限：信用风险不是一成不变；信用风险评估人的判定有主观性。

2. Logistic Regression 模型

运用线性概率函数模型预测事件发生的概率时，当被解释变量的估算值落在（0,1）范围之外，则模型可能产生超出（0,1）范围之外的预测值。利用 Logistic Regression 模型，将原始样本转换后再进行回归分析，就可以避免上述问题。

Logistic Regression 模型回归分析采取以下的 Logit 函数：

$$P = \frac{1}{1+e^y}$$

其中，P 为客户的违约概率；y 表示客户信用风险的指标，通常也是一常数加上客户风险特性 X_i 的加权总和。

$$Y = w_i + \sum_i w x_i$$

公司的违约概率随 Y^* 值的正负在1与0之间变化，若 Y^* 为负值时，则公司的违约概率接近100%；若 Y^* 为正值时，则公司的违约概率接近0。

构建 Logistic Regression 模型时，为得到最好的区间效果，必须使违约概率 Y^* 与违约资料相互配合，即使得模型对于违约公司所估计的违约概率 P 接近于100%，而对于必定不违约公司所估计的违约概率 P 接近于0。为了达到这个目的，必须利用最大似然估计法（MLE法），决定客户风险特征 X_i。

通常定义如下：

$$L_n = \begin{cases} p \\ 1-p \end{cases}$$

若有几家样本公司，则所有公司组成的似然函数如下：

$$L(w_i) = L_1 \times L_2 \times L_3 \times \cdots \times L_n$$

其中，L_1，L_2，L_3，…，L_n 为各家公司的似然函数。似然函数 $L(w_i)$ 是权重 w_i 的函数，将 $L(w_i)$ 逐一微分，得到一阶条件后，可解出 w_i 的最大似然估计值。利用最佳化的技术寻找一组权重 w_i，使得似然函数 $L(w_i)$ 达到最大。

若可以找到一组权重 w_i，使得模型对于必定违约公司所估计的违约概率 $P=1$；同时使得必定不违约公司所估计的违约概率 $P=0$，则此模型称为最佳模型，即完成正确评估公司的违约概率。但是一般而言，很难找到最佳模型，实务上仅仅能够接近最佳模型的 Logistic Regression 模型。

只要输入客户的风险特性 X_i 值，就可以直接算出此客户的违约概率。

Logistic Regression 模型局限：必须先资料转换步骤，才能求得违约概率值，而且切割点的决定会影响整个模型的违约预测效果。

3. Z-Score 模型

（1）公开上市制造业公司的 Z-Score 模型

欧特曼（Edward Altman）在 1968 年对 1946—1965 年间美国制造业 33 家正常公司、33 家破产公司资料进行研究，从 22 个财务比率中筛选出 5 个最具有代表性的财务比率（财务变量），分别是流动性、获利性、杠杆程度、偿债能力、周转率，并且利用区间分析法，提出著名的方程式：

$$Z = 0.012X_1 + 0.014X_2 + 0.033X_3 + 0.006X_4 + 0.999X_5$$

其中，Z 为 Z-Score 模型的区间信用分数；

X_1 = 营运资金 / 总资产账面价值；

X_2 = 保留盈余 / 总资产账面价值；

X_3 = 息税前利润 / 总资产账面价值；

X_4 = 股东权益市值 / 总负债账面价值；

X_5 = 营业收入 / 总资产账面价值。

只要将公司的这五个财务比率值代入公式，就可以计算出公司的 Z 分数。公司的 Z 分数越大，表示公司财务状况越好，发生违约的可能性越小。

Edward Altman 研究表明，若 $Z>2.99$ 时，公司不可能违约；若 $Z<1.81$ 时，公司非常有可能违约；若 Z 在 1.81～2.99，是灰色区域，Z-Score 模型无法判断。

（2）非公开上市公司的 Z-Score 模型

Edward Altman 针对非公开上市公司,对 Z-Score 模型进行修正:
$$Z = 1.0X_3 + 6.56X_1 + 3.26X_2 + 0.72X_4$$

其他与上面一样,只是 X_4 中的股东权益市值改为权益账面价值。

若 $Z<1.21$ 时,公司可能违约;若 $Z>2.90$ 时,公司不可能违约;若 Z 在 1.21～2.90 之间,是灰色区域,Z-Score 模型无法判断。

Z-Score 模型局限:仅考虑 2 个极端情况(违约与没有违约),对于负债重整,或是虽然发生违约,但是回收率很高的情况就没有做另外较详细的分类;权重未必一直是固定的,必须经常调整;并未考虑景气循环效应因子的影响;公司违约与否与风险特性的关系实际上可能是非线性的;缺乏经济的理论基础;对市场的变化不够灵敏;无法计算投资组合的信用风险,因为 Z-Score 模型主要是针对个别资产的信用风险进行评估,对整个投资组合的信用风险无法衡量。

4. ZETA 模型

1977 年,欧特曼与他的两个学生赫德曼(Haldeman)和纳利亚(Narayanan)对原始的 Z-Score 模型进行扩展,建立了第二代模型——增强版的信用衡量技术 ZETA 模型(ZETA Credit Risk Model)。他们三人采用 27 个财务变量进行公司违约分析,经过不断测试之后,他们在 27 个财务变量选取 7 个风险特征变量,构建了著名的 7 变量 ZETA 模型。

$$ZETA = aX_1 + bX_2 + cX_3 + dX_4 + eX_5 + fX_6 + gX_7$$

模型中的 a、b、c、d、e、f、g 分别是无法获得 ZETA 模型中其变量各自的系数。X_1、X_2、X_3、X_4、X_5、X_6、X_7 分别表示模型中的 7 个变量。

X_1:资产报酬率。采用税息前收益/总资产衡量。

X_2:收入的稳定性。采用对 X 在 5～10 年估计值的标准误差指标作为这个变量的度量。

X_3:债务偿还能力。即利息保障倍数(覆盖率),采用利税前收益/总利息偿付来度量。

X_4:积累盈利。可以用公司的留存收益(资产减负债/总资产)来度量。

X_5:流动比率。采用流动资产/流动负债来衡量。

X_6:资本化比率。可以用普通股权益/总资本来衡量。

X_7:公司规模。可以用公司总资产账面价值的对数形式来衡量。

ZETA 模型局限:依赖于财务报表的账面数据,而忽视日益重要的各项资本市场指标,这就必然削弱预测结果的可靠性和及时性;由于模型缺乏对违约和违约风险的系统认识,理论基础比较薄弱,从而难以令人信服;模型假设在解释变量中存在着线性关系,而现实的经济现象是非线性的,因而也削弱了预测结果的准确程度,使得违约模型不能精确地描述经济现实;模型无法计量企业的表外信用风险,另外对某些特定行业的企业如公用企业、财务公司、新公司以及资源企业也不适用,因而它们的使用范围受到较大限制。

(二)创新模型

目前国际上运用较多的现代信用风险度量模型主要有:KMV 公司的 KMV 模型、JP 摩根的信用矩阵模型(Credit Metrics Model)、瑞士信贷银行的信用风险附加法模型(Cridetrisk+)、死亡率模型(Mortality Rate)等。

1. KMV 模型

KMV 信用风险管理模型是由 KMV 顾问公司,以默顿的选择权评价模型为核心,配合其信用风险资料库,发展出一套信用风险管理模型。KMV 模型最主要的分析工具是预期违约频率 EDF(Expected Delinquency Frequency,指授信企业在正常的市场条件下,估计期内违约的概率),故它又可被称为 EDF 模型。

KMV 模型根据借款公司的股票价格波动计算 EDF,通过 EDF 来计算违约损失额 LGD。

KMV 模型基本步骤:

(1)估计借款公司资产价值与资产价值的波动率;

(2)计算出借款公司的违约间距(DD);

(3)通过历史违约资料所统计的结果,推算具有此相同违约间距的公司在未来几年内违约的概率。

KMV 模型将公司违约点 DPT 设定为公司短期负债加上二分之一的长期负债,则公司的"违约间距"是指资产价值 V_A 与违约点 DPT 之间,距离资产价值变动的标准差(V_A. σ_A)。公司违约间距公式为:

$$DD = \frac{VA - DPT}{VA \sigma A}$$

$$DD = \frac{E(V_A) - DPT}{\sigma_A}$$

在公司资产价值 V_A 服从对数正态分布的假设下,公司违约间距公式改写为:

$$DD = \frac{V_A + (\mu_A - \sigma^2_A / 2)}{\sigma_A \sqrt{T}}$$

其中,V_A 为当前的资产价值;DPT 代表 KMV 模型设定的违约点;μ 为资产预期报酬率;σ_A 为资产价值波动率,即资产年报酬率的标准差;T 为评价期间。

违约的可能性可以理解为公司资产价值小于违约点的概率。公司资产价值与违约点的距离：如果用资产价值变动的标准差来衡量与标准化，就是公司的违约间距，其数值越大代表资产的价值距离违约点越远，公司违约的概率越小。

KMV 模型在实际运用中存在的不足：一是缺乏借款公司的资产的市场与价格透明度，使得资产价值的波动率不容易衡量；二是公司违约的历史资料库不容易获得或过少，增加违约概率估计的困难。

2. 信用矩阵模型

20 世纪 90 年代初期，美国 JP 摩根公司发表了革命性的风险管理方法——风险矩阵（Risk Metrics）。该模型的核心思想是将统计估计的范畴运用在风险管理中，把很难数量化的风险概念变成明确的风险值（Value-Risk，简称 VaR），把它运用在信用风险管理方面，提出信用矩阵模型（Credit Metrics Model），求算信用风险值。

信用矩阵模型基本步骤：（如单笔贷款信贷风险测算）

（1）利用历史数据，确认借款人的期末信用等级转移概率 P。

（2）根据风险评估期间内各信用等级所面对的远期利率，估算未来不同贷款远期价值。计算贷款的现值公式为：

$$\mu = R + \sum_{i=1}^{n-1} \frac{R}{(1+r_i+s_i)^i} + \frac{R+F}{(1+r_n+s_n)^n}$$

式中：R 为固定年利息，F 为贷款金额，n 为贷款剩余年限，r_i 为第 i 年远期零息票国库券利率（无风险利率），s_i 为特定信用等级贷款的 i 年度信用风险价差。

（3）将第一步得出的概率及从第二步得出的价值相结合，即可得到贷款价值在年末的非正态的实际分布。

均值为：$\mu = \sum_{i=1}^{s} p_i u_i$

标准差为：$\sigma = \left[\sum_{i=1}^{s} p_i (u_i^2 + \sigma_i^2) - \mu^2 \right]^{1/2}$

其中，σ_i 为各折现值的标准差。

（4）利用信用等级转移概率和与之相对应的贷款价值表，近似地计算出不同置信度下的 VaR 值。

信用矩阵模型的局限：该模型对信用风险的评判很大程度上依赖于借款人的信用等级的变化，在我国现有的信用环境下，出现大量损失的概率可能较高；该模型假设信用等级转移概率是一个稳定的马尔可夫过程，而实际中信用等级转移与过去的转移结果之间有很高的相关性；该模型假设无风险利率是事先决定的，我国债券市场尚不发达，还没有形成合理的基础利率，而基础利率是计算贷款现值的重要因素；在我国目前还没有比较客观、权威的信用评级公司，没有现成的企业信用等级转换概率和不同信用等级企业违约回收率数据资料。在商业银行历史贷款资料库中，某一信用级别的企业在不同时期转换成另一信用级别的概率可能是不相同的，某一信用级别的企业在各个时期违约回收率的均值可能也是不同的。这些不同时期的转换概率和企业违约回收率均值就构成了混沌时间序列。如果假设经济的宏观因素没有大的波动，就可以利用构成的混沌时间序列来预测短期未来的信用等级转换概率矩阵和企业违约回收率均值。有了这些数据，村镇银行就可以应用信用度量术模型量化和管理信用风险。该模型在实际运用中需要能够做好信用等级评估工作的高素质的工作人员，另外，由于该模型采用了蒙特卡罗模拟，运算量较大，以大中型商业银行现有的电脑网络系统，每次计算VaR值都需要几个小时甚至十几个小时，这样的速度有时可能无法满足业务发展的需要。

  3. 信用风险附加法模型

  Cridetrisk+信用风险模型是瑞士信贷银行金融产品开发部于1996年12月推出的信用风险管理方法，它以保险精算理论为基础，将风险暴露划分成不同的频段，以提高风险度量的精确程度。

  信用风险附加法模型具体步骤：

  （1）将银行持有的全部贷款按照单笔贷款的风险暴露额划分为若干频段，并求出各频段的违约概率分布（假定贷款组合违约概率近似于泊松分布）。

$$p(n) = \frac{u^u e^{-u}}{n!} \quad (n=0, 1, 2, \cdots)$$

  式中：n代表在该期间发生的违约事件数量；μ表示根据历史资料算出的在单位时间内平均发生违约事件的次数。

  （2）计算各频段的损失分布。

  Cridetrisk+信用风险模型把损失分成三种类型：

  一是预期损失。必须先算出违约事件概率分布，再算出违约事件损失分布，才能算出投资组合的预期损失。通过适当的定价策略来控制预期损失。

  二是非预期损失。预期损失以上至累积99%置信度的损失金额。通过计提充分的经济资本来对抗非预期损失。

  三是极端损失。超过99%置信度的损失金额。通过利用情景分析来估计可能的损失金额。

  （3）计算年度信用准备。

年度信用准备＝信用暴露值×违约概率×（1－回收率）

该模型的局限：该模型假定每一位债务人的信用风险暴露值是固定的，忽视了未来利率的走势对每一位债务人的信用风险暴露值的影响；该模型无法处理非线性金融产品，如期权、外币掉期所产生的信用风险。

4. 死亡率模型

信用风险的死亡率模型（Mortality Model）是美国学者Altman等将寿险生命表或死亡表的观念，运用到信用风险的衡量。它是根据债务人历史违约资料，编制一张生命表，以揭示各种信用等级在未来一段时间内会发生违约的概率。即利用历史违约数据，估计贷款寿命周期内每一年的边际违约率MMR和累计违约率CMR，将违约率与违约损失率LGD结合就可得到预期损失的估计值，并进一步可得到预期之外损失的估计值。

死亡率模型的局限：编制一张适用的生命表需要大量的历史违约资料。

第二节 村镇银行信用风险特征与表现

一、信用风险特征

村镇银行是"草根银行"，是"穷人的银行"，面对的是大量的农户和农村小微企业等低端客户，缺乏以往的信用记录和有效的信用评估办法，对农户的贷款也缺乏财产做抵押，因此，村镇银行的信贷资金存在严重的风险隐患。由于村镇银行资产业务比较单一，主要是贷款业务，本文中所指的信用风险就是贷款信用风险。对于村镇银行来说，信用风险不仅是一种重要的风险，而且是一种始终存在的风险。

村镇银行面临的信用风险除了具有一般银行信用风险的基本属性外，还具有其特殊性。

（一）风险偶然性、突发性大

农业作为弱势产业，本身具有很大的风险。农业和农民对自然条件的依赖性很强，抵御自然灾害的能力较弱。我国自然灾害多发，农村往往是重灾区，同时由于与农村相关的灾害保险不发达，一旦发生自然灾害，损失难以避免。并且由于认识上的误区，一些农户和农村小微企业认为村镇银行贷款是一种"扶贫"行为，还认为其信用记录不全、信用评估难、抵押物缺乏、贷款风险大。

（二）风险集中度高

村镇银行经营地域范围狭小，信贷支持的域内的产业结构比较单一。村镇银行目前选址的原因之一就是看中特色产业，业务定位也是主要服务特色产业，业务具有数量多、规模小、分布散和风险大的特点。村镇银行的业务高度集中于一、两个产业，风险过于集中。

（三）风险与收益不对称

村镇银行主要是小额信用贷款，并且农业作为一个弱质产业，抵御自然灾害的能力差，以及农业生产收益的不确定性，造成村镇银行业务风险较大、利益较低的现象。一旦发生贷款无法按时归还，很难追究其责任。为了降低风险，村镇银行要对贷款项目进行调查，调查越深入、详细，风险就越小，但投入成本就会越大，造成风险与收益不对称。

（四）风险产生的重要原因是信息不对称

非对称信息是指市场交易或者签订契约的一方比另一方拥有更多的信息。这种信息非对称性主要会导致两种后果：一是逆向选择；二是道德风险。村镇银行很难了解农户和小微企业的信用状况和变化，从而处于不利地位。

（五）风险监管难度大

村镇银行服务的范围主要集中在乡镇和农村地区，而基层银监机构主要集中于距离乡镇较远的中心城市，监管难度较大、监管成本较高。由于各监管岗位人员缺乏并且各村镇银行业务经营和管理模式不同，监管机构不能实施统一监管，加大了监管的难度。

二、信用风险表现

（一）小额贷款多，收益低

由于村镇银行立足农村，在很长一段时间内信贷业务将占其全部业务的绝大部分甚至全部，而且其贷款对象主要为县域的小企业、农户，贷款量小而面广，十分分散，缺乏中间业务，这都将导致村镇银行收益低下。

（二）信贷风险集中，难以分散

一方面是产业集中，农村绝大部分地区的工业严重缺乏，农业是其主要乃至唯一的产业，村镇银行的贷款投向的产业也主要是农业，因此信贷风险集中在农业产业上；另一方面是地区集中，村镇银行以县或乡镇为其营业地区，因此其贷款相应也集中在县或乡镇地区。

（三）信贷风险难以转移

商业银行的信贷风险可以通过资产证券化的方式释放出去，但村镇银行由于刚起步，很难组建资产池并通过资产证券化的方式将风险转移出去。

（四）信贷风险防控能力和抵御能力差

村镇银行的注册资本金要求很低，承受亏损的能力极其有限，一旦发生较大规模违约，村镇银行的生存将面临巨大威胁。此外，由于村镇银行信贷收益低、规模小、财力有限，因此在吸引高素质人才、建立完善的风险防控机制等方面因成本过高而无能为力。

第三节　引发村镇银行信用风险的主要原因

一、农村信用法律法规的缺失

现阶段，我国信用法律法规并不完善，与信用相关的法律法规建设严重滞后。人民银行和银监会只是颁布了一些简单的暂行规定和管理办法，提到对信用风险的防范，还未制定出具体实施细则并采取有效监管。与农村信用相关的法律法规更是缺乏。农村信用体系建设缺乏法律依据，没有统一的信用管理制度和规定。农村信用法律法规的缺失，使得农村信用主体的相关信息不能公开开放，因此，村镇银行各征信机构的征信工作很难开展，不利于信用风险的防范。

二、农业投资获利能力不强

村镇银行开展的业务首先要满足农村发展的资金要求，所以它的贷款业务主要是使农户和农村小微企业获得贷款资金，支持农业经济发展。农民作为一个文化水平相对较低的群体，他们对金融知识缺乏了解，对市场信息的获取渠道也不够畅通，往往容易脱离市场搞生产，即便与市场供需挂钩，也容易盲从，不能选择较好的投资方向，这无疑会影响他们贷款投资的获利能力。另外，农民收入水平远远低于城市，在客观上造成了还款能力不足的可能性，这些问题也将转化为一定的信用风险。农村小微企业获得贷款资金大多是投入到种植业、养殖业和土畜产品生产等农业经济中，农业投资具有高风险性和低盈利性，当农户和农村小微企业贷款后无法取得预期的收入时，村镇银行就可能面临被迫违约产生的贷款信用风险。

三、借款者与村镇银行信息不对称

从有关权威部门公开的资料看，截至 2017 年末，中国大陆总人口为 13.9 亿人，城镇常住人口为 8.13 亿人，城镇人口占总人口比重（城镇化率）为 58.52%，比 2016 年末提高 1.17 个百分点；乡村常住人口为 5.76 亿人，占总人口比重的 41.48%。我国农户数量多，农户经营规模小，居住分散，交通、通信条件差，信息传递不便，缺乏完备的会计记录来反映自身的经营状况。在农村的社会圈层结构中，长期观察交往和亲情纽带往往是人与人之间的信任所形成的基础。对于大部分农户来说，地缘和人缘关系是其获得资信能力的途径，信息呈现高度人格化特点，而农户的这些信息则很难为圈层之外的人所掌握。我国农村企业经营规模小、产品科技含量低、生产集约化程度低、竞争力不强，导致在当前激烈的市场竞争中潜在风险较大；农村小微企业多数管理不规范，基础性资料缺乏，信息不透明，有的甚至没有财务报表，或财务数据不准确、不真实、不完整、信息不对称，导致村镇银行难以评估其还款能力和信贷风险。这些都造成村镇银行与借款者之间较为严重的信息不对称现象。

四、借款人缺乏抵押品

抵押和担保是债权银行转移其贷款风险的安全保障措施之一。首先，农户拥有的财富和抵押品严重不足，单个农户对农村土地虽然享有承包经营权，但其只拥有使用权而不具备所有权（即不具有完全的产权），目前还不能抵押。其次，农民拥有的房屋没有完全产权，不具有较高的交易价值，而拥有的粮食、牲畜、农具等财产金额太小又不足以抵押。目前虽然有的地方进行农村林权、房屋抵押试点，但由于这些资产受自然条件影响程度大，具有流动性不足、变现能力差等特点，最终都难以合法流转。农村小微企业规模小，固定资产少，可用于抵押的资产少，负债能力较弱，因此农村小微企业经营风险转嫁给村镇银行会产生信用风险。

五、信用风险管理理念落实不到位

村镇银行大都在乡镇一级开展工作，办公环境差，规模小，薪酬待遇相对较差，对于那些既懂管理、计量、农业知识，又懂经济的高技术人才来说，不具有吸引力。据相关统计数据来看，村镇银行信贷人员学历方面参差不齐，高中、中专、大专、本科乃至研究生学历都有，专业素质也有很大的差异，总体上东部地区的员工要比西部地区的员工素质高一些。人员素质的差异导致对企业和农户信用把握不准，使决策出现失误，导致坏账等的产生，给村镇银行的资金安全带来了空前的挑战。

许多村镇银行成立时间较短,管理缺乏经验与手段,特别是上级银行对下级银行风险控制与指引力度不够,甚至是流于形式。高素质多技能人才的缺失,对于需要有专业的财务技能、敏锐的分析能力以及广泛而扎实的信贷行业来说将使村镇银行的信贷风险更加难于把控,贷款资金面临的风险比一般的商业银行要更大。不能准确识别和有效防范信用风险目前已经成为大部分村镇银行面临的主要风险之一。

六、农村信用担保体系不完善

在农村,有种比较特殊的形态即农户联保模式。农户联保,即农户在向银行申请贷款时以5~10户为一小组,农户之间签订联保协议,共同承担连带担保责任,依靠联保小组向银行提供的连带责任共同保证获取信贷。目前我国村镇银行中也有部分银行采用农户联保的方式,例如甘肃省陇南市武都金桥村镇银行,由3~5户家庭经济条件较好、有稳定经营项目、诚实守信的农民组成联保小组,互联互保,有效解决了弱势群体"贷款难""担保难"的问题,取得了较好的效果。但也存在许多问题,如一个农户如果想申请农户联保贷款,首先要寻求同区域的有共同信贷需求的相互依赖的农户自发组成联保小组,在信贷的金额、期限符合要求的情况下,与其他小组成员签署联保协议,分别填写借款申请表,经信贷机构审查同意后,签订借款合同。由于农户联保不为广大农户所接受,农民贷款仍普遍采用抵押等传统担保方式,不能解决农村融资难的现状,也不能缓解村镇银行的信用风险。

七、农业保险法律制度缺失

农业保险,是保险人专为农业生产者在从事种植业和养殖业等生产过程中,对遭受自然灾害或意外事故所造成的经济损失提供经济保障的一种保险。但由于农业生产在很大程度上容易受自然灾害的侵袭,因此自然风险较大。自然风险具有多样性、复杂性、严重性、广泛性等特征,这些决定了农业保险具有自身的特点——高成本、高风险、高赔付。农业保险通过将风险转稼给保险人转移和分散风险,由参加农业保险的农业生产者和政府以补贴的形式共同分担损失,由保险组织以赔偿支付的方式补偿受灾农业生产者的损失,保障受灾农业生产者及其家庭生活的稳定,使其摆脱灾害事故造成的经济上的困难并有利于其灾后恢复生产,防止受灾农业生产者因灾致贫和因灾返贫,恢复其偿还贷款的能力,逐步归还银行贷款。

相对于二、三产业来说,农业是一项弱质产业,因其生产周期较长,受自然条件制约较多，一次洪灾、一场强台风或一起污染等灾害性事故都会对其产生严重的后果。农业生产者的生活费用主要来源于其劳动所得。遇到自然灾害和意外事故，如果农业生产者遭受灾害的损失得不到补偿，不仅会使其家庭生活发生困难，若其生产的流动资金和固定资金有一部分是由银行贷款支持的，则其贷款因财产受损也无法偿还，导致农户被迫违约而使银行遭受贷款信用风险。

第四节　村镇银行农户信用等级评定

由于村镇银行处在发展阶段，缺乏大量具体数据，再加上人员素质低、信用风险管理不完善，目前还没有办法用创新模型，只能采用传统的专家评级法。下面以农户贷款为例，说明村镇银行的信用风险管理。

农户信用评级是指运用规范、统一的评价方法，对农户一定经营期内的偿债能力和意愿进行定量和定性分析，从而对农户信用等级做出真实、客观、公正的综合判断。农户信用等级是反映农户偿还债务能力和意愿的相对尺度。

一、农户信用等级评价指标体系选择

农户小额信用贷款以农户自然人为贷款对象，基于农户的信誉，在核定的额度和期限内向农户发放的不需抵押、担保的贷款，这对于引导农村资金回流、满足农村经济发展资金需求、发展农村经济来说，都具有重大的现实意义和深远的历史意义。近几年来的实践证明，农村小额信贷在缓解广大农民贷款难、促进农民增收方面发挥了其他信贷方式无法替代的重要作用，是实现农村经济发展、村镇银行自身发展"双赢"的现实选择。

（一）农户信用评级

农户信用等级采取百分制。农户信用评级采取以定量分析为主，定量分析与定性分析相结合的方法。定量分析采取标准值法，定性分析采取综合分析判断法。标准值法是指将各项指标分别设定标准值，通过与标准值对照计算得分的方法。综合分析判断法是指评级人员及村委会综合考虑农户偿债能力和信用状况等潜在非定量因素，进行比较分析判断的方法。

资信评估小组先是进村入户调查掌握一手资料，信用等级评定的标准：家庭结构（15分）、偿债意愿（30分）、偿债能力（40分）、其他（15分）。（见表7-1）

表 7-1　农户信用评级指标与测评

评级指标及权重		评级标准	分值	得分
家庭结构（15分）	借款人年龄（3分）	18～30岁	1	
		31～45岁	3	
		46～60岁	2	
	劳动力数量（3分）	1人	1	
		2人	2	
		3人及以上	3	
	婚姻状况（3分）	离异	0	
		单身	1	
		已婚无子女	2	
		已婚有子女	3	
	家庭人口素质和技能状况（6分）	具备种植、养殖业基础条件，无不正当行为（赌博、贩毒等），有劳动能力，通过信贷支持能够创收并偿还债务	2	
		家庭人口无不正当行为，有种植、养殖业一般技术和从业经验，能以劳养家	4	
		家庭人口文化素质高，无不正当行为，有一定技术特长和较强的劳动创收能力	6	
偿债意愿（30分）	信用状况（10分）	有重大影响客户信用状况的不良商业或社会记录；或有恶意拖欠贷款的行为	0	
		诚实守信，有轻微不良商业或社会记录，但不影响客户整体信用，无贷款逾期记录或逾期但已及时还款	5	
		诚实守信，无不良商业或社会记录，无贷款逾期记录	10	
	社会信誉状况（5分）	家庭在社会上没有负面评价	1	
		家庭在社会上有一定的信誉评价	3	
		户主社会声望及荣誉良好，家庭在社会上有良好的信誉评价	5	
	社会关系状况（5分）	同村民、邻里之间关系较差，经常发生纠纷	0	
		同村民、邻里之间关系一般，未发生过大的纠纷	3	
		同村民、邻里之间关系良好，未发生过任何纠纷	5	
	家庭责任感（10分）	没有家庭责任感	0	
		家庭责任感一般	5	
		家庭责任感强（孝敬父母、关爱子女、家庭和睦等）	10	

续表

评级指标及权重		评级标准	分值	得分
偿债能力（40分）	家庭人均年纯收入（10分）	家庭人均年纯收入在当地平均水平60%以下	0	
		家庭人均年纯收入在当地平均水平60%（含）～80%	2	
		家庭人均年纯收入在当地平均水平80%（含）～100%	4	
		家庭人均年纯收入在当地平均水平100%（含）～150%	6	
		家庭人均年纯收入在当地平均水平150%（含）～200%	8	
		家庭人均年纯收入在当地平均水平200%（含）以上	10	
	家庭生活水平及财产状况(10分)	家庭生活条件达到贫困线	0	
		家庭生活条件在当地处于下游水平	2	
		家庭生活条件在当地处于中等偏下水平	4	
		家庭生活条件在当地处于中等水平，财产一般	6	
		家庭生活条件在当地处于中等偏上水平，有一定的财产	8	
		家庭生活条件在当地处于上游水平，财产较多	10	
	家庭生产经营条件及效益(10分)	家庭生产经营条件较差、经营效益较差，收入不稳定	0	
		家庭生产经营条件一般、经营效益一般，有一定的经济收入	4	
		家庭生产经营条件较好、经营效益较好，经济收入较稳定，具有按期偿还各种债务的能力	7	
		家庭生产经营条件好、经营效益好，经济收入稳定，具有较强的按期偿还各种债务的能力	10	
	自有资金比例（10分）	自有资金占生产、经营、消费所需资金的30%以下	0	
		自有资金占生产、经营、消费所需资金的30%（含）～45%	4	
		自有资金占生产、经营、消费所需资金的45%（含）～60%	7	
		自有资金占生产、经营、消费所需资金的60%（含）以上	10	
其他（15分）	业务往来（10分）	未在村镇银行开立账户的	0	
		在村镇银行开立账户，存款金额为收入（以人均纯收入计算，下同）的50%以内	5	
		在村镇银行开立账户，存款金额为收入的50%以上	8	
		在村镇银行开立账户并将80%（含）以上的收入存入村镇银行	10	
	生活习惯（5分）	具有酗酒、赌博等不良习惯	0	
		生活习惯良好，有轻微不良嗜好，但不影响正常生产或经营活动	3	
		生活习惯良好，没有不良嗜好	5	

根据评定分数的高低为农户确定优秀、良好、中等、一般和较差五个信用等级，公布信用等级结果，存入《农户贷款档案》，分别核定不同的授信评估限额。

AAA级——优秀级农户：综合评分90分以上（含90分），具有很高很可靠的收入来源，具有很强的偿债能力，信誉状况良好。

AA 级——良好级农户：综合评分 80（含 80 分）～ 90 分（不含 90 分），具有较高可靠的收入来源，偿债能力强，信誉状况良好。

A 级——中等级农户：综合评分 70（含 70 分）～ 80 分（不含 80 分），具有一定的收入来源，偿债能力及信誉状况一般。

BBB 级——一般级农户：综合评分 60（含 60 分）～ 70 分（不含 70 分），具有一定的收入来源，但资金较为紧张，偿债能力较弱，信誉状况一般，有一定风险。

BB 级（含）及以下——较差级农户：综合评分 60 分以下（不含 60 分），收入状况存在严重问题，偿债能力很弱，信誉状况很差，风险很大。

（二）授信限额的确定和测算

根据信用等级评定结果，将客户划分为进入增加类、维持类和退出类三个类别。

（1）信用等级在 BB 级（含）及以下的客户划为退出类客户，按照退出计划确定授信限额，原则上在三年内全部退出。对应未提供财务报表或所提供的财务报表严重失实的客户，比照退出类客户确定授信限额。

（2）信用等级为 BBB 级客户划为维持类客户，按照村镇银行年初融资余额确定授信限额。但对经营正常且近三年逐步增长，财务状况有所改善，能按时还本付息的客户，可比照进入增长类客户，测算核定流动资金授信限额。

（3）信用等级为 A 级、AA 级及以上的客户划为进入增加类客户。

$$授信限额 = 申请企业资本净额 \times 融资风险占比控制线$$

融资风险占比控制线（上限）按客户信用等级划分：AAA 级 0.9，AA 级 0.8，A 级 0.7，BBB 级 0.6。

（4）对经营不到一年的客户，原则上在不超过实收资本范围内，考虑客户提供的足额有效担保情况核定流动资金授信限额。

（5）测算的授信限额参考值超过村镇银行单户授信占资本净额比例 10% 时，按村镇银行单户授信占资本净额比例 10% 确定授信限额参考值。

二、农户信用评级流程

（1）信贷人员对农户进行前期调查，采集评级所需的相关信息。

（2）信贷人员将采集到的信息按规定及时录入信贷业务综合管理系统，利用系统中评级模块进行评级。

（3）信贷人员进行初评后，输出评级测评表，经信贷部门主管审定。（见图 7-1）

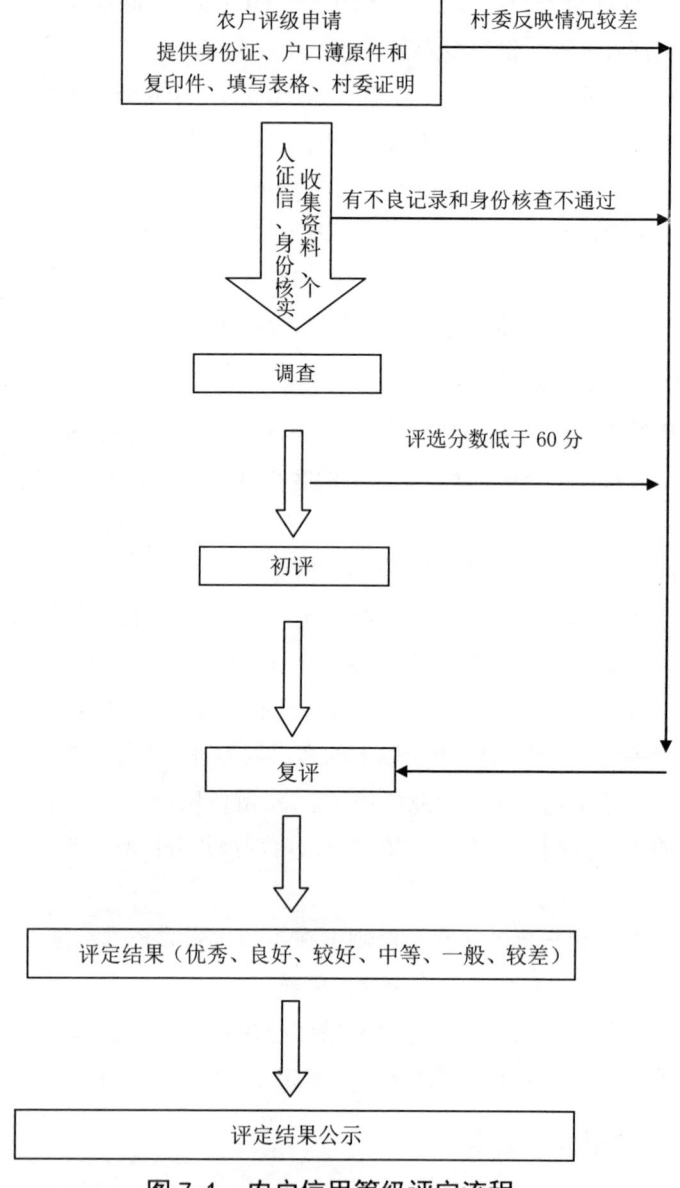

```
                 农户评级申请              村委反映情况较差
              提供身份证、户口薄原件和 ──────────────┐
              复印件、填写表格、村委证明                │
                      │                                │
                      ▼                                │
              收集资料、个人征信、身份核实   有不良记录和身份核查不通过
                      │          ─────────────────────┤
                      ▼                                │
                    调查                               │
                      │                                │
                      │         评选分数低于60分       │
                      │        ─────────────────────→ │
                      ▼                                │
                    初评                               │
                      │                                │
                      ▼                                │
                    复评  ◄───────────────────────────┘
                      │
                      ▼
         评定结果（优秀、良好、较好、中等、一般、较差）
                      │
                      ▼
                  评定结果公示
```

图 7-1 农户信用等级评定流程

第五节 村镇银行公司客户信用等级评定

信用评级是运用规范和统一的评价方法，对客户在一定经营期间内的偿债能力、盈利能力和还款意愿等情况进行定量和定性分析，从而对客户的信用等级做出真实、客观、公正的综合评价。信用评级是信贷业务的准入关，是银行确定贷

款投向和投量的依据。公司客户信用评级本着"统一标准、集中认定、定期评估、动态调整"的原则开展工作。

一、公司客户信用评级指标体系及评分表

（一）公司客户信用评级指标体系

评级指标体系由定量指标和定性指标两部分构成，综合评价计分结果实行百分制，其中定量指标70分、定性指标30分。其中定量指标包括偿债能力、盈利能力、营运能力和发展能力等四个指标；定性指标包括市场竞争力、管理水平、经营状况、信誉状况和发展前景等五个指标。

（二）公司客户信用评级评分表

信用评级定量指标及定性指标评分表见表7-2和表7-3。

表7-2　信用评级定量指标评分表

企业名称：

序号	评定内容	分值	计算公式	测算过程	指标值	分数区间及取值	计算得分
一	偿债能力	14					
1	资产负债率	6	（负债总额/资产总额）×100%			①生产企业：≤50%得6分；≤55%得5分；≤60%得4分；≤65%得3分；≤70%得1分；＞70%得0分 ②流通企业：≤60%得6分；≤65%得4分；≤70%得3分；＞70%得0分	
2	流动比率	8	（流动资产/流动负债）×100%			①生产企业：≥150%得8分；≥130%得7分；≥120%得5分；≥110%得3分；≥100%得1分；＜100%得0分 ②流通企业：≥130%得8分；≥120%得7分；≥110%得5分；≥100%得3分；＜100%得0分	
二	盈利能力	19					
1	净资产收益率	5	（净利润/平均净资产）×100%			①生产企业：≥20%得5分；≥15%得3分；≥10%得2分；≥5%得1分；≥1%得0.5分；＜1%得0分 ②流通企业：≥25%得5分；≥20%得3分；≥15%得2分；≥10%得1分；≥5%得0.5分；＜5%得0分	

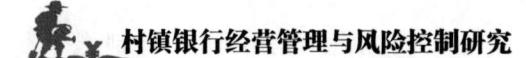

续表

序号	评定内容	分值	计算公式	测算过程	指标值	分数区间及取值	计算得分
2	销售（营业）利润率	5	（主营业务利润/主营业务收入）×100%			①生产企业：≥25%得5分；≥20%得3分；≥15%得2分；≥10%得1分；≥5%得0.5分；<5%得0分 ②流通企业：≥20%得5分；≥15%得3分；≥10%得2分；≥8%得1分；≥5%得0.5分；<5%得0分	
3	经营活动现金流入量/销售收入	9	此处销售收入是指销售收入			≥130%得9分；≥120%得7分；≥110%得6分；≥100%得4分；≥95%得2分；≥90%得1分；<90%得0分	
三	营运能力	19					
1	流动资产周转率（次）	7	销售（营业）收入净额/平均流动资产总额			①生产企业：≥3次得7分；≥2.5次得5分；≥2次得3分；≥1.5次得2分；≥1次得1分；<1次得0分 ②流通企业：≥4次得7分；≥3.5次得5分；≥3次得3分；≥2次得2分；≥1.5次得1分；<1.5次得0分	
2	存货周转率（次）	7	销售成本/平均存货			①生产企业：≥4次得7分；≥3.5次得5分；≥3次得3分；≥2.5次得2分；≥2次得1分；≥1.5次得0.5分；<1.5次得0分 ②流通企业：≥5次得7分；≥4.5次得5分；≥4次得3分；≥3.5次得2分；≥3次得1分；≥2.5次得0.5分；<2.5次得0分	
3	应收账款周转率（次）	5	销售（营业）收入净额/平均应收账款余额			①生产企业：≥6次得5分；≥5次得3分；≥4次得2分；≥3次得1分；≥2次得0.5分；≥1.5次得0.25分；<1.5次得0分 ②流通企业：≥7次得5分；≥6次得3分；≥5次得2分；≥4次得1分；≥3次得0.5分；≥2次得0.25分；<2次得0分	
四	发展能力	18					

续表

序号	评定内容	分值	计算公式	测算过程	指标值	分数区间及取值	计算得分
1	销售（营业）增长率	6	〔本年销售（营业）增长额/上年销售（营业）总额〕×100%			①生产企业：≥10%得6分；≥8%得4分；≥6%得3分；≥4%得2分；≥2%得1分；≥1%得0.5分；<1%得0分 ②流通企业：≥8%得6分；≥6%得4分；≥4%得3分；≥2%得2分；≥1%得1分；<1%得0分	
2	利润增长率	6	本年利润增长额/上年利润总额×100%			≥5%得6分；≥4%得4分；≥3%得3分；≥2%得2分；≥1%得1分；<1%得0分	
3	资本积累率	6	（期末所有者权益－期初所有者权益）/期初所有者权益×100%			≥3%得6分；≥2%得4分；≥1%得3分；<1%得0分	
	合计	70					

注：单项指标最高得分为满分，最低得分为0分，评分结果保留两位小数

表7-3　信用评级定性指标评分表

类别	分值	指标	分值	评价内容	取值	计算得分
市场竞争力	10	企业规模	10	企业规模在区域内的大小	规模大、影响大得10分；规模较大、影响较大得6分；规模一般得3分；规模低得0分	
管理水平	10	领导者素质	5	可信任度（是否有逃废债的行为）、专业学历、荣誉情况、开拓创新、班子稳定性	素质高得5分；较高得3分；一般得1分；较低得0分。如果领导者有逃废债的行为，该项得分为0分	
		组织制度	5	客户产权关系、法人制度是否明晰，组织机构是否完善	法律地位明确，组织结构、程序严谨得5分；法律地位比较明确，组织结构、程序比较严谨得3分；情况一般得1分；差得0分	
信誉状况	10	贷款质量	4	贷款本金归还情况以及贷款分类情况	无逾期、呆滞、呆账贷款，且无次级、可疑、损失贷款得4分；无呆滞、呆账贷款，且无可疑、损失贷款得2分；有呆滞、呆账、可疑、损失贷款之一者，得0分	
		贷款付息情况	6	应付贷款利息余额情况	无欠息得6分；≤1个季度应计利息额得3分；超过1个季度应计利息额得0分	
	合计		30			

二、公司客户信用等级划分

公司客户信用等级分为 AAA、AA、A、BBB、BB 五个等级。

（1）AAA 级客户：综合评价得分达到 85 分（含）以上。市场竞争力很强，有很好的发展前景，管理水平很高，有可靠、可预见的净现金流量，具有很强的偿债能力，对村镇银行的业务发展很有价值，信誉状况很好。

（2）AA 级客户：综合评价得分达到 70（含）～85 分。客户市场竞争力强，发展前景好，管理水平高，有良好的净现金流量，偿债能力强，对村镇银行的业务发展有价值，信誉状况良好。

（3）A 级客户：综合评价得分达到 60（含）～70 分。客户市场竞争力较强，发展前景较好，管理水平较高，净现金流量较好，偿债能力较强，对村镇银行的业务发展有一定价值，信誉状况较好。

（4）BBB 级客户：综合评价得分达到 50（含）～60 分。客户市场竞争力一般，发展前景一般，管理水平一般，净现金流量一般，偿债能力一般，对村镇银行的业务发展有一定价值，信誉状况一般。

（5）BB 级客户：综合评价得分 50 分以下。市场竞争力、财务效益状况、管理水平差，偿债能力弱，风险大。

信用等级每年评定一次，原则上于每年 6 月底前完成。评定的信用等级有效期为一年。

三、公司客户授信管理

（1）AAA 级和 AA 级客户是村镇银行优质客户，是信贷业务营销的主要对象，其融资余额占各项融资余额比重应逐年提高。

（2）A 级客户是村镇银行基本客户，在有效防范风险的前提下，适当发放新增贷款，存量贷款收回再贷。

（3）BBB 级和 BB 级客户是村镇银行贷款控制对象，对发展前景不佳的客户，要通过"多收少贷"或"只收不贷"等方式逐步压缩存量贷款；或仅办理存单质押等低风险业务。

（4）存量客户 BBB 级准入，新增客户 A 级准入。

（5）存单质押、银行承兑汇票质押、国债质押、票据贴现等低风险业务免评级。

四、公司客户信用评级操作流程

（1）客户经理筛选被评级对象，搜集、整理信用评级工作所必须提供的各种资料，并深入实地对客户基本情况、生产情况、企业领导者及职工素质、财务状况等相关资料进行核实，按照其评级指标和标准进行计算、评定，根据其打分情况和定性评议结果形成《公司客户信用等级初评报告》，经双方签字后报告本部门主管人员。

（2）部门审核。信贷经理、主管行长按照审核工作的要求，根据有关制度和规定对初评报告及有关材料进行审查，符合要求的上报贷审会审议。

（3）审批和发证。贷审会讨论通过后，由信贷综合员适时下发"授信企业信用等级证书"。

第六节　村镇银行信用风险的控制措施

一、改善农村金融信用环境

大力改善农村金融生态环境最根本的目的是要促进农村金融发展，实现经济金融良性互动。中国人民银行和银保监会应加大工作力度，改善农村地区信用制度缺失状况；要完善农村户籍制度，加强与农村各部门的沟通和联系，加快农村征信体系建设，尽快规范和完善农户和农村小微企业信用档案；要以信用创建为契机，加快出台"县域金融生态环境建设规划""县域信用社区创建工作方案"等地方信用建设方案，大力开展信用企业和信用乡镇、信用社区等信用创建活动。村镇银行可借鉴农村信用社近年来对农户信用等级评定的经验和做法，综合农户的各类信息进行信用评级，并在此基础上，将评级的范畴延伸到个体工商户，然后决定授信额度，形成良好信用与信贷支持的互动循环，从根本上建立社会各界共同参与的金融生态环境建设长效机制。

政府要组织协调人民银行、税务、公安、工商等部门加强农村征信建设，大力推广信用镇、信用村与信用户的评价制度，逐步建立良好的农村金融生态环境。要求对农户和农村小微企业的信用状况进行调查评价，规范信用档案，并建立信用登记咨询系统。村镇银行要建立电子化的信用记录，并要尽快办理银行代码，尽早与人民银行联网，将客户的信用资料及时录入人民银行的征信库系统中，实现与其他金融机构的信息共享。村镇银行在办理业务时，对信用好的农户的贷款需求，应采用正向激励机制，可以在同等条件下实行贷款优先、利率优惠、额度放宽等办法，起到示范效果；对逃债、赖债、废债等各种失信行为，要加大制裁力度，提高失信者的违约成本。我国应根据现实情况的要求，借鉴其他发展中国家的经验，结合我国国情并按照市场规则建立健全信用中介机构，扶持和发展知名度高、信用好的会计师事务所、律师事务所以及各类评估所等信用中介机构快速发展。

二、严把信用风险入口关，加大信用风险排查化解力度

村镇银行要严把信用风险入口关，要做细、做深、做实贷前调查，严防不合格客户当作银行营销对象，按照信贷投向指引，支持绿色信贷，并严格执行"禁五慎三"及农户贷款"禁三慎二"规定，严防指标过度，或有负债过高，严防借户冒名贷款；加大信用风险排查化解力度，提高风险摸排频率，加强对各类风险之间的关联性识别，防范行业系统性风险和供应链风险效应传导，在摸排的基础上，对现有的隐性风险贷款制定切实可行的一户一表化解方案；强化制度执行，防止超额授信和转移用途风险。

三、建立贷款管理机制，提高风险识别能力

村镇银行可以借鉴孟加拉国格莱珉银行以及国内一些地区小额贷款的成功经验，实行"农民申请、农户联保、干部推荐、基金保证"的贷款风险控制模式。村镇银行为解决小额信贷服务半径长、信息不对称和服务覆盖面窄等问题，可以外聘村社有威信、有一定担保能力的村干部或农户担任业务联络员。为保证信息的真实性，联络员需为推荐的贷款提供保证担保，银行根据联络员和贷款农户的实际情况，核定最高担保额度。为防止借款人、联络员的道德风险，银行要求联络员与社区农户组成联保小组，为社区内所有贷款开展联保，形成相互制衡的风险控制机制。其主要流程是农户需要贷款，必须在该村参加由联络员与社区农户组成联保小组，同时由村贷款推荐委员会对农户加入联保小组的情况和贷款资格进行初审、推荐，并由村联保基金做保证。银行收到贷款申请、联保协议、推荐书以后，上门调查农户贷款用途和信用状况，准确地诊断农户的情况，对符合条件的农户发放贷款。

掌握借款人相关信用信息，从源头上把控好信贷风险。参照大中型商业银行建立村镇银行自己的贷款审查量化评分与信用等级评价制度。在贷前收集好借款人的相关信息，特别是财务信息（确保财务报表的真实性）、抵押物、担保品信息等，确保抵押担保合法有效，加强财务报表的审核力度。根据借款人提供的信息分析其信用状况，摸清其资产及现金流状况，防范因借款人提供信息作假而导致的潜在风险的增加，同时对提出贷款申请的农户和小企业应进行实地调查评价，再决定是否纳入授信范围内。

提高贷前审查质量，严格授信条件。这一环节主要应对借款者提供的相关抵押品或担保品的合法性做出严格审查，通过人民银行等系统，查询企业的担保品等的抵质押情况，防止多头抵押、多头担保的出现。同时要了解企业的销售收入情况及现金流情况，只有销售收入稳定增长，现金流充沛的企业才能给予发放贷款。对于不符合条件的其他农户和企业应该让其做出解释或者出具承诺函等方式来保

证贷款发放的安全性。同时应该进行相应的创新,村镇银行可以考虑接受农户房屋和承包土地为抵押等的贷款,对于那些抵押不足的企业和农户可以采取联保方式等提供担保,而没有任何担保措施的应该尽量避免发放。

做好贷后跟踪管理制度。对于不同信用评级的客户,应该采取不同的方式,信贷人员通过实地考察走访了解企业的生产经营情况,并将检查发现的重大问题及重大变化及时录入信贷管理系统。严格监视和审查贷款资金的用途,保证信贷资金不被挪用。同时应加强与其他商业银行的交流与合作,村镇银行亦有其自身特点应该探索符合自己发展的新模式。

四、完善内部约束机制,提高风险缓释能力

村镇银行应该建立一个贷、评、管分离的独立审查制度和管理机制,引导吸收银行专业人士建立类似上市公司的非独立董事制度,组建信贷风险控制小组,由该小组来负责贷款的审查、发放等工作环节。同时实行信贷员与信贷风险控制小组形成相互制约,即信贷员同意发放贷款后,将有关审查的材料移交控制小组,由控制小组来决定是否发放贷款。由于控制小组成员与借款人之间没有关联关系或者利益往来关系,能够最大程度保证贷款发放的公正性。同时,信贷人员应当监督、审查贷款流向,通过实地走访等方式,及时了解客户信息,信贷员发现问题时应及时通知贷款管理部门。

村镇银行要贯彻经营风险与法律风险并重的经营理念,使其员工充分认识到信贷风险及其潜在的危害性,并在实际工作中充分识别防范。通过案例分析培养信贷人员掌握信贷风险调查、识别方法和技巧,为控制信贷风险提供智力保障,提高信贷人员的专业素质。强化激励约束机制,建立合理的贷款奖惩制度,理智对待同业的竞争。

督促村镇银行将风险防控作为其业务发展的第一要务,妥善处理好业务发展与风险防范的关系;按照"股东参与、简化形式、运行科学、治理有效"的原则,强调董事会在风险防控中的核心作用,要求董事会不仅对风险控制进行全面有效的监督,并且对重点风险部位和大额贷款进行直接管控;推动建立各项内部管理制度,规范业务流程,实现有效制衡。

建立健全以风险控制为主要内容的管控机制。通过建立一整套考核机制,加强经营管理。按照商业化经营的管理模式,通过严格落实审、贷、查分离机制,禁止大额贷款和股东关联贷款,及时抓住各种风险隐患和可能出现的苗头,发出预警信号,积极采取各种有效措施,防范和化解风险。

五、加快发展农业保险，创新担保方式

农业和农民对自然条件的依赖性很强，抵御自然灾害的能力较弱，在农业保险体系不健全的情况下，银行的贷款存在严重的风险隐患。因而要引入农业保险，完善农业风险经济补偿机制，减轻农户因自然灾害造成的经济损失，增强农户抵御和防范风险的能力，降低信贷资金风险。[①]农业保险的经营原则是政府政策扶持，公司商业运作，要建立由政府主导的政策性农业保险制度，应努力构建多层次的农业保险组织体系，充分发挥政策性保险、商业性保险、合作性保险组织的作用，并通过农业再保险、农业巨灾风险基金等多种渠道使农业自然灾害风险在更大的范围内分散。建议组建国家农业保险公司，承保商业性保险公司不愿承保的农业风险，并通过国家农业保险公司贯彻国家农业保险政策，经营管理国家农业风险基金，为商业性保险、合作性保险机构提供再保险等；对农业保险公司给予必要的财税政策优惠，对参加农业保险的农户给予一定的保费补贴等，有效分散农业经营风险，降低村镇银行金融风险，确保其可持续健康发展。

通过创新抵押担保方式，如实行农户小组联保贷款，探索符合农村特色的抵质押贷款新模式，增加例如生产设备等作为抵押物，接受仓单、订单等作为抵押，扩大抵押物的来源渠道；实行"合作社+农户""协会+农户""企业+农户"的经营模式等，村镇银行就可以增强农户之间的互相合作与联保，降低了因对借款者信息的不知情而导致的信用风险。

六、实行多方联手监管，提升风险防范能力

村镇银行要尽快建立起金融同业联合监管制度，利用人民银行信贷登记咨询系统及时查询掌握客户的信用状况、授信总量和担保情况；同时，各商业银行之间要建立客户授信信息交流平台，加强协调与合作，防止无序竞争、过度竞争所形成的信贷资金风险。只有严格监管，加上必要的控制措施，才能真正地做到震慑那些非法和不合理的信贷资金要求及保证信贷资金的安全性。

实施持续监管，切实加强风险管控。一是加强定位监管。为防止村镇银行脱离支持"三农"的宗旨，建议对村镇银行"三农"贷款投向占比做出明确规定，建立支农服务质量评价考核体系。二是要强化流动性监管。督促村镇银行坚持小额、分散的原则，努力防范信贷集中度风险。三是通过有效的监管，督促村镇银行加强内控管理，提高服务水平，规范业务操作行为，防止金融案件的发生，确保农民存放资金的安全。四是要实施差别监管。根据村镇银行的特点，设计有效的非现场监管指标，纳入非现场监管系统。

[①] 潘枫. 村镇银行信用风险管理研究——以Y村镇银行为例[D]. 电子科技大学, 2018.

第八章　村镇银行市场风险与控制

村镇银行作为支持农村地区经济地发展的金融机构，必然将要面对农村地区复杂的金融环境，为了村镇银行能够稳定地发展，做好防范金融风险的准备是必要的。银行业的金融风险是不可避免的，但同时也是可以控制的，全面地认识金融风险的形成原因和掌握规避风险的方法才能使村镇银行有效地控制风险。闫晓婷（2014）认为村镇银行面临着利率波动的损失可能。随着利率市场化从幕后到台前，凸显出村镇银行市场风险管理的重要，尤其当前我国村镇银行业务单一传统，多数不涉及金融衍生品业务，分散市场风险能力不足，使得利率风险凸现。刘姣华（2014）认为村镇银行由于规模较小、知名度不高，会有强烈的"争存揽储"动机，不得不以高于金融机构平均存款利率和低于金融机构平均贷款利率来吸引客户，因而挤压了村镇银行的利润空间，出现利差缩小甚至倒挂的现象。利率市场化也会使农村金融市场银行间的竞争加剧，部分村镇银行将出现经营困难，甚至面临倒闭的可能。陈爽（2016）认为，村镇银行缺乏科学有效的风险计量方法；没有有效的财务措施；缺少足够的市场风险管理人员，人员素质能力不高，风险管控意识比较低。谷连杰（2017）认为，利率风险是村镇银行面临的主要市场风险因素，应建立区域金融发展圈，实施利率优惠政策等防范市场风险措施。

第一节　关于市场风险的界定与特点

一、市场风险的界定与种类

市场风险指因市场状况的改变，如利率、汇率、股票价格指数等的变动，导致贷款、房地产、股票、债券和外汇等资产价格波动的风险。

市场风险包括利率风险、汇率风险以及商品价格风险。

（一）利率风险

利率风险是指市场利率变动的不确定性给商业银行造成损失的可能性。利率风险是整个金融市场中最重要的风险。由于利率是资金的机会成本，汇率、股票和商品的价格皆离不开利率；同时由于信贷关系是银行与其客户之间最重要的关系，因此利率风险是银行经营活动中面临的最主要风险。虽然以存贷利率为标志的利率市场化改革已经基本完成，但是目前我国还存在利率双轨制，基准利率市场化还没有开始，影响利率的市场因素仍不明朗，而且市场仍然没有有效的收益率曲线，利率风险将逐步成为我国金融业最主要的市场风险。

1. 重新定价风险

重新定价风险也称为期限错配风险，是最主要和最常见的利率风险形式，源于银行资产、负债和表外业务到期期限（就固定利率而言）或重新定价期限（就浮动利率而言）之间所存在的差异。这种重新定价的不对称性使银行的收益或内在经济价值会随着利率的变动而发生变化。

2. 收益率曲线风险

重新定价的不对称性也会使收益率曲线的斜率、形态发生变化，即收益率曲线的非平行移动，对银行的收益或内在经济价值产生不利的影响，从而形成收益率曲线风险，也称为利率期限结构变化风险。

3. 基准风险

基准风险也称为利率定价基础风险，也是一种重要的利率风险。在利息收入和利息支出所依据的基准利率变动不一致的情况下，虽然资产、负债和表外业务的重新定价特征相似，但是因其现金流和收益的利差发生了变化，也会对银行的收益或内在经济价值产生不利的影响。

4. 期权性风险

期权性风险是一种越来越重要的利率风险，源于银行资产、负债和表外业务中所隐含的期权。

（二）汇率风险

汇率风险是指由于汇率的不利变动而导致银行业务发生损失的风险。汇率风险一般因为银行从事以下活动而产生：一是商业银行为客户提供外汇交易服务或进行自营外汇交易活动（外汇交易不仅包括外汇即期交易，还包括外汇远期、期货、互换和期权等金融合约的买卖），而使商业银行从事的银行账户中的外币业务活动（如外币存款、贷款、债券投资、跨境投资等）。汇率风险是市场风险的重要组成部分。随着我国经济持续增长，越来越多的国内企业走出国门投资海外，汇率风险也随之增加。随着人民币汇率形成机制的进一步完善，市场因素在汇率形成机制中的作用会进一步加大，我国银行业的汇率风险也将进一步提升，加强汇率风险管理和监管变得越来越重要。

1. 交易风险

交易风险也称交易结算风险，是指运用外币进行计价收付的交易中，经济主体因外汇汇率变动而蒙受损失的可能性。它是一种流量风险。银行的外汇交易风险主要来自两方面：一是为客户提供外汇交易服务时未能立即进行对冲的外汇敞口头寸；二是银行对外币走势有某种预期而持有的外汇敞口头寸。

交易风险主要表现在以下几个方面：

（1）在商品、劳务的进出口交易中，从合同的签订到货款结算的这一期间，外汇汇率变化所产生的风险。

（2）在以外币计价的国际信贷中，债权债务未清偿之前存在的风险。

（3）外汇银行在外汇买卖中持有外汇头寸的多头或空头，也会因汇率变动而遭受风险。

2. 折算风险

折算风险又称会计风险，是指经济主体对资产负债表进行会计处理的过程中，因汇率变动而引起海外资产和负债价值的变化而产生的风险。它是一种存量风险。

同一般的企业相比，跨国公司的海外分公司或子公司所面临的折算风险更为复杂。一方面，当它们以东道国的货币入账和编制会计报表时，需要将所使用的外币转换成东道国的货币，面临折算风险；另一方面，当它们向总公司或母公司上报会计报表时，又要将东道国的货币折算成总公司或母公司所在国的货币，同样面临折算风险。

折算风险主要有三类表现方式：存量折算风险、固定资产折算风险和长期债务折算风险。风险的大小与折算方式也有一定的关系，历史上西方各国曾先后出现过四种折算方法。

（1）流动／非流动折算法。该方法将跨国公司的海外分支机构的资产负债划分为流动资产、流动负债和非流动资产、非流动负债。根据该方法，在编制资产负债表时，流动资产和流动负债按编表时的现行汇率折算，面临折算风险；非流动资产和非流动负债则按原始汇率折算，无折算风险。

（2）货币／非货币折算法。该方法将海外分支机构的资产负债划分为货币性资产负债和非货币性资产负债。其中，所有金融资产和负债均为货币性资产负债，按现行汇率来折算，面临折算风险，只有真实资产属于非货币资产负债，按照原始汇率来折算，没有折算风险。

（3）时态法。该方法为货币／非货币折算法的变形，只是对真实资产做了更真实的处理。如果真实资产以现行市场价格表示，则按现行汇率计算，面临折算风险；如果真实资产按原始成本表示，则按原始汇率折算，没有折算风险。当全部真实资产均按原始成本表示时，时态法与货币／非货币法完全一致。

（4）现行汇率法。该方法将跨国公司的海外分支机构的全部资产和全部负债均按现行汇率来折算，这样一来，海外分支机构的所有资产负债项目，都将面临折算风险。目前，该方法已成为美国公认的会计习惯做法，并逐渐为西方其他各国所采纳。

3. 经济风险

经济风险又称经营风险，是指意料之外的汇率波动引起公司或企业未来一定期间的收益或现金流量变化的一种潜在风险。在这里，收益是指税后利润，现金流量指收益加上折旧。经济风险可包括真实资产风险、金融资产风险和营业收入风险三方面，其大小主要取决于汇率变动对生产成本、销售价格以及产销数量的影响程度。例如，一国货币贬值可能使得出口货物的外币价格下降从而刺激出口，也可能使得进口原材料的本币成本提高而减少供给，此外，汇率变动对价格和数量的影响可能无法马上体现，这些因素都直接影响着企业收益变化幅度的大小。

与交易风险不同，经济风险侧重于企业的全局，从企业的整体预测将来一定时间内发生的现金流量变化。因此，经济风险来源不是会计程序，而是经济分析。经济风险的避免与否很大程度上取决于企业预测能力的高低。预测的准确程度直接影响企业在生产、销售和融资等方面的战略决策。此外，折算风险和交易风险的影响是一次性的，而经济风险的影响是长期的，它不仅影响企业在国内的经济行为与效益，而且直接影响企业在海外的经营效果和投资收益。因此，经济风险一般被认为是三种外汇风险中最重要的。但是由于经济风险跨度较长，对其测量存在着很大的主观性和不确定性，要准确计量企业的经济风险存在很大的难度，所以企业的经营者通常更重视对交易风险和折算风险的管理。

（三）商品价格风险

商品价格风险是指商业银行所持有的各类商品的价格发生不利变动而给商业银行带来损失的风险。这里的商品包括可以在二级市场上交易的某些实物产品，如有价证券、贵金属等。

股票价格风险是指由于商业银行持有的股票价格发生不利变动而给商业银行带来损失的风险。股票市场行情瞬息万变，很难预测行情变化的方向和幅度。例如，收入正在节节上升的公司，其股票价格却下降了，这种情况我们经常可以看到；还有一些公司，经营状况不错，收入也很稳定，其股票却在很短的时间内上下剧烈波动。出现这类反常现象的原因，主要是投资者对股票的一般看法或对某些种类或某一组股票的看法发生变化所致。

市场风险管理是辨识、度量、监测和控制市场风险的全过程。市场风险管理的目标是通过将市场风险控制在银行可以（或愿意）承受的合理范围内，实现经风险调整的收益率的最大化。风险辨识，一是认识和鉴别银行活动中各种损失的可能性，估计市场风险对银行目标的影响，通常包括分析、研究哪些项目存在风险，受何种风险影响，受影响的程度；二是分析各种风险的特征和成因；三是进行衡量和预测风险的大小，确定风险的相对重要性，明确需要处理的缓急程度。

在确认对银行有显著影响的市场风险因素以后，就需要对各种风险因素进行度量，即对风险进行定量分析。目前经常使用的市场风险度量指标大致可以分为两种类型，即风险的相对度量指标和绝对度量指标。相对度量指标主要是测量市场因素的变化与金融资产收益变化之间的关系。相对度量指标如久期、凸性、Beta系数等；绝对度量指标如方差/标准差、风险价值（VaR）等。

控制市场风险的一般管理方法如下：

（1）风险规避。风险和收益总是相伴而生的，获得收益的同时必然要承担相应的风险。试图完全规避某种市场风险的影响意味着完全退出这一市场。因此，对银行的所有者而言，完全规避风险通常不是最优的风险应对策略。

（2）风险接受。有些银行在经营活动中会忽略它们面临的部分风险，不会采取任何措施来管理某些类别的风险。

（3）风险分散。许多银行往往采取"把鸡蛋放在不同篮子里面"的方法来分散风险，即通过持有多种不同种类的并且相关程度很低的资产来起到有效降低风险的目的，而且这种方法的成本往往比较低廉。但是对于小型银行来说，由于缺乏足够的资金和研究能力，它们经常无法有效地分散风险，同时，现代资产组合理论也证明，分散风险的方法只能降低非系统风险，而无法降低系统风险。

（4）风险转移。市场风险本身是不可能从根本上加以消除的，但是可以通过各种现有的金融工具来对市场风险加以管理。例如，银行可以通过运用金融工程的方法，将其面临的风险加以分解，从而使其自身保留一部分必要的风险，然后将其余风险通过衍生产品（如互换、远期等）工具传递给他人，或者通过"操作对冲"的形式风险暴露降低到可以承受的水平之下。

二、村镇银行市场风险的特点及表现

市场风险具有数据充分和易于计量的特点，更适于采用量化技术加以控制。由于市场风险主要来自所属经济体系，因此具有明显的系统性风险特征，难以通过分散化投资完全消除。

目前村镇银行主要经营传统存贷业务，它所在经营过程中面临的市场风险主要是利率风险。随着利率市场化改革，我国银行业的竞争更加剧烈，村镇银行作为新生银行，将会面临不可预测的市场风险。

利率市场化使利率受市场影响而波动，村镇银行在利率波动时产生了利率风险,给该行在经营上带来了很多麻烦,主要表现为以下几方面。

(一)利差收入减少

根据资产负债表,村镇银行的业务主要包括负债业务、资产业务和中间业务。其中,负债业务包括贷款业务和存款业务,是村镇银行经营收入的主要来源,也是银行其他业务能够正常进行的基础。利率市场化后,存款利率的波动导致了银行存款成本的变动。同时贷款利率的变动导致了贷款利息的变化,最终导致了银行存贷利息的净利差收入变动。存贷净利差收入是村镇银行的主要收入来源,如果不能控制利率风险到来的影响,必将对村镇银行的经营收入带来影响。所以村镇银行在利率市场化中承受了巨大的市场风险,为村镇银行的可持续发展添加了一大难题。

(二)利率风险加大

利率市场化后,银行的经营产生了很大的风险,其中最严重的就是利率风险。利率在受管制时,它的波动幅度和范围是很小的,并且在可以控制的范围内,这样的利率风险管制方法相对容易很多。利率市场化后,它的波动会根据市场的变化而定,波动频率、幅度和范围都比较大,利率期限结构变得相对复杂。村镇银行作为新成立的银行,缺乏风险管理经验,在面对如此严重的利率风险的冲击下只靠自身的调节会加大风险的控制成本。村镇银行和其他大型银行相比,在控制利率风险的能力和承受风险的能力上还有很大的差距。因此,村镇银行也将要承受比其他大型银行更加严重的利率风险。

(三)资金定价难度增加

利率市场化改革后,利率的变动与市场紧密结合,村镇银行可以根据不同的产品,在其特点、风险程度、资金成本、目标利率等不同因数决定价格。在竞争方式上,村镇银行从以前的非价格竞争转变为了价格竞争,因此资金的定价能力是村镇银行能够持续发展的重要因素。但是村镇银行作为新成立的银行,缺乏资金定价的能力,在面对资金定价时,往往还要考虑许多因素,如信贷风险、供求情况、成本费用等,具有很大的难度。因此,资金定价难度的增加和自身能力的不足,使市场风险随之增加。

第二节 市场风险的计量

一、传统市场风险计量方法

(一)缺口分析

缺口分析是衡量利率变动对银行当期收益的影响的一种方法。所谓的缺口就是指对利率敏感性的资产与负债之间的差额。它是银行业较早采用的利率风险计量方法。利率风险暴露就是因利率变动产生的净利息所得的变动。

具体而言,就是将银行的所有生息资产和付息负债按照重新定价的期限划分到不同的时间段(如1个月以下、1至3个月、3个月至1年、1至5年、5年以上等),在每个时间段内,将利率敏感性资产减去利率敏感性负债,再加上表外业务头寸,就得到该时间段内的重新定价"缺口"。以该缺口乘以假定的利率变动,即得出这一利率变动对净利息收入变动的大致影响。

$$净利息变动 = 利率变动 \times 利率敏感性缺口$$

用公式表示:

$$\Delta NII = (GAP) \times \Delta r$$

其中,ΔNII 是净利息所得的变动,Δr 是利率的变动。

缺口分析的局限性:

第一,缺口分析忽略了同一时段内不同头寸的到期时间或利率重新定价期限的差异。

第二,缺口分析只考虑了由于重新定价期限的不同而带来的利率风险,未考虑基准风险,同时忽略了与期权有关的头寸在收入敏感性方面的差异。

第三,非利息收入和费用是银行当期收益的重要来源,但大多数缺口分析未能反映利率变动对非利息收入和费用的影响。

第四,缺口分析主要衡量利率变动对银行当期收益的影响,未考虑利率变动对银行经济价值的影响,所以只能反映利率变动的短期影响。

(二)久期分析

久期分析也称为持续期分析或期限弹性分析,是衡量利率变动对银行经济价值影响的一种方法。具体而言,就是对各时段的缺口赋予相应的敏感性权重,得到加权缺口,然后对所有时段的加权缺口进行汇总,以此估算某一给定的小幅(通常小于1%)利率变动可能会对银行经济价值产生的影响(用经济价值变动的百分比表示)。用公式表示:

$$D(Y) = (1*PV_{x_1} + 2*PV_{x_2} + 3*PV_{x_3} + \cdots + n*PV_{xn})/PV_x$$

其中,$D(Y)$ 表示久期;Y 是市场利率;$X_1, X_2, \cdots, X_n$ 是各期的现金流;PV_{xn} 是第 n 期现金流的现值。

与缺口分析相比较,久期分析是一种更为先进的利率风险计量方法。缺口分析侧重于计量利率变动对银行短期收益的影响,而久期分析则能计量利率风险对银行经济价值的影响。

久期分析的局限性：

第一，如果在计算敏感性权重时对每一时段使用平均久期，即采用标准久期分析法，久期分析仍然只能反映重新定价风险，不能反映基准风险，以及因利率和支付时间的不同而导致的头寸的实际利率敏感性差异，也不能很好地反映期权性风险。

第二，对于利率的大幅变动（大于1%），由于头寸价格的变化与利率的变动无法近似为线性关系，因此，久期分析的结果就不再准确。

（三）外汇敞口分析

外汇敞口分析是衡量汇率变动对银行当期收益的影响的一种方法。外汇敞口主要来源于银行表内外业务中的货币错配。当在某一个时段内，银行某一币种的多头头寸与空头头寸不一致时，所产生的差额就形成了外汇敞口。在进行敞口分析时，银行应当分析单一币种的外汇敞口，以及各币种敞口折成报告货币并加总轧差后形成的外汇总敞口。

外汇敞口分析的局限性：

它主要是忽略了各币种汇率变动的相关性，难以揭示由各币种汇率变动的相关性所带来的汇率风险。

（四）情景分析法

情景分析法就是在设定的各种不同情况下，测定银行投资组合的损益。情景分析的整个过程是通过对环境的研究，识别影响研究主体或主题发展的外部因素，模拟外部因素可能发生的多种交叉情景分析和预测各种可能前景。

情景分析法的作用：分析环境和形成决策；提高组织的战略适应能力；提高团队的总体能力，实现资源的优化配置。

情景分析方法的特点：定性分析加定量分析；需要主观想象力；承认结果的多样性。

情景分析法的基本步骤：

第一步：选择5～10个对银行在交易市场有不利影响的危机情景，以银行专家的意见及过去的历史数据资料来估计在这些危机情景下各种风险因子的变动。

第二步：在这些设定的情景下，全面重新估算银行资产组合的可能价值。

第三步：每天测试银行资产组合在这些情景下的可能损失。

第四步：每季重新设定更新这些情景分析，如果有必要可以更频繁地更新这些情景设定。

情景分析法的局限性：

第一,做好情景分析需要花费大量时间。

第二,只有特定的情景可以测试。

第三,这些情景的变动是主观的认定。

第四,无法表达风险事件发生的概率。

二、现代市场风险的计量方法

20世纪90年代以来,国际风险管理注重市场风险管理,并且开始使用在险价值作为金融机构风险管理和金融监管当局监管的重要指标。

在险价值(Value-at-Risk,简称VaR),它是在正常的市场条件和给定的置信水平(Confidence interval,通常为95%或99%)上,在给定的持有期间内,某一投资组合预期可能发生的最大损失。

在险价值特征:一是引入置信水平的观念;二是引入评估期间的观念;三是可以直接用在不同类型的资产;四是以损失金额表示。

在险价值的单位是金额,而不是比率或标准差;在险价值是在一定置信水平下的估计值,而不是确定值;在险价值只能针对正常的市场情况进行估计,无法估计市场剧烈波动时的最大可能损失。

如果在险价值的评估期限为一天,置信水平为95%,表示投资者约有95%的概率,投资组合在未来一天的平均最大损失金额不会超过该在险价值。

以随机变量XT代表投资组合在未来T天损益金额,而$(1-a\%)$为置信水平,则在险价值用公式表示:

$$\text{Prob}(XT < -\text{VaR}) = a\%$$

如果以$f(x)$代表投资组合损益的概率密度函数,则在险价值用公式表示:

$$\int_{-\text{VaR}}^{-\infty} f(x)x = a\%$$

例如某投资者持有民生银行股票,市价为100万元人民币,若在某一日,算出在95%置信水平下,VaR值为5万元人民币,说明该投资者在下一个交易日的最大损失金额有95%的概率不会超过5万元人民币。但是并不代表下一个交易日的实际损失不会超过5万元人民币,因为仍然存在5%的概率,市场波动会使得该投资组合的价值在下一个交易日的损失超过5万元人民币。

计算VaR的方法主要包括方差—协方差法(Variance—Covariance Approach)、历史模拟法(Historical Simulation Method)和蒙特卡罗模拟法(Monte-Carlo Simulation Method)。

(一)方差—协方差法

它是假定风险因素收益的变化服从特定的分布,通常假定为正态分布,然后通过历史数据分析和估计该风险因素收益分布的参数值,如方差、均值、相关系数等,然后根据风险因素发生单位变化时,头寸的单位敏感性与置信水平来确定各个风险要素的 VaR 值,再根据各个风险要素之间的相关系数来确定整个组合的 VaR 值。当然也可以直接通过公式计算在一定置信水平下的整个组合(这里的组合是单位头寸,即头寸为 1)的 VaR 值,其结果是一致的。

$$\rho_{ij} = \sigma_P(x_i, x_j) / \sigma_i \sigma_j$$

式中:σ_P 表示整个投资组合收益的协方差;σ_i、σ_j 表示风险因素 i 和 j 的标准差;ρ_{ij} 表示风险因子 i 和 j 的相关系数;x_i 表示整个投资组合对风险因素 i 变化的敏感度;x_j 表示整个投资组合对风险因素 j 变化的敏感度,有时被称为 Delta 参数。

VaR 分析可以分为两个步骤:一是分析投资组合对每个风险因子的敏感度;二是分析风险因子本身的波动性和相关性。最大的缺点是它不能真实地反映投资组合在分布尾部的损失。

(二)历史模拟法

以历史可以在未来重复为假设前提,直接根据风险因素收益的历史数据来模拟风险因素收益的未来变化。在这种方法下,VaR 值直接取自投资组合收益的历史分布,组合收益的历史分布又来自组合中每一金融工具的盯市价值,而这种盯市价值是风险因素收益的函数。

历史模拟法步骤:

第一步:选取过去 $N+1$ 天第 i 项资产的价格作为模拟资料。

假定现在的时间为 $t=0$,$S_i(t)$ 为第 i 项资产在时间 t 的价格。

资产价格:$S_i(-1)$、$S_i(-2)$、$S_i(-3)$、$S_i(-n-1)$

第二步:将过去彼此相邻的 $N+1$ 笔资料相减,就可以求得 N 笔该资产每日的价格损益变化量。

$$\triangle 1 = S_i(-1) - S_i(-2);\ \triangle 2 = S_i(-2) - S_i(-3);\ \cdots$$

$$\triangle n = S_i(-n) - S_i(-n-1)$$

第三步:将变化量转换为报酬率,就可以算出 N 种可能的报酬率。

$$R_1 = \frac{S_i(-1) - S_i(-2)}{S_i(-2)}$$

$$R_2 = \frac{S_i(-2) - S_i(-3)}{S_i(-3)}$$

$$R_N = \frac{S_i(-N) - S_i(-N-1)}{S_i(-N-1)}$$

第四步：将所得的报酬率从小到大依序排列，并且依照不同的置信水平，找出相对应分位数的临界报酬率。

第五步：将目前的资产价格 $=S_i$（0）乘以所得的临界报酬率，得到的金额就是使用历史模拟法所估计得到的 VaR 值。

例如某投资者今日以 4.68 元买入中国石化股票 10000 股，问在 95% 置信水平下的明日 VaR 值？

通过查找中国石化过去 101 天的每天收盘价资料，产生 100 个报酬率数据，并且将所得的报酬率从小到大依序排列，找出在 95% 置信水平下的报酬率为 -3.25%，则

$$\text{VaR 值} = 4.68 \times 10000 \times (-3.25\%) = -1521$$

意味明天在 95% 的概率下，该投资者的损失不会超过 1521 元。

历史模拟法的优点：

一是简单、易算，被金融机构广泛使用。

二是不需要进行资产报酬率的假设，只要利用历史数据就可以较准确地反映出风险因子的概率分布特性。

三是避免估计误差问题。历史数据已经反映资产报酬率的波动性、相关性等特性。

历史模拟法的局限性：

一是历史数据的取得与代表性。有的历史数据未公开，或者历史数据时间太短，模拟结果可能不具有代表性，容易产生偏差。

二是对极端事件难于处理。如 2008 年美国次贷危机，对全球股市都产生了重大影响，如何安排次贷危机发生期间的资料占全部资料的比例？若占比大，就高估了正常市场的波动性，高估了 VaR 值。

三是未来各种条件的改变，与历史资料不一致，其损益分配无法反映在评估期间的风险值计算上。

（三）蒙特卡罗模拟法

通过随机的方法产生一个市场变化序列，然后通过这一市场变化序列模拟资产组合风险因素的收益分布，最后求出组合的 VaR 值。蒙特卡罗模拟法与历史模拟法

的主要区别在于前者采用随机的方法获取市场变化序列，而不是通过复制历史的方法获得。

蒙特卡罗模拟法步骤：

第一步：根据提出的问题构造一个简单、适用的概率模型或随机模型，使问题的解对应于该模型中随机变量的某些特征（如概率、均值和方差等），所构造的模型在主要特征参量方面要与实际问题或系统相一致。

第二步：产生具有特定分配性质的随机数。通常先产生分布均匀、相互独立的随机数，服从标准正态分布的随机数。

以著名的Black-Scholes选择权定价模型为例，报酬率表达如下：

$$\frac{dS_t}{S_t} \mu dt + \sigma dW$$

其中，dS_t/S_t 为资产价格的瞬间报酬率；dS_t 为资产价格在 dt 这段时间的变化量，参数 μ 为每单位时间资产平均报酬率；σ 为每单位时间资产平均报酬率的标准差；dW 为符合几何布朗运动的随机变量，服从正态分布。

在 dt 这段时间内，dW 可以表示为：

$$dW = \varepsilon \sqrt{dt}$$

其中，ε 为标准正态分布随机变量，即 $\varepsilon \sim iidN(0, dt)$。

公式变为：

$$\frac{dS_t}{S_t} = \mu dt + \sigma \varepsilon \sqrt{dt} ; \quad \frac{dS_t}{S_t} = d\ln(S_t)$$

服从正态分布，即 $dS_t/S_t \sim N(\mu dt, \sigma^2 dt)$

为了更加明确在特定期间 $(0, T)$ 内资产变化过程，将 $(0, T)$ 平均切割成 N 段，即 $Ndt=T$，所以下一个时点的资产价格 S_{t+1} 变成：

$$S_{t+1} = S_t + dS_t = S_t + S_t(\mu dt + \sigma \varepsilon \sqrt{dt})$$

公式中，μ、σ 都是已知数，代入 ε，就可以得到每一个时间点的资产价格 $S(t+1)$，$t=1, 2, \cdots, N$，然后下一个时间点的资产价格就是：

$$S_{t+2} = S_{t+1} + dS_{t+1} = S_{t+1} + S_{t+1}(\mu dt + \sigma \varepsilon \sqrt{dt})$$

根据此公式可以模拟得出整段时间中一条可能价格，也就是每一个时间点的资产价格：$S_1, S_2, S_3, \cdots, S_N$。

第三步：重复步骤2K次，就可以得到这一段期间内K种的可能价格路径，也就是每一个时间点都有K种价格。所以在时间为T时，模拟出来的价格有S_T^1, S_T^2, S_T^3, $\cdots$, S_T^K。

第四步：根据步骤3的损益分配与设定的置信水平估计VaR值。

蒙特卡罗模拟法的优点：

一是灵活性和高运用弹性。

二是可以处理非常态分布和极端状况等特殊情况。

蒙特卡罗模拟法的局限性：

一是复杂的电脑技术和大量重复的抽样，耗费时间长，计算成本高。

二是可能产生模型风险。

三、回溯测试

回溯测试指将市场风险计量方法或模型的估算结果与实际发生的损益进行比较，以检验计量方法或模型的准确性、可靠性，并据此对计量方法或模型进行调整和改进。若估算结果与实际结果近似，则表明该风险计量方法或模型的准确性和可靠性较高；若两者差距较大，则表明该风险计量方法或模型的准确性和可靠性较低，或者是回溯测试的假设前提存在问题；介于这两种情况之间的检验结果，则暗示该风险计量方法或模型存在问题，但结论不确定。目前，回溯测试主要方法是穿透概率检验法。VaR模型准确性的最直接检验方法就是考察实际损失超过VaR的概率。把实际损失超过VaR的估计记为穿透，把实际损失低于VaR的估计记为成功。

穿透与否只有两种可能，因此符合二项式分配，用公式表达如下：

$$F(x) = (N_1^! X) P^x (1-p)^{N-x}$$

其中，N为测试次数，X为实际穿透次数，P为a%，Np代表理论容许的穿透次数，$q=1-P$。

所以，实际穿透次数（X）与理论容许的穿透次数（Np）是否有显著差异，需要通过Z检验的统计量来判断：

$$Z = \frac{X - Np}{\sqrt{Npq}}$$

在95%置信概率水平下，若查表后知Z的值为1.645，公式算出来的检验统计量大于1.645，意味实际穿透次数统计上显著大于理论次数，表示风险值被低估，则风险值模型不具有可信度。

四、压力测试

所谓压力测试是指将整个金融机构或资产组合置于某一特定的（主观想象的）极端市场情况下，如假设利率骤升100个基本点、某一货币突然贬值30%、股价暴跌 20%等异常的市场变化,然后测试该金融机构或资产组合在这些关键市场变量突变的压力下的表现状况,看是否能经受得起这种市场的突变。

一般风险值的置信水平往往都是设定在 95%或 99%的程度,意味着其容许误差为 5%或 1%,而这 5%或 1%,就可能隐藏无法被捕捉与量化的可能性,或许这很小的可能性一旦发生,也会产生毁灭性后果。进行压力测试的目的就是要估计当市场发生重大极端事件时,资产所面临的市场风险暴露概率与可能发生损失的大小。

压力测试也是一种情景分析(包括敏感度分析、历史情景分析和虚设情景分析),模拟市场主要变量发生大幅度改变时,再使用原来的评价模型与部位资料,重新评价预期的损失。

压力测试一般流程如图 8-1 所示。

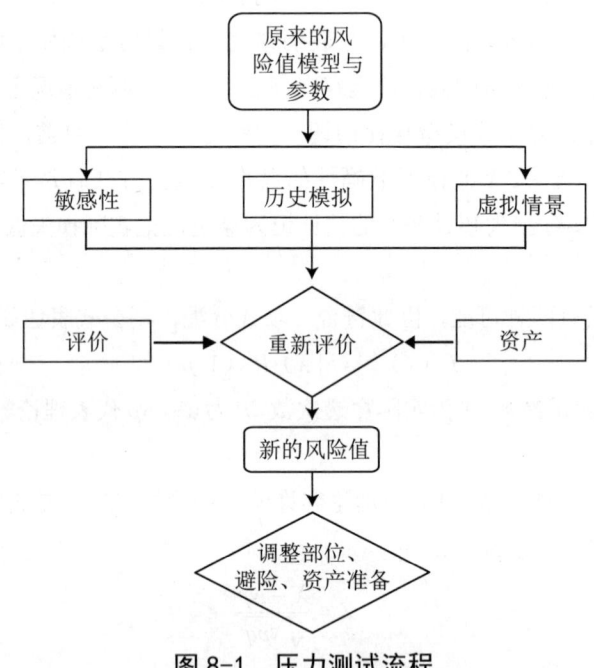

图 8-1 压力测试流程

第三节 村镇银行市场风险产生的原因

一、资产负债结构和数量不一致

银行之所以会在利率发生变动时产生市场风险,根本原因在于银行的资产与负债的结构数量不一致。市场利率的波动影响了银行资产的收入和负债的成本,从而导致银行收支净差额发生变化。当村镇银行存贷的类型、数量和期限在完全一致的条件下，利率的变动给银行的存款与贷款带来的影响是呈反方向变动的，它们之间具有对冲性，彼此抵消利率风险带来的变化银行存贷间也就不存在利差净收益了。因此，村镇银行自身的存贷结构是产生市场风险的重要原因，因为银行自身的资产负债结构和数量在现实中并不一致，导致在利率发生变动时，无法靠自身存贷款之间的对冲效应消除利差，市场风险因此而产生。

二、内部控制机制不完善

村镇银行由于成立时间短，在内部控制方面还有很多的不足。由于其目的是发展农村地区金融建设，所以其规模比较小，并且为了能够节省管理成本，村镇银行内部还未成立董事会、监事会等管理部门，导致银行组织机构不够完善，内部控制制度不够健全，治理结构不够清晰。调查发现，村镇银行总是以控股银行的分支机构自居，成了控股银行的附属机构，法人治理形同虚设。同时，当地政府将村镇银行的控股银行作为该行的上级领导，村镇银行的部分优惠政策是依靠当地银行设立分支机构而获得，仅仅包括一些行政事业收费减免和一些口头承诺，因为不能做到独立自主，事事都依靠别人，有可能导致管理者或者大股东一人说了算，村镇银行变为了私人的金库而无法发挥它的职能，产生了内部职工控制银行现象。银行职工控制现象不但会改变村镇银行设立的原先目的，还会产生大量由银行职工控制现象而导致的内部联系人贷款或者是关联方贷款，村镇银行因内部控制机制不完善产生了市场风险。

三、市场利率波动

村镇银行目前并不能经营外汇业务，其主要经营的存贷业务的收入与利率存在巨大关系，因此村镇银行的市场风险主要表现为利率风险。[①]利率风险产生的主要因素是由于市场利率随着一国货币供求关系的波动而波动。当中央银行扩大货币供应或金融市场的融资渠道畅通的时候，利率会随银行的可贷资金供给量的增加而下降，当经济处于增长阶段，投资机会增多时，对可贷资金的需求量增加，利率也由此上升，因此利率的变动受到中央银行的货币政策、宏观经济环境、价格水平等因素的影响。

四、高风险的农村金融市场

产生村镇银行市场风险的很大一部分原因在于其本身所处的环境。村镇银行

---

① 闫晓婷. 我国村镇银行市场风险管理研究 [D]. 东北农业大学，2014.

是农村金融体系的基础组成部分之一，本身就是为了农村地区经济发展而设立的，但农村金融市场是一种高风险市场，其供给主体出现边缘化的现象，因农村地区经济发展落后，导致其资金严重外流，而且财政支农力度不足，农业生产风险高，这些因素都导致了村镇地区高风险的金融市场。村镇银行的涉农贷款因农业产量的变化而受到影响，农户可能无法及时还贷。与此同时，农户作为村镇银行主要的服务对象，具有风险高度集中、分散风险难度高、风险影响大的特点。在收回贷款方面，也具有巨大的困难，大部分农户贷款意愿强而还款意愿弱。村镇银行身处在这样的金融环境，在经营的过程中必然会受到影响，导致许多未知的风险发生，其中就包括了市场风险。

第四节　控制村镇银行市场风险的建议

一、加强对利率风险的监控

随着金融市场的发展，利率市场化对村镇银行的影响也越来越严重，因此利率变动对村镇银行的影响需要我们给予一定程度的关注。在金融市场不完善前，利率市场化程度不高的时期，村镇银行的风险管理部门关注重心主要集中在信用风险和流动风险这两个方面，但随着利率市场化程度的提高，我们有必要加强对利率风险的监控管理。但考虑到村镇银行的经营规模和风险管理成本问题，目前村镇银行还没有必要专门效仿大型商业银行设立利率风险监控部门。面对利率风险可以建立风险指标监测系统，对利率风险进行专业的测量，在监测利率走势的同时还要对财务信息进行分析测量，建立测量模型和测量软件，满足村镇银行在经营过程中的需求；还要定期测量分析 Shibor 利率走势，实行贷款（贴现）利率下限管理，通过这些来预测利率风险的危险程度、发生频率和影响范围。只有在对利率风险有了准确的测量后，才能采取有效措施及时地避免或者分散利率风险，把风险降到最低。

二、进行利率风险管理

随着世界金融市场一体化和金融自由化影响力的扩展，市场利率的波动性越来越明显，各大银行受利率风险的影响越来越显现。利率风险的危害必然导致各大银行为分散利率风险而提出各种方法，以下列举一些通用的方法，可供村镇银行学习。

（一）选择有利的利率形式

选择有利的利率形式的方法是在村镇银行只有一种利率风险时可以用的办法，村镇银行可以在固定利率和浮动利率两者之间选择一种有利的利率。采用此方法，借贷双方不仅可以将经济损失的机会转交给对方，由对方承担风险，还可以得到一定的收益机会。选择有利利率形式的办法是一种风险转移形式，可以有效地转移利率风险，减少村镇银行的损失。

（二）加强对存贷款利率定价的管理

村镇银行在细分客户市场的条件下，应以贷款利率定价为突破口，根据当地农村地区资金利率水平，结合贷款的时间、规模、竞争等因素，确定合理存贷款利率水平，引导资金向高收益、低风险的项目集中，降低市场风险。

（三）订立特别条款

借款人在借款时，为了避免未来利率变动而造成损失，可以与客户签订特别条款，限定一个利率上限或者下限，在借款期限内，借款利率只能在规定的利率上下之间波动，市场利率对它的影响很小。通过此法可以有效地控制利率风险，达到减小利率风险从而减少银行的损失的目的。

（四）利率敏感性缺口管理

利率敏感性缺口管理的实质是通过对利率风险敞口的测量与控制，以及利率风险敞口与利率风险的关系，起到控制风险的作用。银行净利息收入对利率的敏感度是可以通过利率风险敞口得知的，而村镇银行的资产和负债在一定的规模和利率上是相对固定的，也就是说当分期的时间不同时，就会出现不同的利率敏感缺口，以此来反映不同的利率风险敞口。对于村镇银行来说，利率的变动是不可控制的，但是利率风险敞口却受到分期的影响，所以是可控的，因此村镇银行可以通过控制利率风险敞口来达到控制利率风险的作用。利率敏感性缺口管理就是村镇银行通过分析市场利率的变动趋势，及时地调整银行的资产负债结构，来构建一个对自己有利的利率敏感性缺口，达到降低利率风险带来的影响，实现预期经营目标。

（五）有效持续期缺口管理

持续期是指某项资产或负债的所有预期现金流量的加权平均时间，也就是指某种资产或负债的平均有效期限。一般来说，当持续缺口为正值时，银行净值价格与市场利率呈反比，即利率的上升迫使银行资产减值，利率的下降使得银行资产上升；当持续期为负值时，银行净值价值随市场利率升降而反方向变动。因此，有效持续期缺口与银行净值之间存在着规律性的变化，我们应当把握住它们之间的内在联系，时刻关注利率的变化情况，通过对有效持续期的管理，控制银行净值变化，从而达到控制利率风险的目的。村镇银行通过对银行资产与负债的有效持续期进行管理，达到规避利率风险的效果。

三、营造良好金融生态环境

村镇银行存在于社会，依附于市场，发展对象是村镇的居民，要想更好地控制市场风险，提高居民的信用意识，营造良好的金融生态环境，是刻不容缓的。首先，可以通过村政府大力宣传"以守信为荣，以失信为耻"的信用理念，让大家从思想上了解信用的重要性。其次，通过大家熟知的途径，如广播、讲座、张贴海报、发传单等方式进一步宣传信用知识、信用事件、信用人物的故事，不断提高广大农民的诚信意识，逐步树立"人无信不立"的思想，呼吁大家要珍惜自己的信用记录。同时，在实际行动上让村民们深刻体会到信用良好的好处。给信用良好的村民提供一些优惠，如在执行利率政策、申请贷款等一些相关金融服务的时候，让他们真实体会到守信带来的好处，让这小部分人带动更大部分的农民，建设一个新的、守信的农村信用环境。当然，有了村民的支持还是不够的，政府也要给予一定的支持。政府争取把村镇信用建设纳入年度考核，颁布一些政策法律法规支持村镇建设良好的金融环境，改变农村地区村民贷款意识强、还款意识差的金融环境，减少村镇银行市场风险。

四、给予充分的政策扶持力度

村镇银行作为新生银行，在服务农村金融及建设农村经济的同时也将面临大量风险，为此应该给予充分的政策支持才能帮助村镇银行更好地发展。比如，我国应该给予村镇银行一定的免税期，即村镇银行在这期间不需要向国家纳税，这对于初期的村镇银行无疑是非常大的支持，并且把减免的所得税用于村镇银行的一般准备金的缴纳，提高村镇银行的风险抵抗能力，推进村镇银行的加速发展。为了体现政府对农村金融企业的扶持，应该将目前的税前贷款资产余额的1%提高到税前贷款余额3%到5%。另外，政府可以提出专门针对保护农户呆账贷款的保护政策，帮助村镇银行核销呆账，并且采取措施应付村镇银行的坏账，可以给予村镇银行一些特殊的权利，如一定额度的税前自行核销权利，保障村镇银行的利益，尽量降低农户坏账给村镇银行带来的损失。国家鼓励村镇政府在代理清算、流动性管理、科技系统及培训等方面给予大力支持，支持村镇银行往更高、更好的方向发展。在银行自身管理上和银行人员素质上增强村镇银行的风险抵抗能力，在面对利率风险时，有更大的缓冲空间。

五、充分利用控股银行及股东资源

村镇银行应充分利用控股银行及股东资源，使得自己得到快速的发展，从而在面对市场风险时有足够的实力去实施措施。

（1）学习控股银行已形成的良好管理理念、机制和办法，并做到结合自身条件和实际，制定适合自身发展和特点的管理制度及控制措施。

（2）为资金不足的中小企业提供资金的供应，解决村镇银行资金需求方面的问题，应当积极与控股银行形成合作关系，一起开展银行团体贷款业务等。

（3）利用控股银行较高的金融政策水平、更为先进的风险管理技术，采取选派、联合培养等方式，提高村镇银行员工业务素质和管理水平。

（4）充分利用村镇银行股东的地缘优势，为村镇银行的发展提供有力的帮助。

第九章　村镇银行操作风险与控制

村镇银行作为一支新生的力量，其发展的潜力是不容忽视的，但我们对其的把握与认知还不够充分，因此在风险防范方面显得尤为薄弱，特别是操作风险。因为操作风险自身存在的局限性没有像市场、信用风险那样有一定的保障以及获得大家的重视，所以防范起来有一定的难度，其危害性在经营管理中表现尤为突出，如何有效控制操作风险应该得到大家的重视。崔炜（2014）认为，操作风险具有内生性、普遍性、不对称性、人为性和周期性等特征，其表现形式主要有内部欺诈、外部欺诈，执行、交割及流程管理失误以及系统出错等，而操作风险管理文化缺失、内控体系建设不足、制度执行不力、后评价机制缺乏以及激励约束机制尚未形成、人才储备不足等给业务操作带来了极大的风险隐患。并提出培育稳健的操作风险管理文化、完善内部控制体系、强化问责、提高执行力、完善内部控制与风险预警机制、突出人才的关键地位以及发挥外部监督力量的作用等措施。胡剑（2015）认为，员工整体水平有待提高，银行流程缺乏有效管理是村镇银行产生操作风险的主要原因。魏东丹（2016）认为，村镇银行缺乏独立的信息系统及强有力的技术支持；基础设施相对落后，软硬件设施不完备；未建立完善的风险管理系统和金融知识与实践经验的缺乏导致村镇银行操作风险产生。谷连杰（2017）认为，健全的法人治理结构、优化的程序设置、高素质人才等有机结合，村镇银行操作风险才能有效地降低。

第一节　关于操作风险的界定与特点

一、操作风险的界定

（一）操作风险的定义

操作风险贯穿于银行经营活动的全过程。操作风险的管理不是某一个银行部门或某些人的职能，而是商业银行整个组织体系和全体员工的职能，是一个系统性的管理工程。

1997年，英国银行家协会（British Banker Association，简称BBA）最早给出了操作风险的定义为操作风险与人为失误、不完备的程序控制、欺诈和犯罪活动相联系，它是由技术缺陷和系统崩溃引起的。

1998年5月，IBM（英国）公司发起设立了第一个行业先进思想管理论坛——

操作风险论坛。在这个论坛上，其将操作风险定义为操作风险是遭受潜在损失的可能，是指由于客户、设计不当的控制体系、控制系统失灵以及不可控事件导致的各类风险。损失可能来自内部或外部事件、宏观趋势以及不能为公司决策机构和内部控制体系、信息系统、行政机构组织、道德准则或其他主要控制手段和标准所洞悉并组织的操作风险变动。

巴塞尔委员会关于操作风险的定义也是建立在这个基础之上的。巴塞尔银行委员会对操作风险的定义为：由于内部控制、人员、系统的不完善或者失误，或者由外部事件直接或者间接造成的风险损失。

这个定义包含以下内涵：

（1）关注内部操作。内部操作常常就是银行及其员工的作为或不作为，银行能够也应该对其施加影响。

（2）重视概念中的过程导向。

（3）人员和人员失误起着决定性作用，但人员失误不包括出于个人利益和知识不足的失误。

（4）外部事件是指自然、政治或军事事件，技术设施的缺陷，以及法律、税收和监管方面的变化。

（5）内部控制系统具有重要的作用。

（二）操作风险的分类

按照发生的频率和损失的大小，巴塞尔委员会将操作风险分为七类。

（1）内部欺诈。有机构内部人员参与的故意欺骗、盗用财产或违反规则、法律、公司政策的行为。

（2）外部欺诈。第三方的故意诈骗、盗用资产、违犯法律的行为。

（3）雇用合同以及工作状况带来的风险事件。由于不履行合同，或者由个人伤害赔偿金支付或差别及歧视事件引起的违反雇员、健康或安全相关法律或协议的行为。

（4）客户、产品以及商业行为引起的风险事件。无意或由于疏忽没能履行对特定客户的专业职责，或者是由于产品的性质、设计问题造成的失误。

（5）有形资产的损失。由灾难性事件或其他事件引起的有形资产的损坏或损失。

（6）业务中断和系统出错。例如，软件或者硬件错误、通信问题以及设备老化。

（7）涉及执行、交割以及交易过程管理的风险事件。例如，交易失败、与合作伙伴的合作失败、交易数据输入错误、不完备的法律文件、未经批准访问客户账户以及卖方纠纷等。

（三）操作风险的主要表现

（1）操作结算风险：指由于定价、交易指令、结算和交易能力等方面的问题而导致的损失。

（2）技术风险：指由于技术局限或硬件方面的问题，使银行不能有效、准确地收集、处理和传输信息所导致的损失。

（3）银行内部失控风险：指由于超过风险限额而未被发现、越权交易、交易部门或后台部门的欺诈、贪污、工作人员业务操作不熟练以及电脑系统不稳定、黑客入侵破坏等原因而造成的损失。

二、操作风险的特点

与信用风险、市场风险相比，操作风险具有以下特点。

（1）操作风险主要来源于金融机构的日常运作，人为因素是主要原因。操作风险中的风险因素很大比例上来源于银行的业务操作，属于银行的内生风险。

（2）风险难以事先预测，难以准确建立风险度量模型。从覆盖范围看，操作风险管理几乎覆盖了银行经营管理所有方面的不同风险。单个操作风险因素与操作损失之间并不存在清晰的、可以界定的数量关系。

（3）损失事件主要集中在商业银行业务和零售银行业务，主要可以归因于内部欺诈、外部欺诈，占损失事件比例最大的是商业银行业务中的内部欺诈。

（4）单笔损失金额的均值相差很大，在度量操作风险时，应该分别考虑每个业务部门和每个风险事件组合下的损失分布情况。

（5）损失事件的多少与银行的总资产规模成正相关，业务规模大、交易量大、结构变化迅速的业务领域，受操作风险冲击的可能性大，风险造成损失大，但损失金额多少与总资产没有明显的相关性。

（6）从损失事件数目和损失金额的地区分布看，操作风险不一定发生在经济发达的分支机构，但是肯定会发生在管理薄弱、风险控制意识不强的地区。

第二节 操作风险度量模型

由于操作风险事件一般源于制度与系统缺陷、人员舞弊行为，即使建立相对完善的内控制度和监督检查机制，也难以充分预计未来所有因素变动，完全杜绝操作风险。因此，应该对操作风险进行量化，便于计量操作风险给银行带来的损失大小。

目前，巴塞尔委员会、国际银行和一些研究机构已提出了多种操作风险计量方法并投入实际使用。

一、基本指标法

基本指标法是将单一的风险暴露指标与一个固定的百分比 a 相乘得出监管资本数值。目前以总收入作为这一指标，计算公式为 $KBIA=GI\times a$。其中 KBIA 是基本指标法需要的资本，GI 是前三年总收入的平均值。巴塞尔委员会认为基本指标法下的监管资本应达到现有最小监管资本的 12%。因此，a 一般定为 15%～20%。

基本指标法的优点是：方法易行，计算简单。

基本指标法的缺点是：操作风险的暴露与总收入指标间的联系并不紧密，并且没有考虑各家银行在风险管理上的差异，不能发挥奖惩机制。

基本指标法仅适用于组织结构较为单纯、业务范围较小的一些银行。

二、标准化法

在标准方法下，将银行业务划分为八个业务类别：公司融资、金融交易和销售、零售银行业务、商业银行业务、支付和结算、代理服务和监理、资产管理、零售经纪，并分别设置 a 的固定值为：公司融资为 18%、金融交易和销售为 18%、零售银行业务为 12%、商业银行业务为 15%、支付和结算为 18%、代理服务和监理为 15%、资产管理为 12%、零售经纪为 12%。每个业务类别的监管资本就是该类别的风险暴露指标与其相对应的 β 因子的乘积。总监管资本要求就是各业务类别监管资本的加总。计算公式如下：

$$KTSA = \sum_{i=1}^{8} EI_i \beta_i \quad \beta_i = \frac{0.12 \times MRC \times S_i}{EI_i} \quad MRC = \Sigma_i EI_i \times a$$

其中 EI_i 为 i 类别的风险暴露指标，MRC 为银行的最低监管资本要求。S_i 为银行分配业务给类 i 的操作风险经济资本额，0.12 为给定的调整系数。同基本指标法一样，标准化方法下监管资本也要达到最小监管资本的 12%。

标准化法的优点是：可操作性强，不需要复杂的信息管理系统；能够反映各业务部门操作风险的不同。

标准化法的缺点是：因方法比较简单，对风险敏感度较差；监管资本的计算并不直接与损失数据相联系；不能反映各个银行操作风险损失的特征。

标准化法比较适合能够有效管控操作风险或规模较小的银行。

三、内部衡量法

内部衡量法是基于银行内部损失数据计算操作风险资本的一种操作风险高级

计量法。内部衡量法操作风险资本的计算公式为：

$$操作风险资本 = \sum_i \sum_j r(i,j) \times EI(i,j) \times PE(i,j) \times LGE(i,j)$$

其中：i 表示业务类型；j 表示风险类型；(i,j) 表示业务类型 i 和风险类型 j 的组合；$r(i,j)$ 是将预期损失（EL）转化为资本要求的换算因子，其含义是指在一定的置信水平内，每一个持有期的最大损失量，参数 r 由监管部门根据村镇银行业操作风险损失数据统一设定；$EI(i,j)$ 表示组合 (i,j) 的操作风险敞口大小；$PE(i,j)$ 表示组合 (i,j) 对应的损失事件发生的概率；$LGE(i,j)$ 表示组合 (i,j) 给定的损失事件发生时的损失程度。$EI(i,j)$、$PE(i,j)$、$LGE(i,j)$ 这三个参数由银行内部估计。

操作风险资本要求的计算步骤如下：

（1）按业务条线和操作风险类型划分操作风险损失事件。

（2）对每一个业务损失类型组合 (i,j) 指定一个操作风险口指标 EI，如业务量指标、财务指标，根据内部损失数据计算 PE、LGE，并确定一个换算因子 r。计算公式为：

$PE(i,j)$ = 业务损失类型和未能覆盖的损失金额 / 该业务损失类型组合总损失额

（3）对每一个业务损失类型组合 (i,j) 计算其预期损失，计算公式为：

$$EL(i,j) = EI(i,j) \times PE(i,j) \times LGE(i,j)$$

（4）由换算因子 $r(i,j)$ 将预期损失 $EL(i,j)$ 换算成组合 (i,j) 的操作风险资本，计算公式为：

$$r(i,j) \times EL(i,j)$$

（5）对所有业务损失类型组合的资本加总，即得到总操作风险的资本要求，计算公式为：

$$操作风险资本 = \sum_i \sum_j r(i,j) \times EI(i,j) \times PE(i,j) \times LGE(i,j)$$

内部衡量法的优点是：它将前两种方法中的固定百分比分解成损失概率和损失程度，有利于银行使用内部数据计算操作风险资本，同时使用换算因子反映银行业务间的相关性因素对操作风险资本的影响。

内部衡量法的缺点是：对资料数据要求高，银行必须至少拥有 5 年以上的操作风险损失资料库。

内部衡量法适用于符合压力测试标准，且有效管控操作风险的银行。

四、损失分布法

巴塞尔委员会将损失分布法定义为一种在对损失事件频率和损失强度的有关

假设基础上，对每一业务损失类型组合的操作风险损失分布进行估计的方法。它是基于保险精算技术发展出来的一种方法。这些假设必须基于银行的内部历史损失数据做出，在计算操作风险时需按巴塞尔新资本协议的要求定义置信水平和期限。损失分布法是目前高级计量法中最具风险敏感度的方法，其计算过程如下：

（1）对每一个业务损失类型组合都估计在未来一段时间里（如一年）操作风险损失事件发生的可能概率和严重程度。

（2）估计出操作风险损失事件发生的可能概率和严重程度所服从的具体概率分布。如假设损失事件发生的可能概率服从泊松分布。损失的严重程度服从对数正态分布等。

（3）用蒙特卡罗模拟法拟合出合计的损失分布。选择99.9%置信度，1年的事件区间。

（4）计算出操作风险VaR值和资本总额。

损失分布法同内部衡量法的最大区别在于它直接估计出非预期损失，然后再根据非预期损失计算出操作风险资本。而内部衡量法是从估计出的预期损失（EL）来计算出操作风险资本要求。

损失分布法的优点是：在于分别度量损失事件发生频度以及损失幅度，然后利用组合分布方法来研究一段时间内的累积损失分布。

损失分布法的缺点是：损失数据难于收集，而且需要至少三年的损失数据积累。

五、记分卡法

记分卡法是银行进行风险控制自评估时所用的操作风险计量方法。在记分卡法下，将银行的业务划分为若干种业务损失类型组合。银行首先依据行业标准为风险制定一个初始值，然后通过记分卡法不断修正，使其更能反映潜在风险和适应不同业务条线的风险控制环境。通常记分卡以损失金额计量潜在的损失强度，以一年内发生次数表示发生频率，以评级表示操作风险管理的质量。如一级（优秀）、二级（良好）、三级（中等）、四级（较差）、五级（很差）来记分，再根据记分卡数据计量资本金。

记分卡法的优点是：采用记分卡法计算操作风险资本金时无须一开始就必须利用内部历史损失数据库和无关的外部损失数据。量化操作风险时具有一定的内在弹性，而且该方法能很好地与银行的内控过程和风险管理相适应。

记分卡法的缺点是：评估过程中的主观性较强。

六、因果模型法

因果模型法是质量管理中常用的一种业务分析工具，是描述物理世界的一种方法，是基于贝叶斯决策理论的一项技术。贝叶斯方法是一种用条件概率等统计方法对不确定性进行计算的方法。贝叶斯网络是一系列依赖关系（定性部分）和一系列条件概率分布（定量部分）的联合概率分布。这些贝叶斯统计量有明确的相互关系，也可以说贝叶斯网络是一个非线性多因子模型。

因果模型是使用因果关系而不是联系作为基础，推导不确定事件的影响。因果关系是指能够通过改变因果因子的值来影响某个特定变量的值。它可以像神经元网一样对模型进行训练，从而得到一些类似广义回归的瞬时多因子系数；因果建模法采用图形化方法表述问题，并对大量变量和关系进行编码。不仅适用于风险分析人员，而且适用于业务单元的管理人员。

一般建立操作风险因果模型的基本步骤如下：

（1）识别业务增值流程和因果因子。

（2）建立一个因果模型结构，反映出流程、活动和因素之间的相关性和层次关系。

（3）用分析方法或经验技术收集因果模型节点处的数据。

（4）生成操作损失分布。

（5）进行情景分析并模拟超额损失事件。

（6）评估模型因素以识别重要风险。

因果模型法使用贝叶斯网络对操作风险进行描述，是对记分卡法的一种深化，较好地解决了记分卡法主观性强的问题。

因果模型法的优点是：有助于与流程相关联的不确定性的度量；它能提供可能的干预效果的信息；因果模型的可适应性好，能够对变化做出快速反应。

因果模型法的缺点是：主要适于分类变量间的因果推断。

七、Delta 法

Delta 方法是建立在误差传播基础上的一种操作风险计量技术，用来度量由误差和疏忽引起的风险，运用风险因素的不确定性来计算收益的不确定性。

Delta 方法由 Jack L. King 在《运作风险度量与建模》一书中提出，其思路是利用 IS 质量管理标准中误差传播技术来度量操作风险。

Delta 方法的优点是：不需要依靠历史损失数据，只需要根据现有数据就可以对操作风险损失进行预测；能够对流程活动中的紧急变化做出快速反应；验证方法简便，只需要将实际损失数据和意外情况同模型预测结果进行比较，就可以对 Delta 方法进行验证。

八、极值理论

极值理论是度量极端条件下风险损失的一种常用方法，它具有较强的估计能力。

极值理论主要包括两类模型：传统的分块样本极大值模型和 POT 模型。POT 模型更适合操作风险的计量。POT 模型的最大特点在于它直接处理损失分布的尾部，而不是对整个分布进行建模，且没有对损失数据预先假设任何分布，而是直接利用数据进行分析。

极值理论的优点：极值理论是关于分位数的参数方法，即使在分位数极小、样本不足的情况下，也能较准确地估计 VaR 值，克服了极端情况下经验分布曲线离散粗糙的缺陷。

极值理论的缺点是：分布形式的设定有模型风险，也无法解决金融数据的厚尾性。

第三节　村镇银行操作风险表现及主要原因

一、村镇银行操作风险表现

村镇银行作为一支新兴的主要力量，其发展潜力是不容忽视的，特别是在强农惠民方面，村镇银行发挥了积极的作用，但是我们依旧不能忽视其在经营业务管理中存在的诸多问题。

（一）员工的思想教育较为薄弱

村镇银行本身很难吸引到优秀人才前来就业，大多数的员工都是没有经过正规培训和指导，而是从当地招聘直接上岗，使得原本人力资源就相对匮乏的村镇银行，再加上疏于对人员的管理，随意性较高，缺乏内部合规意识、风险意识，没能够很好地从内部遏制操作风险的发生。[1]

（二）操作风险管理制度不健全

一家银行经营的好坏，良好的内控是评定的重要标准，而当前村镇银行缺乏一套完善的风险管理体系，管理职责也相对分散，目前没有形成一个统一的协调部门进行统筹，制度建设跟不上时代的步伐，人员执行力度缺乏权威性，使得操作管理存在明显的漏洞。

---

[1] 胡楠. 新常态下村镇银行风险及其防范 [J]. 湖南行政学院学报，2018（01）：88-92.

（三）监督检查不到位

一方面，监督人员的配备不足，加上员工本身的风险管理意识不强，造成很多工作都只是流于形式的检查，没有从根本上解决问题，对待上级的报告也只是轻描淡写，特别是一些存在明显操作风险的业务没有引起足够的重视；另一方面，内部缺乏一套相应的制度来规范监督检查的执行，导致一些必须追究责任的事故没有可行的依据。

（四）科学技术水平不高

银行系统对计算机的依赖一定程度上会给操作风险带来不利，特别是村镇银行，由于自有资金的缺乏以及地理位置的偏远，不利于先进技术的引进，导致了村镇银行的设备落后，在操作风险管理上没有很好的处理措施。

在银行风险管理意识中，有这样一个共识：银行经营的好坏，主要取决于最薄弱的环节。根据对操作风险的表现我们不难总结出，我们很难发现由信贷风险、市场风险带来的直接损失，反倒是由于操作风险是始终贯穿在银行营运过程中，银行一旦疏于管理很容易使风险发生并愈演愈烈。这就好比短板效应，一个木桶能装多少水，主要是取决于最短的那块木板。因此，操作风险是当前村镇银行在发展过程中最为薄弱的环节同时也是面临的主要问题之一。

二、引发村镇银行操作风险的主要原因

（一）内部原因

1. 经营地域的局限性造成的操作风险

当前我国村镇银行的设点范围主要集中在较不发达的农村地区，地理位置的偏远造成本身很难吸引到优秀的高素质人才，再加上当地居民收入少，开放程度低，经营规模小，导致一些先进的管理理念和管理技术无法引进，从而影响到操作管理的落实。

2. 农业自身以及农业发展方式的局限性造成的操作风险

对于走发展精品化道路的村镇银行而言，发展的重心主要放在一，两个具有优势农产品上，而农业本身就面临着遭遇自然灾害的风险，抗灾能力弱加上没有相应的灾害保障措施导致了应对操作风险的能力十分薄弱。此外，村镇银行不允许跨地区经营的方式导致了风险发生时不利于分散和对冲，造成了操作上风险集中难以治理的局面。

3. 经营结构的不合理造成的操作风险

（1）发起人的资格受到限制以及发起人的积极性不高。一方面，我国的村镇银行把极具竞争优势的非银行金融机构排除在外，导致一些有强烈意愿介入该领

域的机构因资格不符而被拒之门外;另一方面,银行业金融机构因为农村市场缺乏竞争优势以及盈利机会较少缺乏积极性而不愿投资,再加上对村镇银行的认知和把握不够,对其进行投资要承担较大的风险,因此大多数银行仍旧愿意把投资方向指向城市的银行。

(2)法人治理结构不合理,注册资本金不高。一是所有者虚位,导致对代理人监督不够。二是内部制衡机制不完善。董事会、监事会、经营管理层之间的制衡机制还未真正建立起来。三是存在"内部人"控制现象。当前成立村镇银行由于成本等各项费用较高,多数村镇银行内部都没有设立独立董事会、监事会等部门,造成了职责分工不明确的现象,以及工作人员挪用公款或者贪污欺诈等不法行为的发生。而银行的注册资本金主要是用来抵御预期的风险损失的,村镇银行注册资本金普遍不高就限制了其抵御风险的能力。

(3)产品结构较为单一,缺乏创新。目前村镇银行只开办了基本的存贷款、转贴现的业务,在办理房贷、消费、基金等产品上满足不了客户日益增长的需求,缺乏一定的创新,给操作管理带来了一定的风险和实质性的难题。

4. 风险管理意识的落后性以及淡薄性造成的操作风险

设立在偏远地区的村镇银行很难吸引高素质人才前来就业,加上先进的管理技术和理念无法引进,造成操作管理的落后性。目前,大部分的员工都是在当地农村招聘,有的甚至是依靠关系进入银行内部,基层工作人员的素质普遍不高,并且缺乏相应的培训管理,导致操作风险的发生,再加上一些高层管理人员没有以身作则,风险管理意识淡薄造成的不法行为也加剧了操作风险的发生。

5. 内控体系建设不足引起的操作风险[①]

(1)内部还未建立有效的资信评级系统。一方面是缺乏自有资金,另一方面是缺乏自主研发业务的能力,因此在面对巨大的成本压力以及人力资源的匮乏上目前还没有一套相对完善的设施予以配套。当前大多数的工作人员仅凭借对贷款人的熟悉程度决定是否对其发放贷款以及评估风险的大小,很容易造成由信贷风险引起的操作风险管理缺失。

(2)缺乏统一的协调部门对操作风险进行管理。目前大多数的银行都把管理操作风险的职责分配给审计部门,而村镇银行一些职位空缺或者是一人身兼多职的现象造成很多类型的操作风险无人管理,他们错误地把操作风险管理划定范围,以为操作风险就是指纯粹操作上的风险或者把操作风险等同于金融犯罪,这种不恰当的做法造成了今天操作风险增加的局面。

---

① 崔炜. 池州 MS 村镇银行操作风险管理研究 [D]. 安徽大学,2014.

（3）内部监督不到位。大多数的村镇银行都是注重事后监督，而且对金融案件发生的处理没有进行系统的分析和总结，只是流于形式。员工队伍管理不到位，银行管理人员在日常工作中重业务开拓、轻队伍建设，重员工使用、轻员工管理，对员工思想动态掌握不够，加之举报机制不健全，使本来可以超前防范的操作风险不能及时发现和制止。对职工的监督也是应付上级检查，最重要的一点在于，过多地对基层员工进行监督管理而忽视了对高层人员的监督管理，更容易加剧操作风险的演化。

（二）外部原因

1. 经济的不稳定性引发的操作风险

由于宏观经济的不连续性致使村镇银行不能持续有效地健康经营，并且容易受到政策的干扰，这样无形中就会加大操作管理的难度，再加上国家还未出台对操作风险的应对措施，造成当地政府的管理没有一个统一的标准，有些地区政府的随意干涉破坏了村镇银行的营运环境，而有些地区政府放任经营的管理方式等不当的做法同样会带来操作风险隐患。

2. 政府的扶持力度不够导致的操作风险

（1）相关政策未落到实处。当前我国村镇银行在应对操作风险管理上没有相应的法律法规加以保障，这样无章可循必然会削弱银行人员的执行力度。

（2）外部监督实效。当前政府对村镇银行重视力度的不够导致监督机制的缺失，造成没有一个有效的外部监督机制来配合内部监督机制的实施。

（3）社会宣传力度较薄弱。目前政府对村镇银行的宣传力度远远不足，导致了社会公众对其认知和把握不够，大多数人都是抱着观望的态度，不愿涉足。

3. 农户对扶贫政策的误解造成的操作风险

中国一向将扶贫作为慈善优先的事业，在强农惠民方面又尤为积极，因此造成广大农户对扶贫政策存在一定的误解，他们认为村镇银行的贷款是可以不用归还的，再加上农户本身缺乏有效的抵押工具使得村镇银行的信用风险相对较高，无形中增加了操作风险的爆发率。

第四节　村镇银行与中外金融机构在操作风险管理的比较

有效地管理村镇银行的操作风险除了分析内外部原因，我们还可以通过与中外金融机构在操作风险管理上进行比较，更清楚地认识到自身的不足。当然这些所谓的优劣势是相对而言的，因此本书选取了几个最能反映操作风险管理的指标进行分析。

一、村镇银行与我国金融机构在操作风险管理上的比较

(一) 与商业银行在操作风险管理上的比较

对于规避操作风险而言,如果内部有较高的风险认识水平以及管理水平,而外部有政府有效地扶持,无疑使控制操作风险达到事半功倍的效果。这是商业银行相对于村镇银行最为突出的地方。

(1) 风险认识水平以及风险管理水平。就目前而言,大中型商业银行拥有相对完善的防范措施以及优秀的管理人才和技术水平,在风险认识水平和风险管理水平上较村镇银行都具有明显的优势,有助于应对操作风险的发生。较村镇银行而言,无论是在人力还是物力方面都没有保障风险管理水平的优势,导致了在操作风险管理中存在明显的不足。

(2) 政府的扶持力度。目前政府还是把关注的焦点放在商业银行的管理上,无论是宣传力度还是出台的法律法规,都体现与时俱进的特点,而对村镇银行操作风险的管理存在滞后性。

(二) 与农村信用社在操作风险管理上的比较

村镇银行在市场定位、经营地域以及业务范围都有着和农信社较为类似的地方,这样相比就更能反映孰强孰弱,特别是在贷款业务以及存款业务两方面。

(1) 贷款业务。农信社的贷款审批手续烦琐,周期较长,而村镇银行属于一级法人机构,决策链短,程序简捷,在贷款审核、发放方面具有无法比拟的竞争优势,同时,村镇银行的利率较农信社低,对一些中小企业具有较大的吸引力。

(2) 存款业务。因为农信社成立的时间较长,在社会上拥有一定量的客户群体且相对稳定,因此拥有较大的存款来源,而村镇银行起步晚,人们对它的认知度相对较低,加上营业网点较农信社少,导致了村镇银行在存款方面显得较为薄弱。

二、村镇银行与国外金融机构在操作风险管理上的比较

(一) 与发展中国家的村镇银行——格莱珉银行在操作风险管理上的比较

对于银行来说,信用风险的高低至关重要,格莱珉银行正是有效地解决了这一问题,成为村镇银行发展的典范。格莱珉银行在操作风险管理上有两方面优势。

(1) 运作形式。格莱珉银行创新了贷款制度,组建了以小组为单位的还款机制,这样在无形中形成了一种自我监管机制,很好地解决了农户缺乏抵押工具的问题,在一定程度上避免了由于信贷风险带来的操作风险。目前,我国村镇银行对待农户的贷款主要也是提供信用担保的方式,但是由于没有很好的经营管理和制度创新,造成一些资金无法收回的尴尬局面。

（2）市场化经营模式。格莱珉银行把坚持走"草根"经营道路与商业运行机制有效地结合起来，而我国的村镇银行的弊病在于，一味地坚持走单纯"草根"经营的道路而忽视了市场化的经营。

（二）与发达国家优秀的金融机构——美国的资金互助社在操作风险管理上的比较

美国社区银行在操作风险管理上的优势在于：

（1）金融产品的创新。美国社区银行利用专业化的优势引进创新制度，走精品化的服务道路。例如，结合当地农村较发达的农业进行重点调研，在专门领域做出品牌和特色。而同样以走精品化道路为主的我国村镇银行，却没有很好地结合当地的特色农产品进行重点发展，仍旧停留在较为表层的单一的产品发展上。

（2）制度保障。美国政府特意出台了《社区再投资》《小企业》等法律法规，保障其在经营管理中遇到的操作风险。相比之下，当前我国关于应对操作风险的相关法律却还迟迟未得到完善。

通过分析我们可以看出，无论是同商业银行、农信社比较，还是同国外优秀银行比较，村镇银行都存在一定程度的差距，这些不足也正是导致操作风险管理不当的原因。因此，村镇银行应该把握住机会，及时完善改进，缩小差距。

第五节　村镇银行操作风险的控制措施

一、从村镇银行自身的角度

（一）突破经营地域局限性，转变发展模式

政府部门应该加大对不发达地区的投入力度，积极做到"走出去与引进来"相结合，一方面可以吸引投资者前来投资，另一方面可以改善当地居民的生活水平，增加收入，从而促进村镇银行吸储能力的提高。村镇银行应该转变经营模式，走跨地区经营的道路，可以先选择几个地区进行实验，不断摸索，不断适应，不断改进，这样不仅可以减少风险的损失，还可以促进区域之间的协作与沟通。

（二）建立合理的经营管理结构和制度

针对上述分析的原因，要从以下四个方面进行控制：

（1）实行发起人多元化制度以及宽松的准入机制。一方面有利于更多具有意愿介入该领域的投资者可以获得参与的机会，另一方面采取一定的鼓励措施刺激部分缺乏积极性的投资者把部分的焦点转移到村镇银行的投入上。

(2）健全法人治理结构。建立完善的公司法人治理结构，建立以股东代表大会、董事会、监事会、高级管理层（简称"三会一层"）为主体的公司组织架构，各机构分工明确，分权制衡。抑制"内部人"控制、"道德风险"的发生，完善村镇银行的内部监督机制。高级管理层实行前后台分离，由副行长分管前台业务，行长分管中后台业务。

（3）加大金融产品的创新力度。当前地方政府不能一直停留在满足基本农产品的简单需求上而忽略了农户日益增长的其他物质方面的需求，应该加大对住房、消费贷款等的办理，给金融产品注入新能量。

（4）加大对贷款管理方式的创新。这点可以学习格莱珉银行，实行小组单位模式的贷款制度，不仅可以缓解担保难的问题，还可以减少信贷风险引发的操作风险。

（三）提高工作人员的风险管理水平

对于当地直接招聘上岗的员工，一方面，村镇银行可以对其进行集中的培训，实行一定的奖惩制度和淘汰制度，不仅要加强员工对业务流程的熟悉程度，还要加强员工的道德修养，树立正确的价值观，这样在操作上就不会因为认识不到位造成一系列风险，或者因为素质不高以及因一己之私挪用贪污公款给银行的操作上带来极大的不便；另一方面，在资金允许的情况下，银行可以通过派遣员工到其他商业银行进行学习与交流，这样有利于先进的管理理念和技术的引进。值得一提的是，目前大多数银行的高层管理人员没有起到良好的带头作用，因此，我们在制定规章制度规范基层员工的同时，高层管理人员的道德管理同样至关重要。

（四）加强内部控制管理力度

在坚持过去行之有效的内部控制制度的同时，要把握形势，紧贴业务，不断研究新的操作风险控制点，完善内部控制制度，及时有效地评估并控制可能出现的操作风险，把各种安全隐患消除在萌芽状态。

当前，重点要在以下几个方面完善内部控制制度：

（1）建立良好的资信评级系统。这就要结合改善经营地域局限性这一问题进行改进，这样具备了引进先进科学技术的客观条件以及吸引高素质人才前来就业的契机，就可以有效解决人力、物力资源方面的匮乏，有利于加快评级系统建立的步伐。

（2）落实授权制度，明确岗位职责。建立相应的授权体系，实行统一法人管理和法人授权；建立必要的职责分离，以及横向与纵向相互监督制约关系的制度；明确关键岗位、特殊岗位、不相容岗位及其控制。村镇银行不能把所有的操作风险都归属到审计部门进行管理，应该建立权责明确的岗位制度，这就要求有良好的法人治理结构作为执行前提，因此要将二者有效地结合起来进行改进。在规范授权管理的同时，根据不同的工作岗位性质、不同的业务经营水平和风险管理能力授予不同的权限额度。

（3）建立强有力的内部监督机制。在调整结构和防范风险的基础上提高经营效益，防止重规模轻效益；要合理确定任务指标，把风险及内控管理纳入考核体系，切实加强和改善银行审慎经营和管理，严防操作风险；不能制定容易引发偏离既定经营目标或违规经营的激励机制；加强对内部工作和人员进行管理，同时应该配备充足且高素质的监督管理人员组建优秀的团队，改注重事后监督为注重事前监督，加强对重点环节、重点业务、重点人员监督，不断降低柜面操作风险概率，进一步提高会计核算质量；对于重要活动应实施连续记录和监督检查；加强对操作风险管理工作的定期汇报，注重经验的总结，提高监督执行力度，这样在一定程度上可以减小风险带来的损失。

（4）建立重要岗位人员岗位责任制。针对村镇银行的每一个岗位和每一个环节的业务特点和业务流程制定相应的制约措施，特别是对易发生案件的重要岗位，实行岗位分工，严禁一人兼岗或独自操作全过程，对重点岗位人员要实行定期检查、定期轮换、交流和强制休假制度；对重要岗位的不合格人员要坚决予以调整并进行离任审计和严格办理工作交接手续。

（5）建立重要事项审批制度和账务核对制度。会计人员进行账务处理必须依据符合会计制度的有效凭证，不得接受不符合制度的任何指令，上级授权处理的事项必须履行必要的手续；制作内部记账凭证及错账冲正必须经会计主管审核签章；加强暂收暂付款科目的管理，严格按规定的核算范围使用、按规定权限审批，并定期进行清查。会计账务必须坚持"六相符"，即账账、账款、账据、账实、账表及内 账核对相符，根据制度要求，对不同账务采取每日核对或定期核对的办法，账务不平要换人查找。要建立和完善外部对账制度，定期按户核对，确保内外账核对相符。

（6）加强对硬件、操作系统的控制。对于产品、组织结构、流程、计算机系统的设计过程，应建立有效的控制程序；建立信息安全管理体系，对硬件、操作系统和应用程序、数据和操作环境，以及设计、采购、安全和使用实施控制；建立并保持应急预案和程序，确保业务持续开展；要积极开展检查，认真排查、梳理风险点和风险源，并深入分析各个风险点形成的原因，系统地提出相应的弥补措施和纠正建议；要按照"流程设置→风险点排查→管控措施→流程完善"路径，不断完善制度，完善操作规程。

二、从政府的角度

以上所说的几个建议如果没有政府的高度重视，执行起来还是有一定难度的。当前我国村镇银行与国外村镇银行存在一个明显的差距就是政府的重视以及扶持程度不到位。我们应该学习国外政府部门，有意识地加大对村镇银行操作风险进行管理，不应该再无视其存在和危害。针对这一问题提出以下建议。

（一）及时制定相关的法律法规，起到带头作用

政府应该根据经济市场变化及时出台相关的法律法规对操作风险进行有效的防范和控制，起到带头作用。一方面，以应对经济不稳定给村镇银行操作风险带来的冲击；另一方面，有利于形成一个统一的标准，防止地方政府的随意干涉或者面对风险无从下手的局面。一是对农业担保机制的完善，政府部门要加大对农业的投保力度，减少自然灾害等不确定因素对农业造成的损失；二是降低税收制度，我们可以让同样服务于"三农"的村镇银行也享有农信社一样的税收优惠待遇，不仅有利于吸引投资者前来投资，还减小了风险损失。

（二）及时做好对村镇银行的宣传工作

政府应该从自我做起，加大对村镇银行的重视，这样在一定程度上会增加群众对其的认知度和可信度。而面对一些持观望态度的农户，政府部门还应该通过网络、报刊、电视等各种媒介向他们介绍有关村镇银行方面的信息，减少群众对其的陌生感，使大家认识到村镇银行具有不可忽视的潜在发展力。

（三）及时纠正群众对扶贫政策存在的误解

地方政府应该及时做好引导工作，可以通过村委会、居委会走访家家户户进行宣讲，或者可以通过印发宣传册对农户加强这方面的指导教育，还可以通过定期召开一些相关讲座，及时引导农户树立正确的价值观，纠正误解。

三、全面落实操作风险管理责任制

首先，要通过层层签订防范操作风险责任合同，使风险防范责任目标与员工个人利益直接挂钩，形成各级行一把手负总责，分管领导直接负责，相关部门各司其职、各负其责，一线员工积极参与的大防范工作格局。其次，要真正落实问责制。要明确各级管理者及每位操作人员在防范操作风险中的权利与责任，并进行责任公示。今后银行发生大案，既要有人及时问责，又要深入追查事件责任人；对出现大案、要案，或措施不得力的，要从严追究高管人员和直接责任人的责任，并相应追究检查部门、审计部门及人员对检查发现的问题隐瞒不报、上报虚假情况或检查监督整改不力的责任。

四、切实改进操作风险管理方法

（一）逐步完善操作风险计量方法

虽然目前对操作风险的计量还没有一个十分完善的方法，但是随着商业银行全面风险管理的深入开展，准确计量操作风险并计提准备金是一个必然的发展趋势。

（二）加强信息技术应用

在数据大集中的进程中，要加强业务系统操作平台建设，全面查找设计上的漏洞，完善系统软件。

（三）建立健全操作风险识别和评估体系

借鉴国际先进经验并运用现代科技手段，逐步建立覆盖所有业务类别操作风险的监控、评价和预警系统，识别和评估所有当前和未来潜在的操作风险及其性质。

（四）建立和完善内部信息交流制度

针对近年来多发的管理人员带头实施违规，强迫命令下属违规操作，形成案件和资金风险的问题，银行要建立和完善员工举报制度，依靠和发动一线员工，鼓励检举违法违规问题，坚决遏制各类案件特别是大案要案的高发势头。

五、加强工作人员管理

随着金融创新业务不断增多，服务领域不断拓展，村镇银行队伍建设越来越重要。村镇银行员工素质的高低，直接影响到各项业务处理的质量，高素质员工不仅是内部控制作用发挥的基础，而且可以弥补内部控制制度的不足。

（一）加强职业道德强化训练

深入开展矛盾纠纷和不安定因素排查化解工作，多方面、多层次将矛盾纠纷和不安定因素化解在单位内部和萌芽状态。要坚持不懈地进行安全形势教育、典型案例教育、规章制度教育，提高村镇银行员工安全防范意识和遵纪守法观念。牢固树立以人为本的经营思想，充分发动和依靠广大员工抓好操作风险管理工作。通过日常的教育和行为规范的建立，使得各级员工能够了解操作风险控制的重要性并能够自觉地防范和控制操作风险。

（二）对重要岗位人员进行轮换和监控

轮岗不仅是培养员工全面发展的一项重要手段，而且是堵塞岗位工作中的漏洞和隐患的重要措施。及时、深入了解重要岗位人员工作、生活情况，掌握思想和行为变化动态,对行为失范的员工要及时进行教育疏导和诫免谈话,情节严重的,要严肃处理。同时建立重要岗位,包括客户经理定期交流制度,对在同一岗位工作三年以上的都要实行岗位交流(轮岗)。

(三)开展各种形式的业务培训活动和企业文化建设

保证基本功训练及规章制度、新知识的学习不间断,逐步夯实人员的理论水平,狠抓员工新岗位培训和上岗考核。推进合规文化建设,以内控综合评价为主要内容,全员培训工作,驱除"以信任代替管理,以习惯代替制度,以情面代替纪律"等不良文化,确立违规行为"零容忍"的准则。

(四)建立有效的激励约束机制

包括对高管人员到任审计、离任审计,在岗时的年薪制和其他的股权、期权的激励相容制度,以及对高管人员的亲属、朋友、子女的关联贷款自动回避制度和高管人员在本岗上可享受的职务消费制度等,从制度上减少操作风险的产生。

第十章　村镇银行流动性风险与控制

村镇银行作为新生事物，处在县域或乡镇，不能跨地区进行经营业务，吸收存款有限，而农村对村镇银行的放贷需求却非常强烈，加上村镇银行自身经济利益的驱动，村镇银行会不断扩大贷款规模。一些村镇银行的贷存比已经超过了75%，个别银行甚至超过了300%（原银监会规定有5年宽限期），有的甚至开始动用资本金发放贷款，流动性风险表现得很突出。潜在的流动性风险已经成为村镇银行经营管理过程中最为主要的风险。[①]通过对村镇银行流动性风险进行预警，避免村镇银行因流动性风险而造成损失。叶咏欣、张媛（2013）认为，村镇银行要拓宽资金来源渠道，扩大放贷规模；降低不良贷款率，缩小存贷款差距；完善保险体系，建立损失补偿机制等方法进行流动性风险管理。赵婧瑶、王宏伟（2014）认为，村镇银行不仅面临着资金来源渠道狭窄等问题，还面临着资金无法及时收回等问题。此时，潜在的流动性风险已经成为村镇银行经营管理过程中最为主要的风险。通过对村镇银行流动性风险进行预警，可以帮助管理者及早发现流动性风险，避免村镇银行因流动性风险而造成损失。蒋砚（2015）认为，村镇银行缺乏对流动性风险管理的全面认知和重视；实质上的流动性风险管理组织架构尚未建立；流动性风险日常监测管理较为单一并且有待完善；负债管理能力弱制约流动性风险管理的整体实施；流动性风险管理信息系统保障效力缺失；流动性风险压力测试等应急预案管理尚未实施；人员素质整体偏低削弱管理实际执行力和流动性风险管理过度借助外力导致主动性弱化。

第一节　关于流动性风险的界定与巴塞尔协议（Ⅲ）

一、流动性风险的界定及管理

（一）流动性风险的界定

商业银行流动性包括资产流动性和负债流动性两个方面。资产流动性指商业银行资产在尽量小的损失条件下迅速变现能力的大小。资产流动性越大，履行到期债务的能力就越强。负债流动性指商业银行以尽可能低的成本筹措资金的能力的大小。负债流动性越大，筹集资金的能力就越强。商业银行流动性风险是指商

[①]　赵婧瑶，王宏伟．村镇银行流动性风险预警研究——以B村镇银行为例[J]．财经问题研究，2014（S1）：38-41．

业银行因流动性不足,造成损失或破产的可能性。流动性风险具有潜伏性、传染性、突发性和放大性特征,它一旦爆发,会产生多米诺骨牌效应,威胁整个银行业和金融体系的安全与稳定。

(二)银行流动性供给与需求

1. 流动性的供给

流动性的供给包括库存现金、客户存款、营业收入、客户偿还的贷款和发起行或其他金融机构、货币市场的借款等。

2. 流动性的需求

流动性需求包括满足客户提取现金、贷款、归还借款、缴纳税收、派发股息与红利等。

(三)影响银行流动性风险大小的因素

(1)资产能够迅速变现而不受损失,流动性风险小;变现慢,损失大,流动性风险大。将某些资产证券化后出售的能力越强,流动性风险越小;能力越弱,流动性风险越大。

(2)资金来源的分散程度越高,流动性风险越小;分散程度越低,流动性风险越大。存款稳定性越高,流动性风险越小;存款稳定性越低,流动性风险越大。进入货币市场或其他渠道筹资的能力越强,流动性风险越小;能力越弱,流动性风险越大。

(3)短借长用的程度越高,流动性风险越大;短借长用的程度越低,流动性风险越小。

(4)应付目前和未来流动性的能力越强,流动性风险越小;能力越弱,流动性风险越大。资金管理政策、流动性管理政策以及管理信息系统的有效性越高,流动性风险越小;有效性越低,流动性风险越大。

(四)银行流动性风险评价

根据村镇银行流动性风险程度的不同,可把它划分为五个级别:

一级(非常安全):流动性管理健全,筹集资金渠道健全,能够以优惠的条件获得足够的流动资金,以应付目前和未来的流动性需求,流动性管理没有存在问题。

二级(安全):流动性管理总体较好,筹集资金能力较强,能够以合理的价格获得足够资金,但流动性管理存在潜在缺陷。

三级(基本安全):流动性管理存在明显缺陷,不一定以合理的价格获得足够资金,需要进一步提高流动性管理水平。

四级(风险):流动性管理已经出现问题,不能以合理的价格获得足够资金,需要采取措施改善流动性。

五级(严重风险):流动性管理存在严重的问题,需要立即筹集资金以应付到期债务等流动性需求,继续营运受到威胁。

(五)流动性风险管理

商业银行流动性风险管理的内容包括:

1. 流动性风险的识别

对流动性风险的认识和处理直接影响着一个银行的生存和发展。流动性风险识别是流动性风险管理的基础。商业银行应加强流动性风险的内部控制,对贷款的过快增长可能产生的流动性风险引起重视,强化对流动性风险识别的意识。因为流动性风险是结果性风险,所以在现实生活中要对其进行准确的预测还是有一定的难度。如果这种可能性一旦转化为现实,在极端情况下,会引发银行的挤兑风潮甚至导致银行的破产倒闭。

2. 流动性风险的分析

商业银行流动性风险的驱动因素主要是由于其筹资能力较低,同时贷款回收慢,也就是贷款的期限远远长于存款期限。另外,由于我国的个人征信体系建设还很不健全,不良贷款率依然很高。再加上商业银行缺乏对流动性风险的主动性管理,还没有形成有效的风险管理预警体系和应急方案,加大流动性风险发生的可能。

3. 流动性风险的评估

对于商业银行的流动性风险评估,要求商业银行定期对自己的各项业务进行风险评估并制作风险评估报告。风险评估报告可以包括每一期的预期现金流、每一期存款额和贷款额、贷款质量、流动性储备等。通过分析风险评估报告,有利于银行的管理者对流动性风险的来源和趋势以及流动性风险可能产生的威胁、存在的弱点、造成的影响程度等进行评估,从而做出更准确的判断,以决定如何进行风险管理。

4. 流动性风险的控制

流动性风险控制首先要求商业银行自身要保持足够的准备资产。流动性风险可以由很多渠道引起,但无论通过哪种方式发生,如果流动性风险较高,那么银行也应保留较高的流动性储备。

5. 流动性风险跟踪

流动性风险跟踪首先要求对信息进行有效的系统管理，根据流动性指标数据的变化情况，制定合理的监测频率，对风险的变化情况做定期报告。在完善有效的监管机制的同时，还应制定合理的危机处理机制。造成流动性风险不断扩散而无法进行及时制止的重要原因就是事先没有准备好应急方案或者说应急方案还存在不足之处，有待修订和改进。所以，对流动性风险的监测是一个持续的、长期的过程，必须定期做好记录分析，时时监测和跟踪，才能更好地防范于未然。

二、巴塞尔协议（Ⅲ）的《流动性风险计量标准和监测的国际框架》及新修订

（一）《流动性风险计量标准和监测的国际框架》关于流动性风险的规定

近年来，随着金融创新和金融市场的快速发展，商业银行流动性风险管理面临着更大的挑战，监管当局有效监管商业银行流动性风险的难度也不断加大。2007年8月，由美国次贷危机引发的国际金融危机中，尽管许多银行资本水平充足，但仍因丧失流动性而陷入困境，主要原因是其流动性风险管理体系存在明显缺陷，未能有效实施稳健的流动性风险管理原则。这次金融危机还反映了市场流动性状况可能迅速逆转，流动性萎缩状况可能持续较长时间。因此，加强对商业银行流动性风险的管理与监管，对于维护金融市场和银行体系安全稳健运行，具有重要意义。

危机发生后，国际社会对流动性风险管理和监管予以前所未有的重视。巴塞尔银行委员会于2008年9月颁布了《稳健的流动性风险管理与监管原则》，2010年12月颁布了巴塞尔协议（Ⅲ）关于《流动性风险计量标准和监测的国际框架》（下称《计量标准》），构建了商业银行流动性风险管理和监管的全面框架，在强化资本监管标准的同时，首次提出了全球统一的流动性风险监管定量标准。该框架核心内容是流动性风险监管的两个新指标：流动性覆盖率和净稳定资金比例。

1. 流动性覆盖率

流动性覆盖率是优质流动性资产与未来30日的净资金流出之比，不得低于100%。其中，优质流动性资产包括一级资产和二级资产。优质流动性资产一般具有低信用风险和市场风险、易于定价且价值平稳、与高风险资产的低相关性、在广泛认可的发达市场中交易、活跃且具规模的市场等特征。如一级资产中的现金资产、二级资产中的风险加权系数为20%的国家主权发行或担保的债券等。

未来30日的净资金流出，等于现金流出减现金流入。未来30天现金流出包

括存款流失、应付利息及拆借、表外产品相关的现金流出、衍生品相关的现金流出和市场融资能力下降等五个方面的内容。未来30天现金流入分为贷款资金流入、证券借入和逆回购到期流入、其他现金流入三类。

流动性覆盖率是衡量银行短期流动性风险程度的指标,旨在确保压力的情景下,银行能够运用自身持有的、无变现障碍的优质流动性资产,应对30天内业务产生的资金需求,以避免在政府危机救助方案实施前倒闭。

2. 净稳定融资比例

净稳定融资比例是可用的稳定资金与业务所需的稳定资金之比,不得低于100%。其中,可用的稳定资金,包括核心资本、附属资本、其他优先股和存款等四类。业务所需的稳定资金,指根据业务需要,占用1年期以上的资金数量分为债券、股权、贷款、黄金、表外资产、其他资产等六类。

净稳定融资比例是衡量银行中长期限流动性风险程度的指标。通过这个指标,可以发现商业银行资产负债总量和结构存在的错配风险。

(二)巴塞尔协议(Ⅲ):净稳定资金比例

巴塞尔委员会于2014年公布了《第三版巴塞尔协议:净稳定资金比例》。净稳定资金比例用于衡量银行在一年内是否能够保持稳定的长期权益和负债以满足各类资产所产生的稳定资金需求,是对流动性覆盖比率的一个有益补充,其监管目标在于鼓励银行通过结构调整减少短期融资的期限错配、增加长期稳定资金来源。对比2010年版本与修订稿,可以看出国际流动性监管理念呈现出整体放松监管标准以避免对实体经济的负面扰动等一系列突出特点。

(三)借鉴意义

为了适应国际对流动性风险管理的新变化,原银监会参考了《计量标准》,结合我国商业银行实际情况,对2009年9月颁布的《商业银行流动性风险管理指引》进行适当的修订,于2014年颁布了《商业银行流动性风险管理办法(试行)》,引入流动性覆盖率、净稳定资金比例两个指标,构建了一个多元化流动性风险监管指标体系。2015年9月,根据《商业银行法》修订进展,《流动性办法(试行)》也进行了相应修订,将存贷比由监管指标调整为监测指标。

近年来,随着国内、国际经济金融形势变化,银行业务经营出现新特点。《流动性办法(试行)》只包括流动性比例和流动性覆盖率两项监管指标。其中,流动性覆盖率仅适用于资产规模在2000亿元(含)以上的银行,资产规模小于2000亿元的中小银行缺乏有效的监管指标。此外,作为巴塞尔协议(Ⅲ)监管标准的重要组成部分,巴塞尔委员会于2014年推出了新版的净稳定资金比例(NSFR)国际标准。因此，结合我国商业银行业务特点，借鉴国际监管改革成果，2018年5月中国银保监会对流动性风险监管制度进行修订，发布《商业银行流动性风险管理办法》，并于2018年7月1日正式实施。

此次修订的主要内容包括：一是新引入三个量化指标。其中，净稳定资金比例适用于资产规模在2000亿元（含）以上的商业银行，优质流动性资产充足率适用于资产规模小于2000亿元的商业银行，流动性匹配率适用于全部商业银行。二是进一步完善流动性风险监测体系。对部分监测指标的计算方法进行了合理优化，强调其在风险管理和监管方面的运用。三是细化了流动性风险管理相关要求，如日间流动性风险管理、融资管理等。

目前我国商业银行流动性监管指标包括以下内容。

1. 流动性覆盖率 = 合格优质流动性资产 ÷ 未来30天现金净流出量

旨在确保商业银行具有充足的合格优质流动性资产，能够在规定的流动性压力情景下，通过变现这些资产满足未来至少30天的流动性需求。

流动性覆盖率的最低监管标准为不低于100%。

2. 净稳定资金比例 = 可用的稳定资金 ÷ 所需的稳定资金

旨在确保商业银行具有充足的稳定资金来源，以满足各类资产和表外风险敞口对稳定资金的需求。

净稳定资金比例的最低监管标准为不低于100%。该指标值越高，说明银行稳定资金来源越充足，应对中长期资产负债结构性问题的能力越强。净稳定资金比例风险敏感度较高，但计算较为复杂，且与流动性覆盖率共用部分概念。因此，采用与流动性覆盖率相同的适用范围，即适用于资产规模在2000亿元（含）以上的商业银行。

3. 流动性比例 = 流动性资产余额 ÷ 流动性负债余额

流动性比例的最低监管标准为不低于25%。

4. 流动性匹配率 = 加权资金来源 ÷ 加权资金运用

旨在引导商业银行合理配置长期稳定负债、高流动性或短期资产，避免过度依赖短期资金支持长期业务发展，提高流动性风险抵御能力。

流动性匹配率的最低监管标准为不低于100%。该指标值越低，说明银行以短期资金支持长期资产的问题越大，期限匹配程度越差。流动性匹配率计算较简单、敏感度较高、容易监测，可对潜在错配风险较大的银行进行有效识别，适用于全部商业银行。

5. 优质流动性资产充足率 = 优质流动性资产 ÷ 短期现金净流出

旨在确保商业银行保持充足的、无变现障碍的优质流动性资产。在压力情况下，银行可通过变现这些资产来满足未来 30 天内的流动性需求。

优质流动性资产充足率的最低监管标准为不低于 100%。该指标值越高，说明银行优质流动性资产储备越充足，抵御流动性风险的能力越强。该指标与流动性覆盖率相比而言更加简单、清晰，便于计算，较适合中小银行的业务特征和监管需求，因此适用于资产规模小于 2000 亿元的商业银行。

第二节 村镇银行流动性风险的表现、特点与原因

一、村镇银行流动性风险的主要表现

（一）存款明显下降

村镇银行经营过程中可能会出现一些问题，如由于储户与村镇银行存在信息不对称的情况，对信息分辨能力差，人云亦云，盲目跟风提取存款，发生挤兑现象，甚至发生支付危机。

（二）融资成本大大提高

随着我国利率市场化改革，利率水平将由市场资金供求关系来决定。银行业存款竞争将进一步加剧，村镇银行处于不利地位。如果不提高利率，存款可能下滑；如果提高存款利率，就会造成融资成本上升，对村镇银行资金头寸的动态管理水平提出新挑战。

（三）资产质量大幅下降

村镇银行贷款对象是农户和小微企业。农业是弱质产业，自然灾害频繁，加剧村镇银行农户贷款的风险，贷款不能按时收回。农村小微企业规模小、产业比较集中，如福建建瓯瑞狮村镇银行主要为香菇、竹笋和板栗等生产销售提供贷款，容易出现成片倒闭的现象，直接影响村镇银行的资产状况，出现不良贷款，严重影响村镇银行现金流量，凸显流动性风险。

（四）资产与负债严重不匹配

从资产与负债总量看，一些村镇银行贷存比明显超过 75%；从资产与负债期限结构看，一些村镇银行存在借短长用现象，资产与负债不匹配，埋下流动性风险的祸根。为了降低贷存比，村镇银行加大吸收存款力度，甚至高息揽储。这些资金主要是冲着高额利息来的，具有不稳定性，甚至存在"银行一日游"的现象。

另外，村镇银行管理层有盈利压力，又将这些短期性质的资金进行中长期贷款，加剧了资产负债业务的错配风险。

二、村镇银行流动性风险的特点

（一）村镇银行流动性风险具有明显的季节性

设立村镇银行一方面是为了解决当地农户和小微企业的资金需求，不能跨地区吸收存款和发放贷款，存贷业务对象都在同一区域。另一方面，农业生产季节性比较明显，资金需求比较集中，流动性问题就比较突出。

（二）村镇银行抵御流动性风险的能力弱

一方面，村镇银行的贷款对象主要是农户和农村小微企业，信用基础薄弱，经营规模小，加上抵押物不充分，不良贷款发生的可能性比一般商业银行更大。另一方面，村镇银行地处乡镇，不能跨地区经营，资金来源地域范围小，又以农户和农村小微企业为主要业务对象，单笔业务的存款金额小。村镇银行作为微型银行，自有资本少，如果遇到挤兑等严重事件，可能因流动性不足而陷入困境，甚至出现破产倒闭风险。

（三）村镇银行流动性风险危险性高

村镇银行作为新生事物，存在治理结构不完善、结算渠道不畅、业务创新不足等问题，尤其是风险管理的经验不足，缺乏应对突发事件的能力经验。可能因为主要贷款对象破产倒闭、临时出现支付问题或其他突发事件，而导致挤兑，酿成重大风险。

（四）村镇银行流动性风险监管难度大

村镇银行地处乡村，且数量众多。县域监管力量薄弱，很难及时掌握村镇银行流动性方面出现的问题，监管时效性差。一些村镇银行为了降低贷存比过高的问题，违规高息揽储，目前监管机构缺乏监管村镇银行流动性风险方法，监管针对性差，难度较大。

三、村镇银行流动性风险的主要原因

（一）流动性风险管理缺陷

目前村镇银行由于缺乏风险管理的专业人才，基础数据不完整，流动性覆盖率和净稳定融资比例两个流动性风险管理新指标无法实施。主要使用存贷款比例和流动性比例指标，只能反映某一时点的村镇银行流动性状况，不能动态、准确把握村镇银行流动性的供给、需求及缺口变化。在流动性风险日常管理中，缺乏积极主动性，没有设计危机情景进行风险压力测试，没有建立起一套比较完整的流动性风险早期预警指标体系。

（二）资金来源渠道匮乏

目前村镇银行除存款来源和同业借款外，不能通过发行债券或股票来筹集资金。在吸收存款方面，村镇银行社会认知度低，主要吸收农户和小微企业存款，在存款市场竞争中处于劣势，市场份额少。

（三）业务过度扩张，资产负债结构不合理

为了迅速开展业务，扩大农村金融市场份额，村镇银行业务发展迅猛。贷款业务过度扩张，而资金来源又受到瓶颈制约，埋下流动性风险隐患。

（四）缺乏流动性风险处置应急方案

流动性风险是客观存在的。村镇银行缺乏对流动性风险的正确认识，过分依赖当地政府和人民银行，没有准备好流动性风险应急预案。总认为如果发生流动性风险，发起行会提供资金支持，当地政府和人民银行为了维稳，也会紧急救助。

第三节　村镇银行流动性风险预警信号的设计与预警

当前，村镇银行缓解了农村地区金融机构覆盖面低和贷款难的问题。但是由于村镇银行资本金少、信用认可度低、资金来源渠道窄、需求季节性，村镇银行流动性风险突出，建立健全村镇银行流动性风险预警机制已成为当务之急。

一、村镇银行流动性风险预警系统与指标的选择

所谓村镇银行流动性风险预警，就是指通过设置流动性指标和各种预警信号，当指标达到预警阈值时，及时发出预警信号，并采取相应措施，降低流动性风险。村镇银行流动性风险预警系统包括流动性风险指标选择、确定预警阈值、设置预警信号、综合评判和对策措施组成的有机整体。

流动性预警指标是指衡量银行能否满足客户随时提取现金，保持正常支付能力，保证其正常运营，针对银行流动性资产状况而制定流量指标。对于微型银行的村镇银行预警指标选择主要有：

1. 流动性比例

流动性比例 = 一个月内到期流动性资产余额 / 一个月内到期的流动性负债余额 ×100%

其中：流动性资产包括现金、黄金、超额准备金存款、一个月内到期的同业往来轧差后资产方净额、一个月内到期的应收利息及其他应收款、一个月内到期的合格贷款、一个月内到期的债券投资、国内外二级市场上可随时变现的证券投资和其他一个月内到期的可变现资产。流动性负债包括活期存款、一个月内到期的定期存款、一个月内到期的应付利息和各项应付款、一个月内到期的中央银行借款和其他一个月内到期负债。

它主要是反映银行短期偿付能力。该比例越高，表示银行流动性越好，所承受的风险越少，应付流动性需求能力越好。流动性比例的最低监管标准为不低于25%。

2. 优质流动性资产充足率

优质流动性资产充足率 = 优质流动性资产 ÷ 短期现金净流出

优质流动性资产充足率监管指标旨在确保商业银行保持充足的、无变现障碍的优质流动性资产。在压力情况下，银行可通过变现这些资产来满足未来 30 天内的流动性需求。监管要求为不低于 100%。该指标值越高，说明银行优质流动性资产储备越充足，抵御流动性风险的能力越强。优质流动性资产，包括现金、超额准备金、风险加权系数为零的国家主权发行或担保的债券等一级资产和 AA 级以上非金融公司发行的债券，或资产担保的债券、风险加权系数为 20% 的国家主权发行或担保的债券等二级资产。

3. 流动性匹配率

流动性匹配率 = 加权资金来源 ÷ 加权资金运用

流动性匹配率监管指标衡量商业银行主要资产与负债的期限配置结构，旨在引导商业银行合理配置长期稳定负债、高流动性或短期资产，避免过度依赖短期资金支持长期业务发展，提高流动性风险抵御能力。监管要求为不低于 100%。该指标值越低，说明银行以短期资金支持长期资产的问题越大，期限匹配程度越差。

4. 存贷款比例

虽然 2015 年以后"存贷比不得超过 75%"的监管规制已经废除，但存贷业务仍是其主营业务，故选择存贷款比例作为流动性风险预警指标。

存贷款比例是指银行各项贷款余额与各项存款余额之间的比例。存贷款比例要求不高于 75%。

存贷款比例 = 各项贷款余额 / 各项存款余额 ×100%

为支持村镇银行发展，监管部门给村镇银行的存贷比指标 5 年过渡期。村镇银行应做好流动性管理，合理制定存贷比过渡期规划，确保存贷比指标在开业五年内逐步达到75%的监管要求。

5. 核心负债比率（核心负债依存度）

核心负债比率为核心负债与负债总额之比。核心负债包括距到期日三个月以上（含）定期存款和发行债券以及活期存款的50%。核心负债依存度不应低于60%。

核心负债比率＝核心负债期末余额／总负债期末余额×100%

二、村镇银行流动性风险预警信号的设计与预警

1. 村镇银行流动性风险预警信号的设计

为了可以更加直观地看出不同流动性风险状态，将流动性风险预警体系所呈现的结果分为五种风险状态：一级（非常安全）用"蓝灯"表示；二级（安全）用"绿灯"表示；三级（基本安全）用"黄灯"表示；四级（风险）用"橙灯"表示；五级（严重风险）用"红灯"表示。（见表10-1）

表10-1　单个流动性风险指标预警信号表

信号指标	蓝灯	绿灯	黄灯	橙灯	红灯
流动性比例	≥25%	≥20%～<25%	≥15%～<20%	≥10%～<15%	<10%
优质流动性资产充足率	≥100%	≥90%～<100%	≥80%～<90%	≥70%～<80%	<70%
流动性匹配率	≥100%	≥90%～<100%	≥80%～<90%	≥70%～<80%	<70%
存贷款比例	≤75%	>75%～≤80%	>80%～≤85%	>85%～≤90%	>90%
核心负债比率	≥60%	≥50%～<60%	≥40%～<50%	≥30%～<40%	<30%

2. 村镇银行流动性风险预警

（1）单个指标预警

确定预警界限，即流动性指标的变化范围，当流动性指标变化超出预警界限时，表示银行的流动性状况发生变化，及时发出预警，并采取相应措施。如流动性比例小于10%，发出红灯预警。

（2）综合预警

针对各项指标的变动情况，采用公式　　　　　。其中，I表示流动性风险的综合评价值；p_i表示流动性风险的各项评价指标的实际值，流动性风险越小，分值越高（见表10-2）；S_i表示与流动性风险评价指标相对应的风险权重，在四个流动性风险预警指标中，流动性比例风险权重为30%；优质流动性资产充足率风

险权重为25%；流动性匹配率风险权重为25%；存贷款比例风险权重为20%。（见表10-3）

表10-2　单个指标预警得分表

得分指标	90～100分 一档	80～89分 二档	70～79分 三档	60～69分 四档	60分以下 五档
流动性比例	≥25%	≥20%～<25%	≥15%～<20%	≥10%～<15%	<10%
优质流动性资产充足率	≥100%	≥90%～<100%	≥80%～<90%	≥70%～<80%	<70%
流动性匹配率	≥100%	≥90%～<100%	≥80%～<90%	≥70%～<80%	<70%
存贷款比例	≥75%	>75%～≤80%	>80%～≤85%	>85%～≤90%	>90%
核心负债比率	≥60%	≥50%～<60%	≥40%～<50%	≥30%～<40%	<30%

①流动性比例分值调整规定：在一档次，以25%、90分为基础，每增高1%加0.5分，加到100分为止；在五档次，以10%、60分为基础，每降低1%减10分，减到0分为止。

②优质流动性资产充足率分值调整规定：在一档次，以100%、90分为基础，每增高1%加0.5分，加到100分为止；在五档次，以70%、60分为基础，每降低1%减5分，减到0分为止。

③流动性匹配率分值调整规定：在一档次，以100%、90分为基础，每增高1%加0.5分，加到100分为止；在五档次，以70%、60分为基础，每降低1%减5分，减到0分为止。

④存贷款比例分值调整规定：在一档次，以75%、90分为基础，每降低1%加1分，加到100分为止；在五档次，以90%、60分为基础，每增高1%减2分，减到0分为止。

⑤核心负债比率分值调整规定：以60%、90分为基础，每增高1%加0.5分，加到100分为止；在五档次，以30%、60分为基础，每降低1%减5分，减到0分为止。

表10-3　流动性风险指标风险权重表

指标	流动性比例	优质流动性资产充足率	流动性匹配率	存贷款比例	核心负债比率
风险权重	25%	20%	20%	15%	20%

通过加权求和，得出不同数值，采用100分制，分值越高，表明流动性风险越小，并分别用蓝灯（90～100分）、绿灯（80～89分）、黄灯（70～79分）、橙灯（60～69分）和红灯（60分以下）信号来表示。

如某村镇银行，流动性比例为30%，得分92.5分；优质流动性资产充足率为

85%，得分 85 分；流动性匹配率为 90%，得分 80 分；存贷款比例为 85%，得分 70 分；核心负债比率为 75%，得分 97.5 分。

根据公式　　　　=92.5×25%+85×20%+80×20%+70×15%+97.5×20%=86.13 分，综合评价为绿灯，表明该村镇银行总体流动性处在安全区域，但优质流动性资产充足率和流动性匹配率比例偏低，存贷款比例偏高，应该采取措施，防止出现流动性风险。

几点启示：

①对流动性风险管理和预警关键取决于银行资金流入量和流出量之间的关系以及流动性需求量，它是一个动态过程。

②村镇银行流动性风险管理内容要与第三版巴塞尔协议的《流动性风险计量标准和监测的国际框架》及修订版中关于流动性风险指标、概念保持基本一致，与国际惯例接轨。与银保监会《商业银行流动性风险管理办法》要求一致，易于实施与度量。

③流动性风险指标要体现村镇银行经营管理特点。如采用存贷款比例等指标，借鉴商业银行的风险参考值，结合村镇银行经营管理特点确定相应的流动性风险警戒值。

④加强村镇银行流动性风险管理，必须增强流动性管理意识；建立流动性风险管理体系与预警系统；拓宽融资渠道，增加资金来源和建立有效的流动性风险应急方案。

第四节　村镇银行流动性风险的控制措施

一、明确村镇银行流动性风险管理目的

流动性是村镇银行可持续经营的生命线。村镇银行流动性风险管理的目标是当出现流动性风险时，能够进行资金头寸管理，以应付不确定的需求和应偿还的债务的能力。

二、做好流动性需求预测

村镇银行应积极主动对外界各种因素进行分析预测，匡算好资金头寸，以应付突发流动性需求，化解流动性风险。如中央银行决定从 2013 年 7 月 20 日起全面放开金融机构贷款利率管制。农村小微企业融资成本降低了，对贷款需求可能增加，村镇银行未雨绸缪，做好各项资金筹集工作。

三、加强流动性风险早期预警

流动性风险预警就是建立一系列指标体系，分析指标变化对村镇银行流动性影响，确定指标变化范围，当达到警戒线就及时发出预警，启动相应的流动性风险管理预案。对于作为微型银行的村镇银行早期预警指标选择，主要有存贷款比例、流动性比例、优质流动性资产充足率、流动性匹配率和核心负债比率 5 个。

四、进行流动性风险压力测试

对于流动性风险压力测试情景设计，在我国银行流动性风险管理规定中描述了 14 种情景设计，对于村镇银行，着重考虑以下 4 种情景。

情景一：存款大户流失造成银行存款流失。最大十家客户存款所占比例出现下降，轻度 20%、中度 40%、重度 60% 的情景。分析不同最大十家客户存款流失对村镇银行流动性的影响程度。

情景二：正常贷款到期违约，影响不良贷款比例。关注类贷款占各项贷款的比例出现上升，轻度 10%、中度 20%、重度 30% 的情景。分析不良贷款不同比例上升对村镇银行流动性的影响程度。

情景三：银行间同业拆借利率突发上升，轻度 50 个基点、中度 100 个基点、重度 200 个基点的情景。分析银行间同业拆借资金紧张程度对村镇银行流动性的影响。

情景四：法定存款准备金率上调，轻度 0.5 个百分点、中度 1 个百分点、重度 2 个百分点的情景。分析法定存款准备金率不同上调幅度对村镇银行流动性的影响程度。

通过定期或不定期进行压力测试，提高村镇银行应对流动性风险的能力。

五、拓宽村镇银行融资渠道

（一）创新金融业务

村镇银行应加强业务上的创新。在开展传统资产负债业务的同时，积极拓展中间业务。如银行卡业务、贷款委托业务、票据业务、代收代付业务和开发理财产品。创新金融业务，既增强村镇银行的竞争力，又扩大村镇银行的资金来源，周转资金加速，降低流动性风险。

（二）实行资产证券化

资产证券化最基本的功能是提高资产的流动性。村镇银行将一些到期期限相同质优的贷款打包成贷款组合，并以为质押发行债券，出售给机构投资者和个人投资者，进行融资。资产证券化使得村镇银行流动性差的中长期贷款，变成具有高流动性的现金，既缓解村镇银行资产负债期限结构不匹配的问题，又拥有一笔现金流，提供了一条新的解决流动性不足的渠道。

六、优化资产负债结构

（一）提高资产流动性

目前村镇银行资产主要投向中长期贷款，资产流动性较差。村镇银行要避免短借长贷，防止贷款的盲目扩张，提高贷款的流动性。同时优化资产期限结构，切实加强资产负债匹配管理，降低中长期资产的比重，确定中期贷款的比例上限，增加短期资产的比重，保持适当的流动性水平。

（二）降低不良贷款率[①]

村镇银行要加强对农户和小微企业贷款的信用调查力度，完善农户小额贷款和农户联保贷款，借鉴孟加拉国格莱珉银行模式，创新贷款方式。严格按照贷款五级分类要求，及时对每一笔贷款进行清分，对不同贷款类别，提取不同贷款损失准备金。加大对不良贷款管理力度，降低正常贷款向次级贷款、可疑贷款和损失贷款的迁徙率，提高贷款质量。

七、制定村镇银行流动性风险处置应急方案

村镇银行要不断完善内控机制，提高防范风险的能力。村镇银行要协同地方政府、人民银行、监管机构和主发起行，详细制定流动性风险处置应急方案。应急方案主要包括应急处置的组织机构、职责、程序、资金来源与措施等内容。在发生流动性危机情况下，各方面能够迅速行动起来，明确各个部门的各自分工和应采取的措施，防止挤兑蔓延，稳定金融秩序，保护存款人利益，防止村镇银行因流动性风险而破产倒闭。

---

① 叶咏欣，张媛.温州村镇银行流动性风险管理研究[J].经济视角（下），2013（12）：137-139.

第十一章 村镇银行存款保险制度与道德风险

目前我国已经建立存款保险制度，村镇银行也纳入存款保险体系。虽然目前村镇银行不良资产率控制较好，但在经营过程中村镇银行依然面临许多风险，如信用风险、市场风险、流动性风险、操作风险、政策风险等，在未来利率市场化的市场竞争中，可能像河北省肃宁县尚村农信社一样，出现破产清算。[①]存款保险制度一方面保护了存款者利益，另一方面存在道德风险问题，如何防范村镇银行存款保险道德风险，是一个新的课题。陶存文（2005）认为，隐性和显性存款保险制度下都会产生道德风险，但由于优胜劣汰机制无法引入到银行公司治理中，隐性存款保险制度下产生道德风险问题更为严重。陆桂娟（2006）认为，由于存款人、投保银行和存款保险机构之间存在着不对称信息，容易引发市场主体的道德风险。汤洪波（2008）指出，完善的银行公司治理是克服存款保险负面影响的重要前提，银行公司治理的改善能显著提高存款保险制度的有效性。张芸（2009）指出，中小商业银行道德风险防范的策略主要有完善信息披露制度、建立健全风险评级机制、实行风险费率制、确定合理的赔付限额、加强审慎金融监管和建立有效的市场退出机制。刘倩（2009）指出，存款保险制度自身存在的逆向选择和道德风险问题，使风险较高的银行留在存款保险体系中。为了降低道德风险，应该要求所有的存款性金融机构加入存款保险体系中、审慎的银行监管、完善的公司治理机制。杨蔚（2010）认为，存款保险制度的建立会在一定程度上激励投保银行为实现利润最大化，从事高风险项目投资。叶昱希（2011）指出，在存款保险制度下，投保银行相当于购买一个看涨期权，可能取得风险项目投资的高收益，但又不承担冒险失败后的损失。安勇、裴金仙（2011）认为，设计不当的存款保险制度，会产生一定的负面效应，其中最突出的问题是道德风险。如果不及时加以解决，将危害银行体系的稳定与安全。郑琳（2011）认为，村镇银行的设立为我国建立显性存款保险制度提供了契机，可以通过存款保险制度来控制村镇银行金融风险，但要警惕其存在较大的道德风险。

---

① 2012年8月6日，河北省肃宁县尚村农信社破产案由法院正式受理，它是全国第一个被批准破产的农信社。

第一节 关于存款保险制度及其道德风险问题理论分析

一、我国存款保险制度的建立

存款保险制度是指以法律形式规定，建立存款保险机构，银行业金融机构对其存款进行投保，当银行业金融机构经营不善，出现破产倒闭时，由存款保险机构根据规定进行赔偿的制度，即显性存款保险制度。

1993年，国务院在《关于金融体制改革的决定》中就首次提出要建立存款保险基金；1997年，进一步进行存款保险制度的研究；2003年，《存款保险条例》已初步形成；2007年，国务院金融工作会议再次明确提出要加快建立适合我国国情的存款保险制度。人民银行曾于2014年发布《存款保险条例（征求意见稿）》。2015年3月31日，国务院公布《存款保险条例（国务院令第660号）》（下称《条例》），于2015年5月1日起正式施行。同一存款人在同一家存款机构所有被保险存款账户的存款本金和利息合并计算的资金数额在50万元以内的，实行全额偿付；超出50万元的部分，依法从投保机构清算财产中受偿。《条例》经2014年10月29日国务院第67次常务会议通过，2015年2月17日由国务院总理李克强签署。自此，我国成为全球第114个建立存款保险制度的国家或地区。

二、存款保险制度下的道德风险

存款保险制度一方面为投保银行提供一张安全网，但同时又存在道德风险问题。道德风险是指在不对称信息条件下，契约一方在追逐自身效用最大化时，做出损害他人利益的行为。

存款保险制度中的道德风险的具体表现：一是存款人的道德风险，即在存款保险制度下，存款人存在"搭便车"现象，不关心银行的经营状况和其所面临的经营风险，只在乎存入银行的存款利息高低，而一些风险偏好的银行会通过提高利率来吸引存款人，将存款转移到已投保的风险偏好的银行，削弱了存款人对银行的约束机制。二是投保银行的道德风险，即银行为了追求高收益而进行高风险项目投资，因为银行高管们会认为冒险失败，有存款保险机构负责收拾烂摊子，存款人可以从存款保险机构得到一定的赔偿。存款保险制度的存在，使投保银行产生了进行过度风险投资的动机，赢的是银行，亏的是存款保险机构。三是存款保险机构的道德风险。虽然投保银行经营已经出现问题，但是存款保险机构出于自身目标的考虑，拖延对有问题银行的处理，导致银行风险积累甚至破产，给社会带来更多本来可以避免的损失。四是金融监管机构的道德风险,即金融监管机构认为存款保险制度降低了银行体系发生系统性风险的可能性,产生过分依赖而放松监管,甚至容忍银行从事高风险项目投资,酿成更大金融危机,这违背了金融监管机构维护银行业安全、稳健运行的职责。其中投保银行的道德风险是实行存款保险制度所要面临的最主要问题,具体有高负债经营、高风险投资两种形式。

在20世纪80年代至90年代初期,美国发生金融危机,共有1455家银行破产,损失了520亿美元的保险基金。其重要原因之一是存款保险制度激励了银行的冒险经营,存款保险制度隐含的道德风险问题集中暴露出来,倒闭银行资产的风险程度普遍高于未倒闭的银行。

三、存款保险制度下道德风险的理论分析

（一）假设条件

设银行现有资产总额为 A,其中存款部分为 D $(A<D)$,第一期银行存款中的贷放比例为 $x \in [0, 1]$,将 $1-x$ 为准备金比例,利率为 r。在第二期,假设有两种极端情形发生:

①该情况发生的概率 p,借款人归还贷款本金和利息,则到期还本付息总额为 $(1+r) \cdot xD$;

②该情况发生的概率为 $1-p$,贷款成为不良贷款,本金和利息都无法收回。

银行的期望效用函数为 $V(w)$,并且是单调递增函数（w 等于银行资产减去负债）。设银行是非风险偏好型的,即 $V'(w)>0$,$V''(w)<0$,$\lim_{w \to \infty} V'(w)=0$。

（二）无存款保险制度

在还本付息和本息无法收回两种情况下,银行的净资产如表11-1所示:

表11-1 银行的净资产

	还本付息	本息无法收回
发生概率	p	$1-p$
银行的净资产为	$W_a = A + rxD$	$W_b = A - xD$

银行的期望效用为 $EV(w) = pV(A+rxD) + (1-p)V(A-xD)$,银行经营的目标是最大化期望效用,即 $\max EV(w) = pV(A+rxD) + (1-p)V(A-xD)$。

对 x 求一阶导数:

$E'V(w) = p \cdot V'(A+rxD) \cdot rD - (1-p) \cdot V'(A-xD) = 0$

$$\frac{V^{'}(A+rxD)}{V^{'}(A-xD)} = \frac{1-p}{rp} \in (0,1)$$

令 $f(x) = \frac{V^{'}(A+rxD)}{V^{'}(A-xD)}$，$f(0)=1$，$\because \lim_{x\to\infty} V^{'}(X) = \infty$

$$\therefore f(\frac{A}{D}) = \frac{V^{'}(A+rA)}{V^{'}(0)} \to 0$$

$$f(x) = \frac{V^{''}(A+rxD) \cdot rD \cdot V^{'}(A-xD) + V^{'}(A+rxD) \cdot V^{''}(A-xD) \cdot D}{[V^{'}(A-xD)]^2} < 0$$

由此可得，$f(x)$ 在 [0, 1] 严格单调递减，则必然存在一点 x^*，满足 $f(x^*) = \frac{1-p}{rp}$，$x^* \in (0, \frac{A}{D})$，则 $x^* \leq 1$。从以上分析可见，在不存在存款保险制度的情况下，银行不会将其全部存款进行风险投资。

（三）存在全额存款保险制度

在此制度下，到第二期时，在①情况下银行的期望净价值 w 为 $w_a = A+rxD$；在②情况下，银行的期望净价值为 $w_b = A$。最大化银行的期望效用，即：

$\max EV(w) = pV(A+rxD) + (1-p)V(A)$

对 x 求一阶导数：

$E^{'}V(w) = p \cdot V^{'}(A+rxD) \cdot rD > 0$

令 $g(x) = E^{'}V(w)$，则 $g(x)$ 为单调递增函数，当 $x=1$ 时，$g(x)$ 达到最大，即当 $x^* = 1$ 时，银行会将全部存款贷放出去。

由以上分析可得，在不存在存款保险制度的情况下，银行只会将部分存款进行风险投资，因为银行自己要全部承担投资失败的风险，也就不存在这方面道德风险问题。在全额存款保险制度下，银行将全部存款贷放出去，以达到利润最大化，因为投保银行认为如果投资失败，自己不必承担投资失败的全部损失，而将超额风险转嫁到存款保险机构，加大投保银行的道德风险。在部分存款保险制度下，银行在风险与收益之间可以寻找到一个最佳贷款比例，在一定程度上可以降低投保银行的道德风险。

第二节 东亚存款保险制度发展及其防范道德风险经验

一、东亚存款保险制度发展

（一）中国台湾存款保险制度发展

1972 年台湾就提出存款保险方案的构想，1973 年拟定了存款保险制度草案。

1975年修订后的《银行法》第46条规定：为保障存款人的利益，得由政府或银行设立存款保险之组织。1976年"六年经建计划"施政要点中，明确提出将要设立存款保险公司。1982年为应对全球性银行危机，保护存款人利益，维护金融业安全稳健运行，台湾召开了关于存款保险架构规划会议。1985年9月成立"中央存款保险公司"，开始实行显性存款保险制度。此后，台湾多次修订存款保险条例，如1999年1月修正了部分条文，将存款保险制度由自由投保方式改为强制投保，凡经依法核准收受存款、邮政储金或受托经理具保本保息的代为确定用途信托资金的金融机构，应参加存款保险。存款保险标的为活期存款（支票存款）、定期存款、储蓄存款、邮政储金、信托资金以及其他经财政部核准承保的存款。2001年7月明确规定存款保险公司应接受委托执行金融重建基金相关任务。

台湾存款保险制度建立初期，采用单一费率制度，保险费率为0.05%，1987年7月降为0.04%，1988年1月再降为0.015%。1999年1月把单一费率改为实行多级差别费率。投保机构根据资本充足率和检查资料评等综合得分两个风险组群指标，将费率分为三级，分别为0.05%、0.055%及0.06%，每半年缴付一次存款保险费。1999年7月把投保机构分为九个风险组群，适用三级费率，每级差距为0.0025%。2000年1月将存款保险最低费率调高，并将费率级距扩大为0.005%。2007年7月对差别费率进行调整，保额内存款按差别费率、保额以上存款按固定费率计收存款保险费。为了应对美国次贷危机引发的全球金融危机，2009年实行暂时的全额保障措施。

台湾存款保险公司原定资本总额为20亿元新台币，为提高存保公司的风险承担能力，于1992年7月将公司资本总额由20亿元新台币调高为50亿元新台币。台湾为加速存款保险公司存款保险赔款特别准备金的累积，又于1995年11月将该公司资本总额调高至100亿元新台币。

台湾存款保险公司成立之初最高保额为70万元新台币，此后保险额度逐步提高，至2011年调高至300万元存款保险公司。2012年年底，投保机构存款总额达33.47万亿新台币，受保储户的户数比率为98.44%，最高保险额度达到300万元。

根据台湾存款保险公司的统计资料显示，截至2014年10月，共有3家公营金融机构、37家民营银行、29家外国和大陆地区银行在台分行、23家信用合作社、278家农会信用部、25家渔会信用部参加存款保险。

（二）中国香港存款保险制度发展

在1992年前，香港实际上实行的是隐性存款保险制度，外汇基金充当"最后贷款人"的角色，当香港银行经营出现问题时，香港政府可以运用外汇基金救助"问题银行"，保护普通存款人的利益，但是有可能增加银行的道德风险，加大银行的不稳定性。

1991年，爆发了香港国际信贷银行清盘事件，一度引发花旗银行、渣打银行、第一太平银行、道亨银行和港基国际等机构不同程度的挤提，使得香港政府开始审视建立显性存款保险制度的必要性。

1992年，香港政府进行了一次全面的存款保险立法咨询，但因各种原因无功而返。1995年，香港政府为了保障小额存款人的利益，在《公司条例》中增加了第265条规定：当持牌银行破产清算时，存户有权优先获得其存款总额中最高达10万港元的存款。1992年，香港政府对《外汇基金条例》进行修订，将银行业监理处与外汇基金局合并，成立了香港金融管理局，通过强化监管来保障存款人利益。1997年，发生亚洲金融危机，香港虽然成功阻击了索罗斯国际金融大鳄的进攻，但仍对香港整个银行体系的信心造成不良影响。2000年4月，香港金管局决定再次开始存款保险制度的立法研究和前期准备工作。2004年5月，香港立法会通过了《存款保障计划条例》，存款保障委员会于同年成立，香港存款保险制度正式确立。

从2006年9月25日起，香港正式推出存款保险计划。除特殊豁免外，所有持牌银行均须无条件参加存款保障计划。若银行破产倒闭，每位存户将从存款保障委员会得到最多10万港币的补偿。实行风险费率制度，未达到目标值前，分为0.05%、0.08%、0.11%和0.14%；达到目标值后，分为0.0075%、0.01%、0.015%和0.02%。在特殊情况下，投保银行要交特别保费。年期超过5年的定期存款、用作抵押的存款、结构性存款、海外存款、不记名票据及非存款产品均不受存款保险计划保障。

2010年6月，香港政府修订了《存款保险条例》。目前《存保条例》共分7部56条，对存款保险的范围、保险限额、资金安排以及存保基金的管理等做出了明确规定。如补偿上限设定为每家计划成员每名存款人50万港元；用作抵押的存款亦受保障；港元、人民币及外币存款均得到保障。2008年10月，香港特区政府宣布暂时实行存款全额保障，并已于2011年1月1日起转换为限额保障。

（三）新加坡存款保险制度发展

1997年亚洲金融危机，造成新加坡许多金融机构倒闭或被收购，金融机构数量由1996年底185家降为1997年底108家。1998年，新加坡进行金融监管体制改革，想通过严格的金融监管制度来实现对存款人的保护。2002年，开始存款保险制度的研究，并于2005年建立了该制度。新加坡实行强制投保制度，所有存款类金融机构都要参加，包括外国分支机构；实行限额存款保险制度，存款保险最高赔付额为每家金融机构每名存款人 2 万新元（后调高至 5 万新币），仅限于储蓄存款、定期存款和公积金投资计划存款，不包括外币存款和投资性质存款。2009 年，新加坡实行暂时的全额保障措施，并于 2011 年 1 月 1 日起转换为限额保障。关于保险费率的确定，新加坡虽在原则上按照受保存款总额为基础计算保费，但同时根据有关银行的监管评级与资产维持比率，进行风险权重调整。这种差别率的计算方式，既能促进银行加强自身业务和风险控制，提高资本充足率还能增强资产流动性，提高银行经营管理水平。比如，在本地注册一般银行及金融公司，其风险衡量指标是监管评级，保险费率是受保存款额的 0.03%；外资银行风险衡量指标是合格资产充足率，保险费率是受保存款额的 0.03%～0.08%。在特殊条件下需交特别保费。

（四）韩国存款保险制度发展

随着金融全球化和国际化的发展，银行业面临着更大的风险。为了应对挑战，韩国国会在 1995 年 12 月通过了《存款人保护法案》（下称《法案》），并在 1996 年 6 月成立了存款保险公司（KDIC），建立了韩国存款保险制度，实行强制投保制度，但不包括外国分支机构。为了防范道德风险，实行部分存款保护制度，对每位存款人最高赔付额为 5000 万韩元。1997 年 12，韩国对《法案》进行了修订，1998 年 4 月又把所有的存款保险基金合并到 KDIC 中，并规定 KDIC 对商业银行、商人银行、互助储蓄银行和信用社、证券公司、保险公司等六类金融机构承担存款保险责任。2005 年，韩国金融委员会授权其参与相关机构的风险救助与处置政策执行，与金融监督员共同对参保机构的风险水平进行检查，形成检查报告；另外，存款保险公司有权根据检查报告要求金融委员会采取相应的措施。2008 年 11 月，韩国亦将保障范围扩及外币存款。为区别不同金融机构的管理水平与风险，2009 年韩国政府又规定从 2014 年开始废止单一费率，实行风险差别费率，投保机构每年支付最高不超过其存款总额 0.5% 的保费，强化存款保险公司的风险管理职能。2011 年为了应对储蓄银行倒闭问题，对互助储蓄银行进行监管和救助，存款保险公司专门设立了互助储蓄银行机构调整特别账户。从 2011 年 9 月开始，对储蓄银行的监管范围从原资本充足率低于 5% 拓展至低于 7% 或三年连续赤字的银行。

2014 年，韩国正式实施以风险为基础的保费费率制度，所有金融机构之法定存保费率上限为 0.5%。

（五）日本存款保险制度发展

1957 年，日本金融当局认识到存款保险制度的积极作用，向日本国会提交"存款保障制度基金法案"，但该"法案"未能获得通过，建立存款保险制度被搁浅了。

1971年4月，日本正式颁布《存款保险法》，并于同年7月成立了存款保险机构（DICJ），标志着日本存款保险制度正式确立。

日本存款保险制度实行强制原则，强制所有机构参加（不包括外国分支机构）。存款保险最高赔付额1971年为100万日元，1974年为300万日元，1986年提高到1000万日元（不包括外币存款），并保持至今。

1996年之前，日本实行的是单一固定费率，保险费率比较低。日本虽然对存款保险制度进行多次改革，都没有实行风险为基础的差别费率制度，只是将存款分为一般存款和支付结算存款。2003年，一般存款和支付结算存款保险费率分别为0.08%和0.090%；2005年，一般存款保险费率为0.083%，支付结算存款保险费率为0.115%；2006年，一般存款保险费率降至0.080%，支付结算存款保险费率降至0.110%。

1996—2001年亚洲金融危机期间，日本加收0.036%特别保费。同时为了应对危机，1996年至2005年3月，日本采取全额保险制度，即所有存款人的存款都能得到JDIC的全额保险。2005年4月起恢复部分保险制度，除了国债和邮政储蓄受到全额保护外，存款、金融商品超出1000万日元以上就有可能遭受损失。

二、东亚防范存款保险道德风险的经验

（1）在投保方式方面，中国台湾、中国香港、新加坡、韩国和日本都实行强制投保制度，有利于公平公正和保护存款人利益。

（2）在保险费费率方面，中国台湾、中国香港和新加坡则采用风险差别费率制，日本、韩国采取单一费率制。韩国也正致力于研究实施风险差别费率。风险差别费率制有利于降低存款保险道德风险，已经成为存款保险发展趋势。

（3）在存款保险限额方面，中国台湾、中国香港、新加坡、韩国和日本都实行部分保险制度。

（4）在存款保险机构职能方面，中国台湾、韩国都赋予存款保险机构风险评估、早期干预及决定问题机构处理等监管职能，由传统"赔付者"到"风险控制者"，并赋予存款保险机构监管职能，加强对投保银行的经营行为检查监督，降低投保银行道德风险。

另外，中国香港、新加坡和日本都属于"付款箱"型的存款保险制度。

第三节 村镇银行存款保险道德风险的原因分析

目前世界各国普遍实行的是部分存款保险制度，即对超过最高限额的那部分存款不赔偿或递减赔偿的制度。我国将实行的存款保险制度也应该是部分存款保险制度。虽然部分存款保险制度可以在一定程度上降低投保银行的道德风险，但如果存款保险制度设计不合理，还存在道德风险问题，投保银行可能将风险转嫁到存款保险机构上。

一、法人治理结构不完善

村镇银行法人治理结构不完善主要表现为：一是组织机构不完善，多数新建村镇银行没有设立监事会等内部监督部门；二是内部控制机制不健全；三是"一股独大"和"内部人控制"现象。在存款保险制度情况下，银行管理者或者大股东，为了追求超额收益，往往会选择高风险投资项目，这就把投资失败的风险转嫁给存款保险机构，引发村镇银行的道德风险。

二、收益与风险不对称

村镇银行服务对象是小微企业和农户。如农户小额信用贷款，农业作为一个弱质产业，农业和农民对自然条件的依赖性很强，我国自然灾害频发，基本上是靠"天"吃饭，抵御风险能力差，农业生产收益具有不确定性，造成风险与收益不对称。村镇银行若放弃农户小额信用贷款，违背村镇银行成立的宗旨，又为了弥补风险与收益不对称造成收益的缺口，村镇银行就会另外投资一些预期收益大、但风险也大的项目。因此，收益与风险不对称，增大了村镇银行的道德风险。

三、资产负债结构不匹配

村镇银行设在县域，规模小，信用等级弱，再加上以往农村基金会倒闭的影响，人们不信任村镇银行，资金来源受到制约，可能造成资产负债结构不匹配。没有资金来源，就没有资金运用，也就没有收益。村镇银行只能通过各种方法"买资金"，这样大大提高了融资成本，加大了村镇银行经营的风险。

四、监督成本高与破产机会成本低

在委托—代理制度下，由于存在不对称信息，加大了村镇银行所有者对村镇银行管理者的监督成本，使得监督不够全面充分，风险防范措施不落实。另外，村镇银行的管理层报酬常与经营业绩挂钩，因此他们倾向于进行高风险投资以牟私利。并且伴随金融创新的不断涌现，致使银行业竞争加剧。银行为了获得高额回报，提高市场占有率和在竞争中处于有利地位，推出了高风险产品或进行高风险投资。银行属于有限责任公司性质，银行所有者不必承担投资项目失败的全部损失，破产机会成本低，导致其冒险行为，产生道德风险。

五、市场约束机制软化

在没有建立存款保险制度时，村镇银行为了维护存款人的信心，增加银行存款或不让存款流失，避免高风险投资，在客观上抑制银行从事高风险投资，降低了银行的经营风险。存款保险制度建立后，存款人普遍存在"搭便车"现象，不关心银行经营管理情况，同时由于信息不对称，存款保险机构对银行投资项目风险缺乏真正的了解，存款人和存款保险机构约束机制软化，加大村镇银行道德风险。

第四节　村镇银行存款保险道德风险的防范

一、完善存款保险制度的相关规定

（一）实行强制投保形式

存款保险的投保形式有自愿投保和强制投保两种。所谓自愿投保就是允许存款性金融机构自行决定是否参加存款保险。其优点是存款性金融机构作为市场经济活动主体之一，有权利选择是否投保；缺点是大银行自认为"大而不倒"，不愿意参加存款保险，而村镇银行参加存款保险，增加了经营成本，有失公平。所谓强制投保就是所有存款性金融机构都必须纳入存款保险体系中。其优点是最大限度地保护存款人的利益；缺点是剥夺了存款性金融机构自由选择的权利。我国需实行强制投保形式，包括大银行和村镇银行在内的所有存款性金融机构都必须纳入存款保险体系中。

（二）合理设定存款保险的最高限额

存款保险理赔方式有全额保险和部分保险。部分保险又可分为最高限额赔偿、按比例赔偿和按比例有限额赔偿。所谓全额保险就是对存款人所有的存款额都进行保险。其优点是公平和高效，有利于银行体系的稳定；缺点是银行必然进行高风险项目投资，加大银行的经营风险和道德风险。所谓部分保险就是对超过最高限额的那部分存款不赔偿或递减赔偿。其优点是导致道德风险程度较低；缺点是引发银行挤兑的可能性较大，不利于银行体系的稳定。我国适宜实行部分保险中的最高限额赔偿。最高赔偿限额可以根据我国经济发展水平、存款增长率和存款保险基金的变化而进行相应调整。

确定最高限额有两个标准：一是按照 90% 的存款人得到赔偿；二是按照人均 GDP 的 3 倍进行赔偿。2012 年，中国人均 GDP 为 38354 元，认为目前存款保险的最高限额为 50 万元人民币比较合适，对 50 万元以内（含 50 万元）的存款实行全额赔偿。合理设定存款保险的最高限额，使投保银行、存款者及存款保险机构三方共同承担一定的风险，在一定程度上降低了投保银行的道德风险。

（三）实行风险费率制度

存款保险费率的确定方式有统一费率和差别费率。所谓统一费率就是所有投保机构都按照统一费率交存款保险费。其优点是简单易行；缺点是容易引发道德风险。所谓差别费率就是根据投保机构信用等级、风险大小等的不同而交纳不同的存款保险费。实行风险费率制度即存款保险费率根据银行风险大小的不同来确定，银行风险又是按照资本充足水平、资产质量、盈利状况、流动性和监管评级来评分。其缺点是无法准确计算投保存款性金融机构所面临的风险大小与风险种类；优点是加大投保银行进行高风险投资的成本，银行风险大，存款保险费率就高，银行风险低，存款保险费率就低，起到激励相容的作用，有效降低了投保银行的道德风险。

二、完善村镇银行公司治理机制

健全村镇银行规章制度，发挥"三会一层"的实质作用。"三会"是指股东大会、董事会和监事会；"一层"是指执行层。村镇银行要完善"三会一层"的运行机制，从制度层面上对各项业务操作进行限制，股东大会要发挥作为最高权利机构的作用，对村镇银行发展规划做出决策，有权监督村镇银行所有重大事项，尽量避免因冒险行为而产生道德风险。

三、增加村镇银行牌照价值

当前村镇银行市场准入门槛较低，按照《村镇银行管理暂行规定》的要求：村镇银行由一家商业银行发起，在县（市）设立的，其注册资本不得低于300万元人民币；在乡（镇）设立的，其注册资本不得低于100万元人民币。全国各地设立村镇银行有"一哄而上""大跃进"的现象，不利于村镇银行的可持续发展。要提高村镇银行市场准入的门槛，提高银行牌照价值，增加银行破产的机会成本，村镇银行通常会采取稳健的经营策略。

四、加强对村镇银行审慎金融的监管

道德风险产生的重要原因是投保银行与存款保险机构之间的信息不对称。加强外部监管，健全信息披露制度，鼓励存款人对银行进行监督，增强存款人与存款保险机构的市场约束能力，可有效地降低村镇银行的道德风险。

银行监管部门要严格审查村镇银行高管人员任职资格，从风险控制角度加强人事任用的审慎性；要加强对金融机构资本充足性、流动性和业务等方面的风险监管、信息披露的管制；同时赋予存款保险机构金融监管职责，村镇银行必须向存款保险机构报告相关材料，存款保险机构也可以根据法规进行现场检查，及时发现村镇银行经营管理中出现的问题，并采取相应强制措施，降低村镇银行管理者的道德风险。对不听劝告的，存款保险机构将终止其存款保险的资格。

五、严格村镇银行市场退出制度

当村镇银行出现流动性风险或支付危机，通过紧急救援而无法挽救时，就要进行市场退出。存款保险机构对破产村镇银行的处理：一是支付存款人被保险的金额，清偿破产村镇银行的债务；二是寻求与协助另一家规模较大、资产质量好的村镇银行收购破产的村镇银行，实现平稳过渡。

严格市场退出制度，将促使村镇银行所有者能够按照监管机构的期望风险水平经营，降低银行的道德风险。

第五节 福建省村镇银行存款保险评级及存在的问题

一、存款保险评级指标及内容

为了防范投保的存款类金融机构的道德风险，我国存款保险制度规定，对投保的存款类金融机构进行存款保险评级，实行差别存款保险费率。存款保险评级的指标既有定量指标，也有定性指标。具体包括以下几个方面。

（一）公司治理

（1）组织架构方面：股权结构是否科学合理；"三会"是否完备等。

（2）决策、监督及执行机制方面：董事会是否依法合规履行职责，并有效发挥决策作用；高级管理层是否能够在授权范围内积极开展经营管理活动；高级管理层是否建立并执行向董事会、监事会及其他专门委员会的定期信息报告机制等。

（3）激励约束机制方面：绩效考核和高管层薪酬机制是否完善等。

（4）关联交易方面：村镇银行及其主要股东是否能够如实披露、及时报告关联方情况；关联方是否存在过度授信情况等。

（5）发展战略方面：村镇银行是否制定发展战略规划；发展战略是否符合金融宏观调控政策和监管导向，并与自身业务规模、复杂程度和市场环境变化相匹配等。

（二）内部控制

（1）风险管理方面：村镇银行是否建立与经营范围、组织结构和业务规模相适应的风险管理体系；是否出现由于风险识别和评估不到位引发特定风险并导致重大损失的事件；是否建立合理的风险事项报告路径，并制定有效的应对策略；是否建立全面有效的应急机制并定期演练，是否制定了声誉风险、计算机安全、营业场所防暴等突发事件应急预案等。

（2）合规管理方面：村镇银行是否能够较好地执行人民银行等监督管理机构的相关政策；现场评估、核查中是否存在违规经营行为等。

（3）会计管理方面：村镇银行是否制定了较为完备的制度规定；是否严格地执行会计准则与制度；是否建立了银企对账制度；是否及时对现金、有价证券等有形资产和重要凭证进行盘点；是否及时对各种账证、报表定期进行核对等。

（4）制衡机制方面：村镇银行是否遵循授信与审贷分离、业务操作与风险监控分离、授信业务经办与会计账务分离、交易的授权审批与具体经办分离、资金交易的前台交易与后台结算分离、交易损失的确定与核销分离、柜台业务"印、押、证"分离、自营业务与代客业务分离等制度。

（5）内部审计方面：村镇银行现有的内部审计制度是否覆盖总部、分支机构及各业务条线；内部审计部门是否具备独立性并能获得必要的经营管理信息等。

（三）资产管理

（1）信用风险管理方面：村镇银行授信政策是否严格审慎；是否结合自身发展战略及风险管理水平制定授信政策等。

（2）资产分类的准确性方面：村镇银行是否按照贷款五级分类标准进行分类；贷款的迁徙率是否计算准确等。

（3）贷款集中度方面：村镇银行单一最大客户贷款总额占资本净额比例、单一最大集团客户授信总额占资本净额比例是否超过监管机构的要求等。

（4）不良贷款趋势方面：村镇银行不良贷款率是否超过本地区的平均水平；本年度不良贷款率与上年相比是否出现上升情况等。

（四）资本管理

（1）资本管理方面：村镇银行是否制定明确的资本规划；是否制定应急的资本管理计划；是否开展资本充足压力测试等。

（2）资本质量方面：村镇银行资本充足率、核心一级资本充足率是否达到监管机构的要求等。

（3）杠杆水平方面：村镇银行资本杠杆率是否达到监管机构的要求等。

（4）资本补充能力方面：村镇银行主要股东是否书面承诺相应的资本补充义务

等。

（五）流动性风险

（1）流动性管理方面：村镇银行是否建立健全流动性风险识别和计量机制；是否开展流动性风险压力测试；是否制定流动性风险应急预案等。

（2）流动性水平方面：村镇银行流动性比例、流动性覆盖率、流动性缺口率指标等是否达到监管机构的要求。

（3）流动性补充能力方面：村镇银行是否具备流动性补充能力等。

（六）市场风险

村镇银行是否建立市场风险的控制制度；是否建立市场风险计量模型等。

（七）盈利能力

村镇银行成本收入比、资产利润率等指标是否达到监管机构的要求。

（八）信息系统

（1）信息系统建设方面：村镇银行现有的信息系统是否覆盖业务需要，并满足内部管理需求；是否建立信贷风险管理系统、互联网风险预警系统等。

（2）信息安全管理方面：村镇银行是否建立健全信息安全管理机制；是否建立业务连续性管理计划等。

（九）地方金融生态环境

（1）信用环境方面：村镇银行所在地区是否出现重大金融风险等。

（2）法治环境方面：村镇银行所在地区金融案件发案数及增长情况等。

（3）政策环境方面：地方政府是否对村镇银行经营活动进行行政干预；地方政府是否制定突发金融风险事件应急预案等。

二、存款保险评级得分与结果

（一）定量得分

2017年，福建省49家村镇银行存款保险评级平均定量得分为61.13分，比上年略升0.26分。其中，得分上升的有24家，平均上升7.71分，最高上升24.62分；得分下降的有25家，平均下降6.92分，下降幅度最大的为29.14分。

（二）最终评级结果

1. 总体情况

2017年，福建省49家村镇银行存款保险评级等级分布在3～7级之间，其中最高等级3级有3家,4级、5级机构占69.39%,无涉及红线指标调整的村镇银行。与上年相比,2017年评级结果总体略好,5级(含)以内的村镇银行数量为37家,比去年增加1家;最低等级为7级,去年最低等级为8级。

2. 评级结果地区分布情况

按地区分布来看,村镇银行评级等级总体较好的地区是福州市、宁德市、龙岩市,评级等级相对较低的地区是南平市、泉州市。

3. 评级结果升降情况

与2016年相比,评级结果等级下降的村镇银行有14家,其中3级下降为4级的村镇银行有3家;4级下降为5级、6级的村镇银行分别有3家、1家;5级下降为6级、7级的村镇银行分别有4家、2家;6级下降为7级的村镇银行有1家。等级上升的村镇银行仅有12家,其中4级上升为3级的村镇银行有1家;5级上升为3级、4级的村镇银行分别有1家、3家;6级上升为4级、5级的村镇银行分别有1家、6家。

三、存款保险评级存在的主要问题

总体上,2017年福建省村镇银行建立了比较规范有序的现代企业公司治理架构,基本能够按照《企业会计准则》进行账务处理和会计核算。资产质量方面,建立了较完善的信用风险管理体系,授权授信政策较为审慎。能够保持审慎经营,各项业务和盈利保持向好,但是仍然存在以下问题。

(一) 公司治理结构不够健全

部分村镇银行高管较少,高管分工未实现前、中、后台隔离,存在既管业务、又管风险的情况;应该由董事会决策的重大事项未经董事会决策,如战略规划、年度预决算等事项;未按照规定设立独立董事、外部监事及专门委员会,或虽然设立但监管流于形式。

(二) 内控机制薄弱

内部审计部门独立性不够,未定期对授信审批、风险管理、流动性、薪酬、信息系统、内部控制等项目开展审计;内部审计存在揭示力不够、查证不实、审计定性不准以及督促落实不够等问题;人员配备不足,存在违规兼岗现象,未建立重要岗位定期轮岗和强制休假制度。

(三) 风险管理有待完善

发起行未对主要业务部门实行风险管理派驻制度,未能识别和评估特定风险并导致个别村镇银行发生重大损失,未建立风险事项内外报告路径并有效执行;

未根据流动性风险压力测试结果,完善流动性风险管理政策,制定有效的流动性风险应急计划,并每年对应急计划进行一次测试和评估;贷款"三查"制度执行不到位的问题普遍存在;发起行检查意见书、内部审计报告显示,部分村镇银行存在逆程序发放贷款、风险分类不准确等问题,信贷投放不符合国家宏观调控和产业政策。

(四)未能准确反映资产质量

2017年福建省村镇银行平均不良贷款率为1.02%,但逾期90天以上贷款与不良贷款之比仍高达219.88%,潜在风险不容忽视,贷款偏离度较大。

(五)资本约束机制不严格

缺乏明确的资本管理政策,未制定资本规划或未在资本规划中设定资本充足率目标,未建立资本约束机制,未开展内部资本充足评估,主要股东未书面承诺相应的资本补充义务。

(六)信息系统建设滞后

部分村镇银行信息系统未能满足存款保险风险评价工作需要,未按照要求开放相应系统实现所有账户按同一存款人实时识别和归并。业务连续性管理组织框架不健全,信息科技人员偏少,未建立信息安全管理机制等。

第十二章 村镇银行公司治理结构与内部控制

公司治理结构是现代企业制度的核心内容。良好的公司治理可以促进村镇银行加强内部控制、增强核心竞争力、降低经营成本、提高经营绩效。健全的内部控制制度能够明晰村镇银行各部门的权责，保障村镇银行内部各部门间的相互协调与制约，有效防范经营风险，实现村镇银行的可持续发展。李向磊（2015）认为，内部控制失效的关键原因是内部控制环境存在问题。通过提高管理层的治理水平和治理能力，逐步完善法人治理结构来实现法人治理充分发挥作用；通过科学设置内部组织结构，合理划分职责权限，实现权利有效制衡，为构建良好的内部控制环境提供组织基础；通过重视人才引进和加强全员培训、建立有效的激励机制和竞争机制等科学的人力资源政策来有效提升员工的胜任能力，激发员工的内在潜能；通过确立发展与风险兼顾的企业文化基调、树立符合实际的企业文化理念、提高企业文化对员工道德行为的影响力等方式加快脚步创建适合村镇银行自身的企业文化，建立良好的"软"环境，进一步增强完善村镇银行内部控制环境的"软"实力。江明璇（2016）认为，企业文化是经过长时间的实践积累而逐渐形成的，并在企业员工内部一致认同并遵守的价值观、思维模式和言行准则，它带有企业组织的特点，并在潜移默化中影响着企业，是企业的灵魂。晋威（2016）认为，当下村镇银行的股权结构所呈现的主发起行有着一股独大的局面，使得其他中小股东的利益很难得到有效保障；村镇银行的风险管理制度不够完善；村镇银行受限于自身条件，存在风险抵御能力不强的短板；内部控制不强、业务结构不科学；村镇银行激励、约束机制的落后，使其很难有效地刺激高级管理人员积极履行职责，也很难吸引更加专业的人才。翁东玲（2017）认为，在内部管理上要坚持服务"三农"为导向的市场化运作模式；应不断建设和完善内部治理结构，提高银行服务水平；创新是村镇银行的生存之道，应不断推出创新产品；建立健全内部控制制度，严防信贷风险。王勇（2017）指出，村镇银行普遍具有规模小、人员少、业务简单的特点，同时各自所处的经济环境、各自经营发展情况参差不一，在公司治理安排上宜提出框架性、原则性、导向性的要求，同时要允许差异性，留有灵活性。田玉兰（2018）认为，内部控制就是村镇银行为实现既定目标制定的，对各部门人员及业务活动进行协调、制约的政策、制度与方法，是村镇银行防控风险、确保资金安全的内部管理系统。

第一节 村镇银行公司治理的主要缺陷与对策

一、村镇银行公司治理的主要缺陷

狭义的公司治理主要是指村镇银行内部股东、董事、监事及高级管理层之间的关系；广义的公司治理还包括与员工、客户、存款人和社会公众等之间的关系。目前村镇银行公司治理结构的缺陷主要表现在以下几个方面。

（一）股权结构设置不合理

村镇银行的最大股东必须是银行业金融机构且持股比例不得低于村镇银行股本总额的20%，存在一股独大和内部人控制的现象。[①]一些村镇银行高级管理层全部由主发起行指派，其他股东均未派员参与村镇银行的经营管理，导致村镇银行的其他股东权利逐渐被边缘化。

（二）主发起人治理缺陷

主发起人过度干预。主发起人为村镇银行的最大股东，而董事长一般由主发起人银行人士担任，拥有强大影响力。一些主发起人通过各种途径干预村镇银行经营管理活动，甚至超过村镇银行法人治理结构的边界。

（三）董事会、监事会履职缺陷

村镇银行个别董事没有达到《公司章程》规定的基本履职要求，如无故缺席董事会或委托他人代为出席董事会，个别董事甚至连续多次缺席董事会。有的村镇银行虽然设立了监事会，但不符合《公司章程》对监事会职责的有关规定，监事会职责形同虚设。

（四）关联交易缺乏有效管理

部分股东想把入股村镇银行当作获取贷款的便利途径；关联交易均未经董事会审议批准，缺少关联交易内控制度。经营管理层向董事会和股东大会汇报时，不提及关联交易的有关情况，导致关联交易信息披露不充分、不及时。

（五）公司治理结构缺乏凝聚力

一方面，主发起行往往把村镇银行"支行化"，甚至还把村镇银行当作主发起行的业务调节器；另一方面，村镇银行所在地的股东或其他股东有参与管理、进行关联交易的愿意。因此，双方利益存在冲突时，很难形成合力，导致公司治

---

① 晋威．村镇银行公司治理法律问题研究 [D]．西南政法大学，2016．

理结构缺乏凝聚力。

（六）激励机制不完善

村镇银行激励形式和手段单一，一般以工资、奖金、年薪制等物质方面的奖励为主，而忽视了精神奖励。并且缺乏一套完善健全的员工业绩考核机制，导致绩效考核制度不科学。

二、完善公司治理结构的对策建议

（一）建立健全差异化的公司治理组织架构

（1）村镇银行要按照市场定位和自身发展战略，根据"股东参与、简化形式、运行科学、治理有效"的原则，因地制宜，建立健全差异化的公司治理组织架构。[①]应加强股权管理，明晰分工，有效制衡，协调运作。并明确各治理主体的职责边界和履职要求，及时披露信息。

（2）按照《公司法》《商业银行公司治理指引》等有关法律法规，根据人民银行和监管部门关于商业银行的治理标准，制定和修订《公司章程》，建立"三会一层" 议事规则与程序，即《股东大会议事规则与程序》《董事会议事规则与程序》《监事会议事规则与程序》和《行务会议事规则与程序》，逐步完善董事会、监事会及下设委员会的机构和人员设置，以不断促进股东大会、董事会、监事会和经营管理层的运行、沟通和协调机制。

（二）完善董事会机制与结构

村镇银行设立董事会的，要完善董事会的选举机制，优化董事会结构，提高决策的科学性；没有设立董事会的，必须设立外部董事，并由利益相关者派驻专职人员行使检查监督权。

（三）建立对高级管理层的授权制度及健全各种委员会

（1）村镇银行董事会应对股东大会负责，对经营管理承担最终责任。村镇银行高级管理层由行长、副行长、财务负责人及属地监管机构认定的其他高级管理人员组成，对董事会负责，并按照村镇银行章程和董事会授权控制经营管理活动。村镇银行应建立对高级管理层的授权制度，明确授权范围、授权限额和职责要求。董事会要紧密结合村镇银行实际情况，与时俱进，更新观念，提高对公司治理重要性和必要性的认识。重点抓好团队经营管理，提高团队凝聚力和战斗力。村镇银行

---

① 王勇.完善村镇银行差异化公司治理的三个关键问题[J].中国银行业，2017（11）：74-76.

可设立独立董事,独立董事与村镇银行、高级管理人员股东不存在任何妨碍其进行独立客观判断的关系。

(2)建立健全董事会下的各种委员会。即合规委员会、风控委员会、关联交易控制委员会、"三农"与小微企业金融服务委员会和薪酬与提名委员会等。

(四)设立监事会,行使监督权

村镇银行要引进外部监事和职工代表管理监事,设立监事会,负责对董事会和高级管理层的履职行为和尽职情况进行监督,以及对村镇银行经营决策、风险管理和内部控制进行监督、检查、督促、整改,并定期向股东大会报告。

(五)加强股权管理

村镇银行应加强股权管理,具备条件的可将股权集中托管至符合资质的托管机构。村镇银行股权应保持相对稳定,原则上参与发起设立村镇银行的股东,应承诺自村镇银行成立之日起3年内不转让村镇银行股权,3年后转让的按照监管规定办理。董事、监事及高级管理人员在任职期间不得转让其所持有的本行的股权。村镇银行不得接受本行股权作为质押权利标的。股东以本行股权对外出质的,应严格遵守法律法规和监管规定,并事前告知本行董事会。直接、间接、共同持有或控制本行2%以上股权或表决权的股东出质本行股权,事前必须向事前董事会申请备案,说明出质的原因、股权数量、质押期限、质押权人的基本情况。凡董事会认定对本行股权稳定、公司治理、风险与关联交易等存在重大不利影响的,应不予备案。股东质押本行股权数量达到或超过其持有的本行股权50%的,应当对其在股东大会和派出董事在董事会上的表决权进行限制。主要股东出质股权数量不得超过其持有的本行股权50%;所有股东出质股权数量不得超过村镇银行全部股权的20%。

(六)明确股东的责任与义务

股东应以书面形式对"不干预村镇银行的日常经营事务,依据经营发展需要和属地监管机构要求,合理追加股本并承担风险处置责任,支持董事会制定村镇银行恢复处置计划并履行必要的义务"等做出承诺。股东不得抽逃或虚假出资,不得通过非正常手段获取、代持或超持村镇银行股权。

(七)完善激励机制

激励机制是公司治理的核心。应建立健全员工绩效考核制度,提高薪酬的激励作用,并加强对员工教育的培训,理顺职务升迁通道。

(八)消除影响存款保险基金的不利因素

村镇银行要根据存款保险制度要求,消除影响存款保险基金的重大缺陷。

第二节　村镇银行内部控制存在的问题与对策

一、村镇银行内部控制存在的问题

内部控制是村镇银行为实现其经营目标，通过制定一系列制度和实施各种方法和措施，对风险进行防范、控制和化解的动态管理过程。完善的内部控制体系由内部控制环境、风险识别与评估、内部控制措施、监督与纠正、信息交流与反馈等五个相关部分组成。目前村镇银行内部控制主要存在以下问题。

（一）内部控制制度不完善

一方面，村镇银行作为新型的农村金融机构，面向"三农"和小微企业，一些规章制度还不够完善或者缺乏实施细则；另一方面，村镇银行虽然有了各项规章制度，但仅仅是写在纸上或挂在墙上，没有真正落在实处。

（二）内部控制监督乏力

村镇银行存在大股东"一股独大"的现象，内部控制监督乏力，容易形成内部人控制现象，内部人控制不但会改变村镇银行设立的基本宗旨，也会产生大量的内部关系人贷款或关联方贷款，从而使村镇银行积累大量的金融风险。

（三）贷款管理制度流于形式

1. 个别抵押贷款调查不够到位

例如，借款人徐某于 2017 年 10 月 9 日在福建某村镇银行贷款 150 万元，将于 2020 年 8 月 29 日到期。其以位于厦门市湖里区某套房屋作抵押，但信贷员的贷款报告中仅提及借款人的逾期次数，未对借款人逾期情况形成原因进行分析，并未按规定对客户的主体资格和所提供资料的真实性、完整性、有效性等进行尽职调查。

2. 贷后跟踪检查不够到位

贷后跟踪检查的内容比较简单。例如，借款人陈某于 2017 年 11 月 17 日在福建某村镇银行贷款 113 万元；徐某于 2017 年 10 月 9 日在福建某村镇银行贷款 150 万元。

（四）合规文化建设不够

内控合规是村镇银行可持续发展的基石。一些村镇银行员工还没有意识到内控合规建设的重要性，没有很好地树立"内控优先""合规人人有责""合规创造价值"的理念，没有形成合力，所以时常出现违规案件。

二、完善村镇银行内部控制的对策

（一）建立健全村镇银行内部控制机制

（1）扎紧制度篱笆，确保业务规范合规。村镇银行要始终坚持"制度先行、内控优先"的原则开办业务，根据自身经营特点，建立一套科学规范、适用管用、行之有效的，覆盖操作办法、授权授信、风险管理等全流程的金融市场业务制度，确保业务规范合规。并根据实施情况不断完善，提升制度建设的针对性与有效性。还要突出流程化管理，在不断健全完善体制和机制的基础上，进一步加强制度建设，采用全员参与、集中讨论、修订、完善规章制度，提高制度的科学性、系统性、严密性和可操作性，同时形成每周一次的制度学习惯例，加强制度学习，进一步提高完善风险的合规意识，确保从组织架构到制度建设有一套有章可循、合规稳健的运行机制和风险控制体系，确保各项规章制度的全覆盖、可操作和有效性。

（2）村镇银行应根据经营管理需要，明确业务申请、受理审批规则，合理确定各业务条线、部门、岗位和分支机构的职责和权限，控制业务范围与杠杆倍数。村镇银行要始终坚持以安全为第一要务的保守型策略，开展"低信用风险、高流动性"的业务，有效控制流动性风险和信用风险。村镇银行的金融市场业务要始终坚持无杠杆或低杠杆运营，从而确保系统的流动性安全。

（3）做好风险排查工作，重点关注、防范外部诈骗案件，将风险苗头扼杀在摇篮中，推动案防关口前移。加强员工行为管理，持续落实重要岗位人员轮岗制度、强制休假和离任审计制度、不相容岗位适度分离制度、近亲回避制度；定期开展员工异常行为排查，加大对工作职责容易知悉内幕信息情形的排查力度；加强全员培训，建立有效的激励机制和竞争机制等科学的人力资源政策来有效提升员工的胜任能力，不断提高员工合规意识和法律素质。[①]

（4）规范同业业务治理和强化同业账户管理。村镇银行要制定《同业范围内授信管理办法》《存放同业业务管理办法》等规章制度，建立健全资金业务专营部门及岗位分离，设立同业业务审批领导小组，明确同业业务操作流程。对交易对手要进行充分调查和综合授信，进行集中统一名单制管理，并每年进行一次重新评估和核定，杜绝办理无授信额度或超授信额度同业业务，确保各类风险得到有效控制。强化同业账户管理，对于开立的同业业务账户，村镇银行要严格执行人民银行和监管部门的规章制度，双人上门开户，确保账户开立的真实性，建立定期对账制度，杜绝出现利用同业业务账户帮助他行过渡资金或规避监管、开展通道业务，防范金融风险。

---

① 李向磊. 我国村镇银行内部控制环境研究——以Y村镇银行为例[D]. 云南大学，2015.

(5)村镇银行应建立内部控制评价制度以及内部控制监督的报告、信息反馈和整改机制。内部控制评价由董事会指定的部门或委托主发起人组织实施,应每年至少开展一次内部控制评价。对发现的内部控制缺陷,应按照规定路径及时报告,并由整改责任部门将整改措施落实到位。年度内部控制评价报告应报送属地监管机构。

（二）以风险管理为重点,审慎经营

(1)村镇银行要加大信贷管理力度,积极防范市场风险。村镇银行要牢固树立"预防为主,控防结合"的理念,突出"控"字优先。严把贷款准入关,严格按照信贷客户准入标准,多渠道、全方位地了解贷款客户真实经营情况以及消费的真实性,做好优质客户营销,从源头上控制贷款风险。并把握好信贷投向和节奏,用足用好现有的信贷指标,做到好中选优,密切关注行业风险的发展动态,积极防范市场风险。村镇银行要始终把"防范风险,确保安全"放在业务活动的首要位置；坚持"低杠杆、高流动性、低信用风险"的基本经营策略,稳健运作,重点防范"资金链""担保链"风险。

(2)加强对房地产贷款业务的管理。严格落实差别化的住房信贷政策；严格房地产贷款的贷前尽职调查制度；要建立完善按揭贷款管理机制；审慎开展与房地产中介和房企相关的业务。对发现存在为购房者提供首付款支持、协助伪造收入证明等违规行为的房地产中介,在整改纠正前坚决中止合作；对发现存在提供"假按揭""零首付"等违法违规行为的房地产开发企业,在整改纠正前不得拨付后续贷款或增加新的授信。

(3)做好贷后管理,加大排查。认真开展对信贷客户中有不良嗜好、大额资金炒股客户的排查工作,严密防范信用风险和道德风险。加强对信贷客户质押物、抵押物的监管,核对抵押品是否账实相符。根据房地产市场情况,定期或不定期地对辖内规范小区套房、别墅、工业区的厂房价值进行重新评估。加强审查环节风险布控,对现有存量贷款的隐性风险进行系统摸排,并落实相关处置预案。

(4)加大对新发生不良贷款的监管考核,督促采取各种措施按计划压降不良贷款,减少信贷资产损失,严格落实谁贷谁收谁担责制度。成立资产保全部,指定专人负责与法院等有关部门共同、及时跟踪已起诉贷款的诉讼流程,对已进入执行流程环节的已诉贷款,通过多渠道提高不良贷款所对应的抵押品的变现能力,确保村镇银行能够及时收回不良贷款。

(5)加强贷款分类管理。村镇银行要严格落实信贷资产的分类标准和操作流程,真实、准确和动态地反映资产风险状况。

（三）以企业文化建设为载体,加强队伍建设

(1)村镇银行要有效监督高管人员和重要岗位人员是否依法依规履行职责。同

时要严防员工行为，严禁员工参与民间借贷、充当资金掮客、经商办企业和在工商企业兼职等行为。针对案件防控要求，开展员工行为排查活动，尤其是信贷业务前、中、后台人员，按照"实质重于形式"的要求，加强外围深查，注重内外结合，见微知著、以小见大，从员工家庭资产及消费方式等生活情况入手，开展对失范行为的摸底排查，防范员工失范行为可能引发的案件。进一步加强内部管理和员工行为监督，严格约束员工行为，要求员工认真遵守有关内幕交易规定，不得泄露内幕信息，不得利用内幕信息牟利。加大违法违规行为问责力度，加大对员工的业务法制培训和职业道德教育，增强员工守法自律意识，切实做到不触碰法律底线、不跨越违规红线。

（2）抓全员培训、抓持证上岗。通过共享各方培训资源，进一步加强"学习型"企业建设，持续抓好新员工、柜员客户经理以及各业务条线培训班，不断提高员工队伍综合素质。继续推行银行从业人员资格认证考试；推行会计人员全员持证上岗；鼓励员工参加与岗位职责相适应的各类国家认证资格考试。探索员工入职、转岗、升职等持续培训机制，强化激励约束机制。

（四）加强内外部审计及检查

1. 丰富内部审计手段[①]

发起行稽审部门对村镇银行进行合规性专项检查。村镇银行要根据年度稽核检查工作计划，对辖内营业网点进行现场排查，实施案件风险专项排查、大额贷款专项、抵押品专项排查；开展监管部门"三违反三套利"（三违反："违法、违规、违章"。三套利："监管套利、空转套利、关联套利"）、"四不当"（"不当创新、不当交易、不当激励、不当收费"）专项自查。对检查发现的问题，要通过通报、处罚、扣违规积分合约责任人等方式进行处理。强化内审力量，加大对村镇银行各条线的业务检查力度，提升风险防控能力。

2. 外部审计

（1）当地监管部门采取现场检查与非现场检查相结合的方式对辖区内村镇银行进行全面的检查，对检查报告中提出的意见及时反馈与整改。

（2）当地监管部门要定期组织开展贷款分类政策、程序执行情况的审计，对查实的分类不准确贷款，要督促及时调整分类，还原真实数据；对在贷款分类中弄虚作假、掩饰贷款质量的，要严格实施问责，加大处罚力度。

（3）村镇银行要聘请注册会计师事务所对财务状况进行审计，对审计报告中指出的问题及时进行整改。

---

① 田玉兰.关于如何有效加强村镇银行内部控制探讨[J].全国流通经济，2018（14）：75-76.

第十三章　村镇银行的金融监管

村镇银行公司治理结构不完善，内部控制机制不健全，导致村镇银行在运行中面临许多风险。应加强对村镇银行的金融监管，确保村镇银行可持续健康发展。曾强强（2017）认为，村镇银行的监管法律要以确保支农功能的实现为原则，以保证其不偏离支农方向。但农村金融市场存在高风险、缺乏抵押物、受自然因素影响较大的特点，对起步不久的村镇银行存在着较大的生存压力。基层监管力量薄弱影响支农监管的有效性和专业性，支农监管落实不到位、支农制度缺乏操作性。并提出要提高村镇银行监管法律的位阶，推进监管的法制化；降低市场准入门槛，优化村镇银行的股权结构；针对农村金融市场的特点，细化村镇银行的退出机制；加强对村镇银行的扶持力度，促进村镇银行的可持续发展；加强对村镇银行的监管力量，提高支农监管的专业性和有效性；成立村镇银行自律协会，降低村镇银行的沟通成本。李江辉（2018）认为，在政策上应不断加大对村镇银行的支持，打造村镇银行的市场品牌，加强村镇银行的风险控制。

第一节　村镇银行金融监管原则与方法

一、村镇银行金融监管原则

金融监管是指金融监管当局按照既定的标准，运用各种措施手段，对村镇银行从市场准入、业务活动、经营状况、行为规范到市场退出全过程所进行的连续、统一、规范的监督与管理，以促进村镇银行持续稳健发展，保护存款人利益。村镇银行金融监管应遵循以下原则。

（一）强化定位原则

加强对村镇银行的市场定位和发展战略的持续监管，确保村镇银行为"三农"和小微企业提供金融服务，防止村镇银行业务发展"离农脱小"。

（二）风险为本原则

村镇银行主要为县域"三农"、小微企业和社区居民提供金融服务，资金小而分散，因此要根据村镇银行经营特点，采取科学有效的监管方式和措施，防范与控制村镇银行金融风险。

（三）审慎监管原则

根据村镇银行的风险特征，实行审慎监管，督促村镇银行依法合规经营，确保主要监管指标持续发挥监管要求，保持可持续发展。

（四）双线监管原则

一方面，要对村镇银行进行属地监管；另一方面，又要对主发起人进行并表监管，完善监管责任和考核机制。

二、村镇银行金融监管的一般方法

金融监管当局对村镇银行监管的一般方法包括非现场检查监管和现场检查监管。

（一）非现场检查监管

非现场检查监管是指监管部门在采集村镇银行相关经营管理信息的基础上，通过对信息的分析处理，持续监测村镇银行的风险状况，及时进行风险预警，并相应采取监管措施的过程。非现场检查监管包括收集、审查、整理和分析村镇银行各种报告、统计报表及其他监管信息，生成风险监管指标并进行风险监测分析、评价与预警，形成非现场监管报告，提出整改措施或做出现场检查决定。

通过非现场检查监管，能够及时和连续监测村镇银行的经营风险状况，为现场检查监管提供依据和指导，使现场检查监管更有针对性，有利于合理分配监管资源，发挥现场检查监管的最大效力。

1. 非现场检查监管的基本程序

规范的非现场检查监管工作包括制订监管计划、收集监管信息、日常监管分析、风险评估、现场检查立项、监管评级和后续监管等七个环节。

（1）制订监管计划。非现场检查监管人员通过重点分析风险评估矩阵、监管评级和现场检查情况，结合掌握的其他信息，找出被监管村镇银行的风险薄弱点和风险疑点，确定需加强监管的业务种类、风险类别和重点区域，提出拟采取的监管策略和措施。

（2）收集监管信息。非现场检查监管人员从被监管村镇银行收集非现场监管报表和各类定期或不定期信息资料。同时，应加强与现场检查部门、金融机构准入部门、统计部门和创新业务监管部门等内部相关职能部门的信息交流，并建立报告文件和分析资料的信息共享机制，以获取充分的数据和信息支持，还应及时了解和关注社会公众和社会媒体信息，从而全面深入地掌握被监管村镇银行风险状况。

（3）日常监管分析。非现场检查监管人员运用异常变动分析、合规分析、结构分析、趋势分析、同质同类分析和压力测试分析等多种方法对被监管村镇银行的基本财务状况、信用风险状况、流动性风险状况、市场风险状况、资本充足率状况进行分析。非现场检查监管人员应按照短期、中期和长期进行非现场监测和分析，全面揭示被监管村镇银行的风险状况，判断其风险变化趋势，提出应采取的监管行动和措施。

（4）风险评估。风险评估是通过对风险种类、风险程度和风险发展趋势进行分析识别，对主要业务的风险水平、风险管理的充分性以及外部风险因素的影响做出判断，并在此基础上对机构的整体风险水平做出评估。

（5）现场检查立项。现场检查立项是非现场监管与现场检查之间的一个主要衔接点，是实现非现场监管与现场检查有机结合的重要保证。其目的主要是为现场检查人员制订现场检查方案提供依据，根据风险高低合理配置现场检查资源，提高现场检查的针对性和有效性，避免现场检查的随意性和盲目性。

（6）监管评级。非现场监管人员应在规定时间内对被监管村镇银行进行评级，或者对上一次评级结果进行修订和更新。非现场监管人员必须充分掌握监管评级的所有要素和评级原理方法，依据规范的评级步骤和程序进行评级工作，并充分利用评级结果，及时确定监管重点，采取有针对性的监管措施和行动。监管评级应依循以下程序：收集信息、初评、复评、审核、评级结果反馈和评级档案整理。

（7）后续监管。后续监管指监管机构根据日常监管分析、风险评估、现场检查和监管评级情况，提示被监管村镇银行关注重点风险、落实整改、进行三方会谈、与董事会或高管层审慎会谈，撰写监管报告以及对监管效果进行后评价的阶段，并着手制订下一个监管周期的工作计划。

2．工作内容和分析方法

非现场检查监管工作是充分依据非现场监管工作流程需求建立起来的，由基础报表体系、监管指标体系和生成（分析）报表体系、评级体系等四部分构成的非现场监管信息系统，使用统一规范的、符合国际惯例的分析方法，包括比率分析、趋势分析、因素分析、比较分析、配比分析、结构分析和案例分析等基本分析技能和手段，对村镇银行的总体风险状况开展非现场监测和分析。主要工作内容有以下几个方面。

（1）分析判断被监管机构的整体经营状况。非现场监管人员应定期对被监管村镇银行的资本充足状况、资产安全状况、流动性状况、盈利状况、公司治理和内部控制状况等进行综合分析判断。要分析被监管村镇银行的资本金状况（含资本充足率变化情况）、资本构成及变动情况、股本再生能力、资本补充规划及可行性、资本充足性管理政策、利润及股息分配等。要分析被监管村镇银行不良贷款的余额、结构；不良贷款比例及较上期的变化情况；信用风险管理情况；贷款风险集中度，包括集团客户授信情况；非信贷类资产和表外业务的基本情况；不良贷款清收、核销、拨备情况；资产的实际损失程度。要分析被监管村镇银行的主要流动性指标变动情况、资产与负债结构及变动情况、流动性管理政策和措施，要说明主要流动性指标变化情况并分析具体原因，对其中变动异常的指标进行具体分析，对影响村镇银行流动性状况的因素进行分析。要分析被监管村镇银行的主要财务指标及变动情况、影响经营成果的因素。

（2）评估被监管机构的整体风险状况并发挥预警作用。非现场监管人员应基于分析判断结果，依据规范的方法确定和评价被监管村镇银行所承受风险的性质和程度，并根据评价结果确定下一步现场检查和非现场监管工作的重点。

（3）及时采取跟进措施和监管行动。非现场监管人员应视具体情况采取不同层级的跟进措施和监管行动。在进行短期和中期的监测分析时，如果发现一些具体的监管信息出现预警信号时，监管人员应立即通过电话、函件等形式询问被监管村镇银行，得到合理的解释和说明，如果这些预警信号很快演变为潜在的风险，则要考虑立即进行现场检查，以获取更为详实具体的情况。当一些监管指标接近警戒值或触发值时，监管人员应及时发出监管指令要求被监管村镇银行采取措施改善指标，尽量避免出现违反法规的情况。一旦出现违规情况，则应动用监管机构的正式权利对被监管村镇银行给予严厉的惩戒。非现场监管人员应特别注意对被监管村镇银行开办的新业务和新产品的日常监测，重点在于了解其对新业务产品的内控政策和措施是否足够管控其风险。

（二）现场检查监管

现场检查监管是指金融监管机构的监管人员到被监管的村镇银行进行实地检查，通过查阅村镇银行经营活动的账表、文件等各种资料和座谈询问等方法，对村镇银行经营管理情况进行分析、检查、评价和处理，包括评价村镇银行报告报表的正确性、公司治理和内部控制的有效性、资产质量状况、资本金和资产损失拨备的充足性、会计财务处理的审慎性、管理信息系统的完善性、合规经营情况以及非现场监管和以往现场检查发现问题的整改情况等，督促村镇银行合法稳健经营，提高经营管理水平，维护村镇银行及金融体系安全的一种检查方式。现场检查监管的优点：真实性、目的性、灵活性、准确性和全面性。现场检查按检查的范围和内容可分为全面检查和专项检查。全面检查是指对受检村镇银行某一时期内所有业务活动进行的检查。专项检查是指对受检村镇银行业务经营的某一特定方面进行的检查。现场检查按检查时间也可分为定期检查和不定期检查。定期检查多半与全面检查相结合，通常叫常规检查。不定期检查则根据监管机构的监管需要确定。

1. 现场检查监管的一般程序

一般来说，现场检查包括五个阶段：检查准备阶段、检查实施阶段、检查报告阶段、检查处理阶段和检查档案整理阶段，其中后三个阶段经常被合并称为现场检查后续阶段。

（1）在检查准备阶段，需要做好检查立项、成立检查组、发出《现场检查通知书》、发出《检查前问卷》及收集检查有关资料、审核和分析所收集的材料、形成《现场检查方案》、检查前培训等七个方面的工作。

（2）现场检查实施阶段包括进点会谈、分工检查、评价定性、结束现场作业等四个步骤。

（3）现场检查后续阶段可细分为检查报告、检查处理和检查档案整理三个阶段，具体包括向被检查村镇银行发送《检查事实与评价》，撰写《现场检查报告》，对被查村镇银行进行处理、后续监管、检查档案整理等。

2. 现场检查监管内容

现场检查监管一般包括合规性和风险性检查这两个方面。合规性是指商业银行在业务经营和管理活动中执行中央银行、监管当局和国家制定的政策、法律的情况。合规性检查是现场检查的基础，任何银行都必须在合规范围和轨道上经营。风险性检查一般包括资本充足性、资产质量流动性、盈利能力、管理水平和内部控制等检查。现场检查可根据被检查村镇银行业务特点，确定检查内容，需要侧重于主要风险领域。

3. 现场检查监管的主要方法

（1）问询法。问询法是指检查人员通过调查、询问的方式了解和掌握情况，取得证据的一种方法。问询法可分为座谈提问、质询、函询三种方法。

（2）审阅法。审阅法是检查人员通过审查和查问被检查单位的会计资料及有关经济业务资料，以鉴别资料本身及其反映的经营活动是否正确、真实、合法、合理、有效的一种方法。审阅法是检查工作中常见的一种取证方法，一般包括对原始凭证、记账凭证、账簿、报表以及其他书面文件的审阅。

（3）核对法。核对法是指将两种或两种以上的书面资料相对照，以检查其内容是否一致、计算是否正确的一种方法。核对法一般包括凭证之间、凭证与账簿之间、明细账与总账之间、账簿与报表之间、报表之间的核对。

（4）顺查法。顺查法是按照经营活动、财务收支以及计划编制、会计处理等程序，依次进行审查的一种方法。它是从各种原始资料着手开始审查，注重对凭证的审查和数据的核对。优点是审查方法简便易行，按照会计核算的顺序进行检查,便于查证资料、取得证据,审查结果比较准确。缺点是方法机械、花时费力,使检查人员的思路不够宽阔,故此法常与逆查法交替使用,以取长补短。

(5)逆查法。逆查法是指以经营活动程序、财务收支程序和内部控制程序进行审查的一种方法。由于这种方法首先从报表开始分析审查,所以,它的优点是较易发现检查线索,便于选择重点进行深入检查,效果较好。缺点是对一些项目的审查不够详尽,有时会有遗漏,技术难度较大,不易掌握。

(6)详查法。详查法是指检查人员执行检查工作时,对被检查单位检查期内全部或几个方面的全部凭证、账簿、报表及其整个经营业务事项进行周密的、全面的检查的一种方法。详查法可以是全部检查,也可以是针对检查目标选择重要而又可疑的项目进行重点检查。优点是周密详尽,审查结果准确。缺点是费时费力。

(7)复算法。也称验算法。它是指对会计资料及其他资料中的有关数据进行重复验算的一种方法。该方法主要用来证明各种计算在数学方法上的准确性。复算法可分为全面复算和重点复算。全面复算是对检查范围内所涉及的全部数据进行复算;重点复算是对检查资料中存在疑问的数据进行重点抽样复算。复算法简单易行,验证面较宽,不仅能验证会计资料在核算上的准确性,而且能够发现其他方法难以查出的错弊,但该方法在实际应用中应注意与审阅法等方法结合使用,才能收到较好的效果。

(8)盘点法。盘点法是通过对现金、有价证券、固定资产、抵(质)押物的实地清查盘点,以审查其准确性和真实性的一种检查方法。盘点法可分为直接盘点和监督盘点两种方式。直接盘点是由检查人员亲自动手进行盘点,这种方法一般用于盘点数量较小、价值较大的财产。盘点实物时,物资的保管人员必须参与现场盘点。监督盘点是在检查人员监督下由被查单位的有关人员进行的盘点,这种方法一般用于盘点数量较大、价值较低的财产。盘点时,检查人员要亲临现场,对盘点全过程进行监督,以取得准确证据。

第二节 村镇银行金融监管的主要内容

一、村镇银行主发起人的监管

(1)村镇银行主发起人除监管评级达二级以上(含)、满足持续审慎监管要求外,还应有明确的农村金融市场发展战略规划、专业的农村金融市场调查、详实的拟设村镇银行成本收益分析和风险评估、足够的合格人才储备、充分的并表管理能力及信息科技建设和管理能力,已经探索出可行有效的农村金融商业模式以及有到中西部地区发展的内在愿意和具体计划等。

（2）村镇银行主发起人不得滥用股东权利；不得超越董事会和高级管理层直接干预村镇银行的经营管理；不得干预董事会和高级管理层根据章程享有的决策权和管理权；不得谋求不当利益。应确保村镇银行公司治理的独立性和经营自主权；应认真履行制定村镇银行章程、参与重大决策、选聘管理者及提供中后台运营服务、人才培训、审计监督等职责。

（3）村镇银行主发起人应建立健全并表管理体系，加强对村镇银行的并表管理。向村镇银行选派风险或合规人员，帮助村镇银行合规审慎开展经营管理活动和持续强化风险控制。主发起人所在地监管机构负责并表监管，应主动督促主发起人加强对其所设村镇银行的并表管理，持续促进村镇银行落实战略定位，提高业务经营水平和风险管理水平。属地监管机构与并表监管机构应加强监管联动，构建监管信息共享平台，及时沟通相关政策和信息；原则上应定期组织召开由村镇银行、主发起人和并表监管机构等多方参与的联动监管会谈，合力做好村镇银行监管工作。

（4）为了防范村镇银行流动性风险，主发起人应承诺为村镇银行提供流动性支持，并与其签订流动性支持协议，明确流动性支持的触发机制和资金安排，牵头组织重大风险或问题机构的处置。

（5）对重大风险处置不力的主发起人，属地监管机构会同并表监管机构，采取约谈主发起人董事和高级管理人员、限制市场准入（包括暂停新发起设立村镇银行）、责令主发起人对相关负责人进行问责等监管措施。

二、村镇银行市场准入与定位的监管

（一）村镇银行市场准入的监管

市场准入监管指对村镇银行筹建、设立、经营，即进入市场的监管。根据《村镇银行管理暂行规定》《商业银行法》及其他有关法规的规定，设立村镇银行，经营金融业务，必须具备相关条件，如在县（市）设立的村镇银行，其注册资本不得低于300万元人民币；在乡（镇）设立的村镇银行，其注册资本不得低于100万元人民币；并且经监管机构批准。经批准设立的村镇银行，由监管机构颁发经营许可证，并凭该许可证向工商行政管理部门办理登记，领取营业执照。按照成熟一个、审批一个的原则，严把市场准入关。

（二）村镇银行市场定位的监管

（1）村镇银行应坚持"立足县域、立足支农支小、立足基础金融服务、立足普惠金融"的基本原则，按照服务"三农"、小微企业和社区的市场定位。

（2）村镇银行应积极拓展"支农支小"特色服务，持股 5% 以上的股东应对支持村镇银行"支农支小"定位做出书面承诺。

（3）监管机构积极支持符合条件的银行业金融机构到农村地区设立村镇银行。

三、村镇银行的资本监管

（1）村镇银行应加强资本管理，建立健全资本管理规划、约束、评估和补偿机制，确保在充分计提贷款损失准备等各项减值准备的基础上，资本充足率指标持续满足监管要求，抵御各类经营风险。当村镇银行资本充足率达不到监管要求时，属地监管机构应按照监管规定，采取责令降低风险资产、暂停部分业务、调整高级管理人员和增加注资、限制分红和其他收入等监管措施督促村镇银行限期提高资本充足水平。

（2）村镇银行应根据经营发展需要、风险状况和资本监管要求，科学制订资本规划和资本充足率管理计划，并根据资本充足率的变动情况，合理调整业务规模和发展速度，确保资本充足率在任何时点不低于 8%。当村镇银行资本不能满足监管要求时，股东不得阻碍主发起人或其他股东对村镇银行补充资本或新股东进入。

（3）村镇银行应建立内源性资本积累和外源性资本补充相结合的可持续的资本补充机制。

（4）村镇银行应注重资本积累。资本充足率低于监管要求、拨备计提不足的不得分红。开业 3 年内原则上不得现金分红，开业满 3 年，符合分红条件的村镇银行应审慎分红，实行现金分红后的主要监管指标必须符合监管要求。

四、村镇银行业务经营的监管

（1）村镇银行属地监管部门应结合当地金融服务需求、村镇银行经营管理能力和风险控制水平等因素，审慎核定村镇银行业务范围与品种。

（2）村镇银行以提供基础性金融服务为主，不得超越业务经营范围。信贷投放应立足满足县（市、区）域内农村经济发展需要，"支农支小"贷款占比和增速应符合相关监管要求；不得向国家限制性行业发放贷款；不得跨经营区域发放贷款和办理票据承兑与贴现。

（3）对已经符合"支农支小"监管要求、具备相应风险管理能力的村镇银行，其富裕资金可以购买政府债券、金融债券、同业存单等标准化资产及商业银行发行的保本型理财产品。

五、村镇银行关联交易的监管

（1）村镇银行应当制定关联交易管理制度，设立关联交易控制委员会或关联交易管理岗位，建立关联交易登记台账，对关联交易进行管理。

（2）村镇银行关联交易应有透明的操作程序和公允的交易价格，最大关联交易应当由关联交易控制委员会或关联交易管理岗位审查后，提交董事会批准，并在批准后的十个工作日内报告监事会。

（3）村镇银行董事会应每年向股东大会（股东会）报告关联交易情况。村镇银行应按季向属地监管机构报告关联交易事项。

（4）村镇银行应将股东、实际控制人、一致行动人、最终受益人作为自身的关联交易方进行管理。

六、村镇银行的风险监督管理

（1）村镇银行应建立与市场定位、业务规模和管理能力相匹配的、相互制约、运行高效的风险管理体系，有效识别、计量、检测、控制或缓释各类风险。

（2）村镇银行应建立适合的合规风险管理体系，明确专门部门或岗位，加强合规文化建设和合规风险培训。合规风险管理工作应从高级管理层做起，在全行推行诚信与正直的职业操守和价值理念，提高全员法律意识和风险意识，有效防控合规风险。

（3）村镇银行应根据"小额、分散"原则，建立健全与发展战略、市场定位相适应的信贷管理体制，提高贷款风险分类的准确度和精细度，有效防范信用风险。对村镇银行偏离"支农支小"市场定位、片面追求利润、盲目扩张发展等不审慎经营行为，属地监管机构应及时采取措施进行修正纠偏。当村镇银行不良贷款持续增加、资产质量指标不符合监管要求时，属地监管机构应及时对村镇银行经营管理情况进行检查评估，督促制定限期整改措施或风险处置方案，并跟踪督促落实。属地监管机构应严格按照授信集中度监管要求，加强对村镇银行授信集中度的监管。开展对村镇银行大额风险暴露的持续检测、预警和有效防控。

（4）村镇银行应完善流动性风险管理制度，定期开展流动性压力测试和应急演练，加强资产负债管理和现金流量管理，持续满足各项流动性监管要求。村镇银行应与主发起人签订流动性支持协议，并报属地监管机构备案。当村镇银行流动性指标低于监管要求时，属地监管机构应督促村镇银行及时调整资产负债结构，严格控制投资和信贷业务，弥补流动性缺口；必要时督促主发起人积极履行流动性支持协议。

（5）村镇银行应建立和完善声誉风险管理机制，防范声誉风险，应对声誉事件，主动发声回应社会关切。持续加大宣传力度，营造有利于村镇银行发展的良好舆论环境。

（6）村镇银行应建立与信息系统运行管理模式相匹配的信息科技风险管理系统，强化网络安全、业务连续性、服务外包等领域的风险防控，保障数据安全及信息系统平稳、持续运行。

第三节 村镇银行监管评级及问题的村镇银行处置

一、村镇银行监管评级

（一）国外银行监管评级——CAMEL评级

所谓CAMEL评级，是国际通用的、系统评价银行机构整体财务实力和经营管理状况的一个方法体系。该方法体系包括资本充足性（Capital Adequacy）、资产质量（Asset Quality）、管理（Management）、盈利性（Earnings）和流动性（Liquidity）等五大要素评级和一个综合评级。要素评级和综合评级均规定了明确的要点和评级标准。评级结果以1～5级表示，越大的数字表明越低的级别和越高的监管关注程度。取五大要素的英文首字母，得名CAMEL评级，也称骆驼评级。

监管人员通过CAMEL评级的整个过程，可以准确地识别出机构经营管理中的薄弱环节，从而有针对性地采取监管行动和纠正措施；监管当局可以根据银行的CAMEL评级结果制定差别监管的策略，从而将监管资源合理地向风险较高的银行倾斜。

（1）对资本充足性进行评级。根据银行资本充足、银行资本水平令人满意、银行资本水平不甚满意、银行资本水平严重缺乏、资本充足比率严重低于最低监管要求等五种风险状况类型评出5个等级。

（2）对资产质量进行评级。分别根据资产质量非常好、资产质量较好、资产质量处于中等水平、不良资产处于较高水平和资产质量很差等五种资产质量状况评出5个等级。

（3）对管理方面的评级。主要从董事会和管理层的能力和效率，以及管理系统和内部控制的足够性等两个方面的内容评价得出5个等级。

（4）对盈利性进行评级。分别根据以下情况评价得出5个等级。一是盈利仍足以为银行提取必要的准备金和积累所需的资本；二是盈利水平相对较高且稳定；三是盈利仅够提供因正常经营所需准备金和机构发展所需的资本；四是净收益呈现无规律的波动，盈利走势向下，偶尔亏损；五是出现持续性亏损，亏损可能已经严重侵蚀了资本，并明显威胁银行的清偿能力。

（5）对流动性进行评级。按照流动性比率很高、流动性比率高于平均水平、流动性比率仅仅能符合监管要求、流动性比率不能一贯符合监管要求、短期资金缺口较大、需要立即寻求外部资金以应付到期债务等五种流动性风险状况评出5个等级。

综合评级是在汇总五大要素评级结果的基础上得出的。从要素评级得出综合评级的过程，不是简单的算术平均，而是需要监管人员根据各要素的重要性，运用自己的判断来确定合理的评级结果。

综合评级中各单项要素的权重及计算公式是：

资本充足状况（C） 20%

资产质量（A） 20%

管理能力（M） 25%

盈利状况（E） 10%

流动性（L） 15%

市场风险状况（S） 10%

综合分值 =C×20%+A×20%+M×25%+E×10%+L×15%+S×10%

（二）我国银行监管评级

2000年，中国人民银行参照CAMEL评级制定了只针对4家国有商业银行的《商业银行考核评价办法》，采用定量模式，按照资产质量、盈利能力、流动性及发展能力等4个方面12项定量指标进行考核。这一阶段推出的CAMEL评级还处在摸索阶段。2004年，原银监会下发《股份制商业银行风险评级体系（暂行）》（银监发〔2004〕3号），并对12家股份制商业银行2002年经营管理状况进行试评级；2006年，参照股份制商业银行风险评级体系对城市商业银行2005年经营管理状况进行评级。2007年，股份制商业银行、城市商业银行、城市信用社全部执行《商业银行监管评级内部指引（试行）》（银监发〔2005〕88号）。2012年原银监会发布《村镇银行监管评级内部指引》（银监发〔2012〕1号）。

《村镇银行监管评级内部指引》从定量与定性两个方面，对村镇银行的资本充足状况、资产质量状况、管理状况、盈利状况、流动性状况和农村金融服务状况等六个单项要素进行评级，加权汇总得出综合评级，而后再依据其他要素的性质和对银行风险的影响程度，对综合评级结果做出更加细微的正向或负向调整。

1. 资本充足状况（权重20%）

（1）定量指标（50分）

包括资本充足率、核心一级资本充足率、一级资本充足率、杠杆率。

（2）定性因素（50分）

包括资本的构成和质量、资产质量及其对资本的影响、整体财务状况及其对资本的影响。通过其他渠道增加资本的能力，包括控股股东提供支持的意愿和实际注入资本的情况、对资本和资本充足率的管理情况。

2. 资产质量状况（权重25%）

（1）定量指标（50分）

包括不良贷款率、单一客户贷款集中度、单一集团客户授信集中度、全部关联度、拨备覆盖率、贷款拨备率。

（2）定性因素（50分）

包括不良贷款和其他不良资产的变动趋势及其对银行整体资产质量状况的影响，贷款行业集中度以及对银行资产质量状况的影响，关联交易程度以及对资产质量状况的影响，信用风险管理的政策、程序及其有效性，贷款风险分类制度的健全性和有效性，贷款以外其他资产风险管理状况。

3. 管理状况（权重25%）

（1）公司治理状况（50分）

包括基本结构、决策机制与效果、执行机制与效果、监督机制与效果、激励约束机制与作用。

（2）内部控制状况（50分）

包括内部控制环境、风险识别与评估、内部控制措施、信息交流与反馈、监督评价与纠正。

（3）大要案评分特别规定。

4. 盈利状况（权重10%）

（1）定量指标（50分）

包括风险调整后的资产利润率、资本利润率、成本收入比率、风险资产利润率。

（2）定性因素（50分）

包括成本费用和收入状况以及盈利水平和趋势；盈利的质量，以及银行盈利对业务发展与资产减值准备提取的影响；会计核算和财务预决算体系，财务管理的健全性和有效性。

5. 流动性状况（权重10%）

（1）定量指标（50分）

包括流动性覆盖率、净稳定融资比例、流动性比例、（人民币、外币合并）存贷款比例、核心负债依存度、流动性缺口率。

（2）定性因素（50分）

包括资金来源的构成、变化趋势和稳定性；资产负债管理政策和资金头寸的调配情况；流动性的管理情况；以主动负债形式满足流动性需求的能力；管理层有效识别、监测和调控村镇银行头寸的能力；主发起人对村镇银行提供资金支持以满足流动性需求的能力。

6. 农村金融服务状况（权重 10%）

（1）定量指标（50 分）

包括农户和小企业贷款余额占各项贷款余额比重、农户贷款余额占各项贷款余额比重、农户贷款增速与各项贷款平均增速比重、农户贷款户数和 100 万元（含）以下小企业贷款户数之和占贷款总户数比重、户均贷款余额。

（2）定性因素（50 分）

包括市场定位和贷款投向符合监管要求的情况、农村金融服务创新情况、农户和小企业贷款机制建设及执行情况。

单项要素的评级：六个单项要素（管理要素除外）的评级结果均是定量指标和定性因素的算术加权结果。

1 级：评分 90 分（含 90 分）以上

2 级：评分 75 分（含 75 分）至 90 分

3 级：评分 60 分（含 60 分）至 75 分

4 级：评分 45 分（含 45 分）至 60 分

5 级：评分 30 分（含 30 分）至 45 分

6 级：评分 30 分以下

对于评级结果为 3 级以下的单项要素，应当加强对被评级银行该要素的监管，并视情况对该要素进行专项现场检查；对任何单项要素评级结果为 4 级以下的村镇银行，应当及时与董事会、监事会和高级管理层成员举行会谈，要求其采取措施降低风险水平；对任何单项要素评级结果为 5 级和 6 级的村镇银行，应当督促其制订改善风险状况的计划，并在监管机构监督下实施。

综合评级中各单项要素的权重：

资本充足状况	20%
资产质量状况	25%
管理状况	25%
盈利状况	10%
流动性状况	10%
农村金融服务状况	10%

依据加权汇总后的综合评级分值，将村镇银行划分为 6 个级别，15 个档次。村镇银行综合评级结果除依据综合评级分值外，还应充分考虑资本充足率和不良贷款率水平合理确定。

1 级：资本充足率 15%（含）以上，不良贷款率 1%（含）以下；评分 90 分至 100 分，其中 1A 为 97 分至 100 分、1B 为 94 分至 97 分、1C 为 90 分至 94 分。

2 级：资本充足率 12%（含）以上，不良贷款率 3%（含）以下；评分 75 分至 90 分，其中 2A 为 85 分至 90 分、2B 为 80 分至 85 分、2C 为 75 分至 80 分。

3 级：资本充足率 10.5%（含）以上，不良贷款率 5%（含）以下；评分 60 分至 75 分，其中 3A 为 70 分至 75 分、3B 为 65 分至 70 分、3C 为 60 分至 65 分。

4 级：资本充足率 8%（含）以上，不良贷款率 8%（含）以下；评分 45 分（含 45 分）至 60 分，其中 4A 为 52 分至 60 分、4B 为 45 分至 52 分。

5 级：资本充足率 4%（含）以上，不良贷款率 10%（含）以下；评分 30 分（含 30 分）至 45 分，其中 5A 为 37 分至 45 分、5B 为 30 分至 37 分。

6 级：评分 0 分至 30 分，其中 6A 为 15 分至 30 分、6B 为 0 分至 15 分。

1 级和 2 级的村镇银行：健全的机构，一般不需要采取特殊的监管行动。

3 级的村镇银行：低于满意程度，应适当提高对这类银行的非现场监管分析与现场检查的频率和深度，督促其加强风险管理与内部控制，改善财务状况。

4 级和 5 级的村镇银行：有问题的机构，需采取必要的监管行动以改善这类银行的生存能力和保障存款人利益。

4 级的村镇银行：应提高现场检查频率，加大现场检查力度，密切关注其经营态势，督促其加大经营调整力度，积极降低风险，同时对其产品和业务活动进行一定的限制，必要时应约见其董事会和高级管理层成员，责令整改。

5 级的村镇银行：需要给予持续的监管关注，应限制其高风险的经营行为，要求其改善经营状况，必要时采取更换高级管理人员，安排重组或实施接管等措施。

6 级的村镇银行：应尽快启动市场退出机制，予以关闭。

二、有问题的村镇银行处置

（1）监管评级 4 级及以下的村镇银行，应针对监管评级反映的内部管理薄弱环节和经营风险问题及早采取改善处置措施，防止经营持续恶化。

（2）监管评级 4 级的村镇银行，应从发展战略、公司治理、内部控制、风险管理、经营模式等方面实施调整和改进，防止早期风险持续积累扩大。必要时主发起人应通过村镇银行股东大会（股东会）或董事会采取调整高级管理人员、按照市场化原则受让其他股东的股权、追加注资等措施。

（3）监管评级 5 级的村镇银行，应会同主发起人成立专门工作小组，对信用风险高企、资本及拨备严重不足、经营持续恶化等重大经营风险进行处置，并按季向属地监管机构报告处置工作进展情况。必要时由主发起人牵头，通过主发起人转让其所持村镇银行股权等方式对村镇银行实施重组，重组方案应事前报村镇银行属地监管机构备案。

（4）村镇银行无法持续经营，且不能支付到期债务的，可依据《中华人民共和国商业银行法》及有关法律法规实施市场退出。

第四节 村镇银行金融监管存在的问题与对策

一、村镇银行金融监管存在的问题

（一）监管方式方法有待改进

村镇银行作为新型农村金融机构，不同于其他银行金融机构，村镇银行经营管理方式的多样化、规模差异化，决定了不能实施统一监管。目前村镇银行监管还缺乏完善、具体的非现场监测及评价体系，要求村镇银行的监管方式方法要发生转变，以适应村镇银行经营特点的需要。

（二）监管力量有待加强

村镇银行地处农村，机构小且分散，基层监管机构却设在地方中心城市，监管半径扩大，势必要求有相应的监管人力资源。目前属地监管机构对村镇银行实行主监管员制度，每名主监管员负责监管3家（含）以下村镇银行。虽然银监会、保监会合并成立银保监会，但是基层监管力量严重不足，在人员数量上，有的县级监管机构仅有3～5名监管人员，无法满足大批村镇银行监管需要。[①]

（三）缺乏监管经验

村镇银行在经营范围、公司治理、产权结构和风险管理等方面有别于其他银行业金融机构，目前国内外尚无监管经验可供借鉴。

（四）基层监管人员素质有待提高

基层监管机构高学历人员较少，缺乏复合型人才，特别是缺乏能识别、判断和防范金融风险的监管专才。此外，在监管技术上也存在不足，计算机网络技术等的运用仅限于基本的操作，无法进行高难度风险管理，如风险压力测试。

（五）监管机制有待协调

当地农村地区村镇银行实行属地监管，即村镇银行所在地的监管机构及其派出机构进行监管。同时对主发起人实行并表监管，即主发起人所在地的监管机构及其派出机构进行监管。另外，中国人民银行、存款保险机构也有一定监管职能，协调机制尚不健全。

---

① 曾强强. 村镇银行监管法律问题研究 [D]. 西南政法大学，2017.

二、加强村镇银行金融监管的对策

(一) 改进监管方式方法

针对村镇银行设计非现场监管指标,根据监管指引,出台科学、具体的监管实施细则,建立村镇银行非现场监管报表制度。有条件的村镇银行,可以纳入非现场监管信息系统,按照商业银行非现场监管要求报送监管信息。按照"一行一策"的原则,合理确定村镇银行的现场检查计划,大胆探索适合村镇银行特点的现场监管方式方法,如"先导式"监管、"盯住式"监管、"联动式"监管和"引导式"监管。

(二) 加强监管力量,总结监管经验

可以考虑在基层人民银行进行机构改革,改组为监管机构的派出机构,充实监管人员,加强对村镇银行的监管。选择一个地区进行监管试点,总结监管经验,探索出适应村镇银行的监管路子。属地监管机构的主监管员经常现场走访,与村镇银行高管及相关人员座谈,组织三方会谈,与并表监管机构的主监管员建立对话机制,共享监管信息,全方面有效监管。

(三) 采取差别监管措施

对资本充足率大于8%、不良贷款率在5%以下的村镇银行,监管机构可适当减少对其现场检查的频率或范围;对资本充足率低于8%、大于4%的村镇银行,监管机构加大非现场检查及现场检查的力度,采取措施限制资产增长速度,降低风险资产规模;对限期达不到整改要求的、资本充足率下降至4%、不良贷款率高于15%的村镇银行,监管机构责令其调整管理人员、停办所有业务、限期重组;在限期内仍不能实现有效重组、资本充足率降至2%以下的村镇银行,监管机构应适时接管、撤销或破产清算。

(四) 提高基层监管人员素质

重视对基层监管人员的培训工作,学习新知识、完善知识结构,努力提高监管者素质;加强对监管人员监管业绩的考核,以提高监管水平。

(五) 建立监管预警制度

属地监管机构针对非现场检查与现场检查发现的问题,运用监管通报、座谈、质询、诫勉谈话等方式,对村镇银行进行监管通报和风险预警,督促村镇银行加强内部控制机制,健全风险管控制度。

(六) 建立监管协调机制

建立属地监管机构与并表监管机构合作、对话与协调机制;建立人民银行、监管机构与存款保险机构的联席会议制度,协调多方监管力量。

参考文献

[1] 黄之慧. 村镇银行 SWOT 分析及其可持续发展策略研究 [J]. 学术论坛, 2016（07）: 60-65.

[2] 龙世清. 贵州省村镇银行的 SWOT 分析及其可持续战略发展研究 [J]. 现代交际, 2017（08）: 65-66.

[3] 蔡峰. 浅析黑龙江省村镇银行的发展现状 [J]. 黑河学刊, 2017（05）: 4-6.

[4] 何飞. 村镇银行可持续发展路径 [J]. 中国金融, 2015（04）: 47-49.

[5] 王俊帆. 福建地区村镇银行发展现状、存在问题及策略分析 [J]. 农村经济与科技, 2015, 26（10）: 133-135.

[6] 傅兵. 我国村镇银行发展困境与可持续发展建议 [J]. 金融经济, 2016（16）: 44-45.

[7] 翁东玲. 中国村镇银行可持续发展路径研究——以福建村镇银行的实践为例 [J]. 亚太经济, 2017（06）: 50-57, 186.

[8] 陈园园, 马一. 村镇银行发展的现状、困境与对策研究 [J]. 海南金融, 2017（12）: 59-67.

[9] 李江辉. 试论我国村镇银行的发展现状及可持续发展对策 [J]. 现代管理科学, 2018（05）: 112-114.

[10] 张洋峰. 基于SWOT分析的村镇银行发展研究 [J]. 山西经济管理干部学院学报, 2016, 24（01）: 67-69, 73.

[11] 刘芝榕. 我国村镇银行发展存在的问题研究 [J]. 金融经济, 2018（12）: 76-77.

[12] 王伟, 刘艳, 王素娟. 基于SWOT的河南村镇银行可持续发展研究 [J]. 金融理论与实践, 2014（09）: 47-51.

[13] 武文超. 村镇银行业务发展现状及风险控制探析 [J]. 中国市场, 2015（52）: 256-257.

[14] 李冰雪. 国信村镇银行代发工资业务流程优化研究 [D]. 吉林大学, 2016.

[15] 苏哲，李龙. 关于村镇银行业务系统建设的思考 [J]. 金融科技时代, 2018（03）: 15-18.

[16] 陈聪. 我国村镇银行中小企业贷款业务研究 [D]. 天津商业大学, 2015.

[17] 潘晓博. 梅河口民生村镇银行差异化营销优化策略 [D]. 吉林财经大学, 2016.

[18] 江明璇. 村镇银行企业文化建设研究——以R村镇银行为例 [D]. 中央民族大学, 2016.

[19] 马聪, 沈烨. 我国村镇银行贷款定价模式的选择 [J]. 现代商业, 2014（32）: 221-222.

[20] 王立人. 村镇银行贷款定价与实践研究——以B村镇银行为例 [D]. 江西农业大学, 2017.

[21] 陈忠. 国外商业银行贷款定价方法的比较与借鉴 [J]. 南京审计学院学报, 2007（04）: 28-32.

[22] 吴占权, 李利萍, 朱田. 新型农村金融机构贷款定价的理论与实践 [J]. 河北金融, 2009（04）: 9-13.

[23] 叶辉聪. 村镇银行贷款定价模型选择的研究 [J]. 财经界, 2010（01）: 95-99.

[24] 于丽红、兰庆高. 村镇银行贷款定价问题探讨 [J]. 农业经济, 2010（09）: 89-90.

[25] 钱小娟. 商业银行贷款定价模式比较研究 [J]. 价格月刊, 2011（10）: 8-11.

[26] 李元成, 任俊宇, 张睿智, 谭丽娜. 村镇银行贷款定价模型的探索与研究 [J]. 经济金融, 2013（04）: 27-29.

[27] 黄静. 村镇银行贷款定价制定——以江西省为例 [J]. 物流工程与管理, 2016（06）: 193-194.

[28] 袁永婧. 平衡计分卡在商业银行绩效管理中的应用 [J]. 商业经济, 2018（01）: 173-175.

[29] 梁兆涛. 中山小榄村镇银行绩效考核管理系统的研究与分析 [D]. 云南大学, 2015.

[30] 郝晔. 深圳 R 村镇银行绩效管理体系再设计 [D]. 大连理工大学, 2015.

[31] 刘峰. 河南省村镇银行绩效评价体系及其影响因素研究 [D]. 河南大学, 2017.

[32] 楚蕾, 刘璐. 村镇银行微贷业务管理探究——以临川浦发村镇银行为例 [J]. 经营与管理, 2018（02）: 11-13.

[33] 李静. 我国村镇银行金融风险控制与防范措施 [J]. 商, 2016（16）: 191.

[34] 兰彩红. 我国新型农村金融机构风险管理问题研究 [D]. 吉林财经大学, 2016.

[35] 陈爽. 农村中小金融机构全面风险管理研究——以 S 村镇银行为例 [D]. 西北农林科技大学, 2016.

[36] 修立伟. 格莱珉银行发展模式研究 [D]. 辽宁大学, 2012.

[37] 王巍. 格莱珉银行的小额信贷模式及其对我国农村小额信贷发展的启示 [J]. 征信, 2014, 32（08）: 90-92.

[38] 农业银行国际业务部课题组. 格莱珉: 制度安排与运作模式 [J]. 农村金融研究, 2007（10）: 57-62.

[39] 刘明亮. 格莱珉模式的博弈分析及其对我国商业银行中小企业贷款的启示 [J]. 商业经济, 2012（19）: 110-112.

[40] 黄庆河. 格莱珉银行模式对我国小额信贷发展的启示 [J]. 西部金融, 2009（12）: 62-63.

[41] 张乐柱. 需求导向的竞争性农村金融体系重构研究 [M]. 北京: 中国经济出版社, 2008: 219.

[42] 宋伟. 我国村镇银行信贷模式与国际经验比较 [J]. 商业经济研究, 2015（14）: 101-103.

[43] 樊舒颖. 我国村镇银行的潜在风险及对策探究——来自孟加拉乡村银行的启示 [J]. 中国集体经济, 2018（02）: 86-87.

[44] 吴璐, 李富昌. 论格莱珉银行的经营模式及盈利因素 [J]. 时代金融, 2017（23）: 123, 130.

[45] 刘捷尼. 走出贫困的希望之光——从孟加拉国格莱珉银行谈起 [J]. 中国农民合作社, 2016（05）: 66-67.

[46] 陈艾, 周欣, 何曦. 浅谈"格莱珉银行"模式的制度和其成功之处 [J]. 技术与市场, 2015, 22（06）: 320-322.

[47] 潘枫. 村镇银行信用风险管理研究——以 Y 村镇银行为例 [D]. 电子科技大学, 2018.

[48] 乔玉立. 我国村镇银行信用风险评估研究 [D]. 河南大学, 2017.

[49] 王倩. 村镇银行信用风险防范策略研究 [J]. 经贸实践, 2016（20）: 55.

[50] 张逸. 湖南省村镇银行信用风险管理研究——以 X 村镇银行为例 [D]. 南昌大学, 2015.

[51] 闫晓婷. 我国村镇银行市场风险管理研究 [D]. 东北农业大学, 2014.

[52] 刘姣华. 利率市场化的风险防范与现实应对: 村镇银行个案 [J]. 改革, 2014（01）: 61-68.

[53] 崔炜. 池州 MS 村镇银行操作风险管理研究 [D]. 安徽大学, 2014.

[54] 刘燕强. 宁夏村镇银行操作风险管理研究 [D]. 宁夏大学, 2013.

[55] 胡楠. 新常态下村镇银行风险及其防范 [J]. 湖南行政学院学报, 2018（01）: 88-92.

[56] 曾彪. 村镇银行发展中存在的问题及对策建议——以湖南郴州为例 [J]. 财经界, 2016（06）: 33.

[57] 王小艳, 吴雪宾. 我国村镇银行信用风险管理研究 [J]. 现代商贸工业, 2016（12）: 243-244.

[58] 王勇, 付强, 余乐. 对新常态下村镇银行持续发展的若干思考 [J]. 国际金融, 2016（08）: 14-17.

[59] 么英莹. 村镇银行发展中存在的共性问题与潜在风险 [J]. 北方金融, 2017（05）: 57-59.

[60] 赵婧瑶, 王宏伟. 村镇银行流动性风险预警研究——以 B 村镇银行为例 [J]. 财经问题研究, 2014（S1）: 38-41.

[61] 叶咏欣, 张媛. 温州村镇银行流动性风险管理研究 [J]. 经济视角（下），

2013（12）：137-139.

[62] 吴珣．村镇银行流动性管理模式[J]．中国金融，2016（09）：84-85.

[63] 晋威．村镇银行公司治理法律问题研究[D]．西南政法大学，2016.

[64] 王勇．完善村镇银行差异化公司治理的三个关键问题[J]．中国银行业，2017（11）：74-76.

[65] 李向磊．我国村镇银行内部控制环境研究——以Y村镇银行为例[D]．云南大学，2015.

[66] 田玉兰．关于如何有效加强村镇银行内部控制探讨[J]．全国流通经济，2018（14）：75-76.

[67] 曾强强．村镇银行监管法律问题研究[D]．西南政法大学，2017.

[68] 王海全，方婷．新加坡存款保险制度及其对我国的启示[J]．经济纵横，2009（11）：24-26.

[69] 周爱萍．日本存款保险制度改革及其启示[J]．金融理论与实践，2009（06）：66-68.

[70] 杨蔚．我国存款保险制度模式与道德风险研究[J]．商场现代化，2010（10）：65—66.

[71] 叶昱希．存款保险制度的效应分析[J]．中国市场，2011（9）：51-53.

[72] 安勇，裴金仙．存款保险制度下的道德风险分析[J]．中国城市经济，2011（01）：257-259.

[73] 谢雪燕．存款保险制度下的道德风险及对策——借鉴美国的经验[J]．国际经济合作，2013（02）：76-79.

[74] 吴湧超．我国台湾地区存款保险费率定价模式与经验借鉴[J]．金融与经济，2012（05）：75-77.

[75] 皮智．香港存款保险立法的实践与启示[J]．中国金融，2012（23）：82-84.

[76] Onorato M, Altman E I. An integrated pricing model for defaultable loans and bonds[J]. European Journal of Operational

Research, 2005, 163（1）: 65-82.

[77]Corvoisier S, Gropp R. Bank concentration and retail interest rates [J]. Journal of Banking& Finance, 2002, 26（11）: 2155-2189.

[78]Flemings, Merton C. Solidification processing[J]. Metallurgical Transactions, 1974, 5（10）: 2121-2134.

[79]BIS, Principles for the management and Supervision of interest rate risk, Basel, 2003（10）.

[80]BIS, Principles for the management and Supervision of interest rate risk, Basel committee Publications, No, 29, 1997.

[81]Gardner and Mills, Managing finacial institations: an asset/liability approach, lllinois State University, The Dryden Perss, 1988.

[82]Berkowitz, J, A coherent framework for Stress testing, Finace and Economics Discussion papers, Washington D.C: Board of Governors of the Federal Reserve system, 1999（29）.

[83]Roten.L, D.Mullineaux, More Evidence.3ournal of Banking and Finance, Commercial Bank-affiliated Firms and Investment Banks, 2002.